박노자의
만감일기

박노자의 만감일기

ⓒ 박노자, 2008

초판 1쇄 펴냄 2008년 1월 21일 • 초판 10쇄 펴냄 2012년 9월 20일 • 지은이 박노자 • 펴낸이 강준우 • 편집
김진원, 문형숙, 심장원, 이동국 • 디자인 이은혜, 최진영 • 마케팅 박상철, 이태준 • 펴낸곳 인물과사상사 • 출판
등록 제17-204호 1998년 3월 11일 • 주소 (121-839) 서울시 마포구 서교동 392-4 삼양E&R빌딩 2층 • 전화
02-325-6364 • 팩스 02-474-1413 • www.inmul.co.kr • insa1998@gmail.com • ISBN 978-89-5906-
077-1 03300 • 값 14,000원 • 이 저작물의 내용을 쓰고자 할 때는 저작자와 인물과사상사의 허락을 받아야 합
니다. 파손된 책은 바꾸어 드립니다.

박노자의 만감일기

나, 너, 우리, 그리고 경계를 넘어

인물과
사상사

번뇌가 깊어지면 '꽃'이 핀다

사람은 왜 일기|日記를 쓰는가?

쓰는 사람마다 그 의미가 조금씩 다르겠지만 특히 근대에 접어든 이후에는 대체로 많은 경우 '내면|內面 정리' 욕구 때문에 하는 일이 아닌가싶다. '남'에게는 발화|發話하기 어려운, 그러나 '나'에게 너무나 중요한생각들이 머릿속에서 넘쳐날 때, 이를 정리하여 '결론'을 내리고 싶은마음이 생기게 되는데, 그 정리 방식 중의 하나가 바로 일기다. 외면화|外面化되기는 어렵지만 내면적으로 중요한 생각과 감정들이 일기장에정리될 때 결국 '나'라는, 외물|外物들과 구별되는 주체가 성립된다. 그러한 면에서, 근대적 일기쓰기 문화와 역사적 '개인의 탄생'은 깊은 상관관계를 갖기도 한다.

동아시아 근대의 유명 일기들을 보면, 일기 속의 '진짜 나'와 해당 인물에 대해 알려져 있는 외면화된 모습이 상당한 거리를 보일 때도 많다. 예를 들어, 『로마자 일기』(1909년)에서 드러난 일본 근대의 '국민 시인' 이시가와 다쿠보쿠|石川 啄木, 1886~1912의 모습은 위대한 작가에 대한 통상적 개념과 전혀 다르다. 채무 때문에 유곽을 벗어날 수 없는 창녀의 비

극에 눈물을 흘리고, 성을 돈으로 사는 자신의 속물적 행동에 절망을 느껴 '끝없는 추락'을 절감하면서도 육정|肉情에 이끌려 돈으로 산 섹스로 무한한 허무감을 달래는 이시가와……. 남에게 절대로 보여주려 하지 않았던 그 '내면'을 일기에서 읽다 보면 그 시|詩의 무력한 절망감도, '인체의 따뜻함'에 대한 집착도 어느 정도 이해할 수 있다. 이시가와는 관념적으로 사회주의자였음에도, 답답한 현실 속에서 원자화된 개인들이 힘없는 '외로움'을 벗어나 '타자'와 보다 깊은 연대를 맺는 길을 끝내 찾지 못했다.

이시가와의 『로마자 일기』는 부인이 알아보지 못하게 일부러 로마자로 적은 데다가 성관계의 묘사가 하도 노골적이라 1970년대에 와서야 그 전문|全文이 공개되었다. 『로마자 일기』로 대표되는 통상의 일기란 말 그대로 남들이 보지 못한다는 전제 하에서 쓰는 자기와의 대화다. 그러나 이번에 책으로 내게 된 『만감일기』는 좀 다르다. 인터넷, 블로그에 쓰는 일기인 탓에, '자신과의 대화'이면서 동시에 상당히 의도적인 '남과의 대화'이기도 하다.

물론, 이런 방식의 글쓰기에는 한계가 있다. '나라의 아버지'격이었던 고종 임금에 대해 '무능하고 뇌물만 챙기는 욕심쟁이'라고 자신의 일기에서 마음 놓고 욕을 퍼부었던 윤치호|尹致昊, 1865~1945처럼 당대의 주위 인물에 대해 적나라한 평가를 내릴 수 있는 것도 아니고, 이시가와처럼 성관계의 순간에 느꼈던 상대방의 '체온', 코로 맡았던 그 '체취'에 대한 감상을 솔직하게 쓸 수 있는 것도 아니다. 인터넷 일기는 자기만의 글인 일기와 공적인 글인 신문기사 사이에 위치하게 되기 때문에

머리말

늘 타자의 시선을 의식해서 쓰게 된다. 그런데 바로 이 지점, 타자의 시선이야말로 인터넷 일기쓰기의 장점이다.

일기쓰기가 자기 주체성 확립의 장場이라면 인터넷 일기쓰기는 그 주체성에 '대타성對他性'을 부여한다. '내면' 전체를 '남'에게 다 '개방'할 수 없지만 적어도 그 일부를 '열어놓아' 토론 대상이 될 만한 민감한 문제들을 놓고 과감히 '소통'하는 것이 바로 인터넷 일기쓰기의 묘미妙味다. 그렇게 해서 '나 홀로'의 폐쇄성을 벗어나 '남'과의 '의미의 공유'가 가능한, '열린 주체성'으로 가는 것이다. '남'의 의견이 '나'의 내면에 어떤 변화를 가져다주는 동시에 '나'의 일기가 또 누군가의 '내면'에 가 닿아 수많은 주체들이 하나의 망網을 이루게 되는 것. 그것이야말로 인터넷internet 즉, '타자들 사이의 거미줄'이 지닌 진정한 의미가 아닌가?

혹자는 "책과 신문 기사, 학술 논문 쓰기를 다 하는 사람이 무슨 소통이 모자라기에 인터넷 '블로그질'까지 하느냐"고 질책할지도 모른다. 특히, 엄숙함을 과시함으로써 권위 부여받기를 좋아하는 학계에서 아무래도 '블로그질'은 아직까지 그다지 환영 받기 어려운 행위이다. 그러나 이 물음에 대한 답은 간단하다. 신문 기사도 논문도 어디까지나 특정 '주제' 중심의 글인 데다가 사실 일종의 '검열'을 전제로 하는 '공식적' 글들이다. 외부 검열이야 이미 사라졌지만, 내적으로는 그렇지 않다. 예컨대 신문에 칼럼을 쓸 때면 '과연 이 이야기가 시의에 적절한가'라고 고민하다가 쓰고 싶은 어떤 이야기를 끝내 못쓰게 되는 상황들이 자주 벌어진다. 일종의 '내면의 검열 의식'이라 할까? 학술

논문의 경우, 게재 심사 등 여러 여과장치들이 공식적으로 존재해 학계의 동의를 충분히 받지 못하는 '튀는' 이야기는 처음부터 게재하기 어렵게 돼 있다. 그런데 신문이나 학술지와 달리 블로그는 '개인'의 비공식적 소통 공간이다. 즉, 비록 블로그에 게재되는 글에 주제가 있다 해도 거기에 꽁꽁 매일 일은 없다. 더구나 '시의성' 따위를 깊이 고민할 것도 없다. 말 그대로 수필隨筆, 즉 '붓을 따라가는' 자유로움을 특색으로 삼는 글쓰기 방식 덕분이다.

이 '자유로움'은 여러 가지 효과를 발휘한다. 예를 들어 '정적政敵에게 유리할 수 있어서' 소위 진보계에서 보통 입 밖으로 내려 하지 않는 '좌파 민족주의(소위 주사파 또는 NL)'에 대한 비판적인 이야기를, '공식적' 공간인 신문에는 '과연 지금 적절한가'라는 의심 때문에 끝내 쓰지 못한다 하더라도 블로그에는 비교적 자유롭게 쓸 수 있다.

신문이나 학술지 글은 '나 개인 중심'이 되면 안 되지만 인터넷 일기는 개인적 공간인 만큼 충분히 그럴 수 있다. '나'를 중심에 놓는다고 해서 자아를 과시할 것도 없으며 나아가 일종의 자정自淨 기능 발휘도 가능하다. 예컨대 피부가 검은 청년들을 노르웨이 오슬로 시의 캄캄한 길거리에서 갑자기 만날 때 나는 거의 무의식적으로 '겁'을 느낀다. 이것을 인터넷 일기에서 솔직히 '고백(?)'할 때 무의식 속에 내재돼 있는 '나'의 인종적 편견을 스스로에게 알려 '자정'을 다짐함으로써 나름의 반성을 이룰 수 있는 것이다. 또 이를 읽은 독자들이 '아, 나에게도 그러한 부분이 있구나!'라며 자신들의 모습을 발견하여 같은 반성의 길로 간다면 그것이야말로 '소통'의 순기능이 아닐까?

수필, 붓 따라 글쓰기를 하다 보니 인터넷 일기에는 어떤 명시적이고 '중심적 테마'가 없다. 그런데 내용을 유심히 보면, 서로 주제가 다른 여러 글의 바탕에 깔려 있는 '공통의 정서' 같은 것을 발견할 수 있다. 그것은 '개인'과 '전체', 그리고 '타자'와 '동질적 집단' 사이의 '관계' 문제다. 내가 꿈꾸는 것은 '나'와 '타자' 사이에서 지위와 돈, '국민에의 소속' 여부 등의 매개가 없는, 진정한 의미의 '공산적|共産的' 사회지만, 이러한 사회는 아직까지 지구상에서 발견되지 않았다. 사실상 어떤 면에서는 우리로부터 계속 멀어지는 것이 아닌가 두렵기도 하다. 한때 사회민주주의적 이념을 선택했던 노르웨이만 해도 그렇다. 아프간 침략이라는 미 제국의 범죄 행동에 자국이 동참하고 있다는 사실에 대한 문제의식은 여전히 미약하며, 서구 바깥 이민자와의 '동등한 공동체' 만들기는 여전히 머나먼 꿈으로만 보일 뿐이다. '1인당 국민 소득 2만 달러 시대' 등을 운운하는 대한민국은 아예 가면 갈수록 인구 전체가 '나 살고 너 죽자'는 식의, 승자 한 사람만 살아남고 수많은 패자들이 제거되는 '생존 게임'의 장이 돼 간다. 1970년대부터 주기적|週期的 축적의 위기에 빠져들기 시작한 세계 자본주의는 이미 약 30년 전부터 예전의 사회복지 장치들을 하나 둘씩 없애기 시작하는 등 계속 떨어져가는 이윤율의 극대화에 혈안이 되어 있다. 그러나 온갖 착취의 심화에도 불구하고 깊은 위기에 빠져가는 미국 경제가 이제 곧 세계 공황이라는 파열의 국면을 부를 조짐이다. 그런데 자본의 위기가 깊어져가도 자본주의에 대한 진보적 대안은 계속 대중적 헤게모니를 획득하지 못하고 있다. 사회주의라는, 자본주의의 궁극적 대안이 대중의 민

심을 얻어 마르크스의 표현대로 '역사를 바꿀 만한 하나의 물리력'이 되지 못하는 이상 우리를 기다리는 것이 제1, 제2차 세계대전과 같은 형태의 야만이라는 것은 뻔한 일이다.

국내외의 상황이 그렇다 보니 이 인터넷 일기도 비관적 냄새가 사뭇 난다. 붓, 즉 그때그때의 생각을 따라 잡느라 절로 내면 속의 슬픈 단상들을 적게 되었고, 당장 해결의 실마리가 보이지 않는 현 상황에 대한 마음, 무거운 번뇌煩惱, 번민煩悶들이 많이 들어간 것이 사실이다. 그러나 비관은 절망과 다르고, 번뇌는 영원한 것이 아니다. 마음이 사무치면 꽃이 피게 돼 있고, 번뇌가 깊어지면 갑자기 빛이 보이기 시작한다. 결국 야만으로 치닫고 있는 상황에 대한 수많은 이들의 비관적인 감상들, 그들 혼자만의 번뇌들은, 서로 '소통하게' 될 경우 백척간두百尺竿頭 위의 대안 모색, 즉 '타자'들과 함께하는 '고민'이 된다. 그리하여 번뇌 속에서 깨달음이 나오듯이, 이 고민들 속에서 야만에 대한 저항의 에너지가 발전發電될 수 있는 것이다. 나는 바로 이 기대로 여태까지 써온 인터넷 일기를 책으로 묶는다. 번뇌 그 자체는 그 어떤 정답도 제공해줄 수 없지만, 번뇌 속의 물음들이 독자 개인에게 개인적, 사회적 화두話頭를 던져주기를 기원한다.

2008월 1월,

박노자

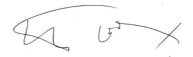

차
례

일기를 쓰는 의미에 대하여
번뇌가 깊어지면 '꽃'이 핀다 • 004

1부 ‖ 나를 넘어

조국애란 무엇인가 • 017 | 타향살이, 불안의 일상화 • 020 | 거절의 미학 • 024 |
부처님 오신 날 • 028 | 절망을 느끼는 순간 • 032 | 너무 쉽게 망각된 그들, 고려
대 출교자 • 035 | 자리가 사람을 명예롭게 만든다? • 039 | 학문의 의미, 미국의
아시아 학회에서 돌아와서 • 042 | 종교적 심성을 갖게 된 계기 • 046 | 근대적
'민중'에 대한 생각 • 051 | 아쿠타가와 류노스케 선생, 그리고 군인과 아이 •
055 | 노르웨이 직장의 송년회 • 059 | 성욕과 종교에 대한 짧은 생각 • 062 | 등
수 없는 학교의 추억 • 065 | "코리안 호스티스가 필요하세요?" • 067 | '친절'이
라는 국제자본주의체제의 코드 • 070 | 불만과 불안의 수위, 그리고 우리들의 미
래 • 073 | 우리들의 중독(들) • 076 | 마광수 교수의 연구실을 보고 • 079 | 인권,
아직 오지 않은 '근대' • 082 | 자본주의는 인간의 본성인가? • 085 | 권위주의
사회엔 권위가 없다 • 088 | 〈효자동 이발사〉와 지배 · 복종의 심리 • 091 | 군 폭
력 관련 보도를 보고 • 093

2부 ‖ 우리를 넘어

한국 유학생들의 핸디캡 • 099 | '테러리스트'는 욕인가? • 102 | 〈겨울연가〉 열풍, 그렇게 자랑스럽기만 한가? • 104 | '악플'의 문화 • 108 | 한국 자본주의 미래 비관 • 111 | KTX 여승무원의 단식을 보며 • 116 | 여행 잡감, 영어를 못(안)하는 유럽 • 120 | 포섭, 감옥보다 더 무서운…… • 124 | 유사 성행위와 유사 신앙 행위 • 128 | 한국의 자유주의, '말의 잔치' • 132 | 보수가 표를 얻는 비결? • 136 | 전교조 죽이기, 골프 버금가는 한국 지배계급의 취미 • 141 | 아니, '백인'이 뭐가 좋다고 이러는가? • 145 | 대학 신문을 보다 눈물 흘리다 • 148 | 아이를 키우면서 생각한다 • 151 | 내가 현실 정치를 평생 못할 이유 • 154 | NL파 세력이 유지되는 이유 • 158 | 한국사 교과서를 쓰면서 역사 속의 선악을 생각하다 • 161 | 숫자놀이의 무의미함에 대해서 • 165 | 내가 방효유 선생을 내심 좋아하지 않는 이유 • 168 | '삼성관'에서 회의를 해본 느낌 • 171 | 제 손으로 제 무덤 파기, 과잉성 혹은 예방성 폭력 • 174 | 강정구 선생 유죄 판결, 혹은 절망의 시간 • 178 | 우리가 도대체 그때 노무현에게 왜 기대를 걸었을까? • 181 | '바람직한 우익', 한국에서 가능할까? • 184

3부 ‖ 국가와 민족을 넘어

'민족주의자'를 포용하는 방법 • 189 | 희망과 절망 사이, 북한 학자들과의 '만남' • 193 | 사회주의자가 '예수쟁이' 구출에 사활을 걸어야 할 이유 • 197 | 국기에 대한 쓴웃음 • 202 | 통일, 디스토피아의 그림자 • 206 | 한국 사랑? • 211 | '일심회' 판결 유감 • 216 | 의사 폴러첸의 강의를 갔다와서 • 220 | 귀화인도 '한국인'인가? • 224 | '노무현'에 대한 가장 위험한 착각 • 228 | '국민', 해체되지 않는…… • 232 | 미국의 주요 일간지가 전하는 북한의 '진짜 의도' • 236 | 김일성대학 기숙사의 국제 사랑 이야기 • 239 | 황장엽의 회고록을 읽다가…… • 242 | '그들'의 '민족'을 받아들일 수 없는 이유 • 245 | 북한 인권 문제를 생각한다 • 249 | '반미'보다 차라리 '반미제' • 252 | 역사학자들이 파업을 벌인다면? • 255 | 극단주의는 왜 위험한가 • 258 | 남이 하면 '우경화', 우리가 하면? • 261 | 김영남, 그리고 '일본인 납치' 문제 • 264 | 월드컵, 스포츠, 그리고 국가 • 268 | 우리는 그들과 얼마나 다른가? • 271 | 북한은 과연 '깡패 국가'일까? • 274 | 불교는 평화의 종교? • 277 | 위안부 문제를 대하는 우리의 태도 • 280

4부 ‖ 경계를 넘어

러시아의 '인간 사냥' • 285 | 악의 일상성에 대한 명상 • 288 | '고향 방문'의 슬픈 회상 • 292 | 노르웨이 국치일 • 295 | 발이 빠지기 쉬운 징검다리 • 299 | 원칙을 배반한 타협의 결과 • 302 | 일본 잡감 • 306 | 일본공산당원이 서대문 감옥을 둘러보는 심정? • 310 | '진짜 사회주의'? 슬랴프니코프와 트로츠키 • 315 | 배울 것만 배우자 • 320 | 노르웨이 사회보장제도에 대한 오해 • 323 | 사담 후세인과 서구인들의 인종주의 • 329 | 러시아에 스킨헤드라는 망종이 생긴 까닭 • 332 | '주니어 제국주의자'들의 발흥 조짐? • 336 | 우리가 영어에 매달리는 이유 • 339 | 후쿠오카 단상, 의아한 평화 • 342 | 성개방과 보수성의 관계? • 345 | 일본공산당을 생각한다 • 348 | 트로츠키 아이러니 • 352 | 모리타 어민의 죽음 • 355 | 다민족 국가 미국의 진일보한 인재등용책 • 358 | 미 제국이 몰락해버린다면……? • 362 | 언어를 빼앗긴 자의 언어, 프랑스 무슬림 청년들의 봉기 • 365

나
를
넘
어

라 무엇인가 • 타향살이, 불안의 일상화 • 거절의 미학 • 부처님 오신 날 • 절망을 느끼는 순간 • 너무 쉽게 망각된 그들, 고려대 출교자 • 자리가 사람을 명예롭게 만든다 • 학문의 의미, 미

시아 학회에서 돌아와서 • 종교적 심성을 갖게 된 계기 • 근대적 '민중'에 대한 생각 • 아쿠타가와 류노스케 선생, 그리고 군인과 아이 • 노르웨이 직장의 송년회 • 성욕과 종교에 대한 짧

을 수 없는 학교의 추억 • "코리안 호스티스가 필요하세요?" • '친절'이라는 국제자본주의체제의 코드 • 불만과 불안의 수위, 그리고 우리들의 미래 • 우리들의 중독(들) • 마광수 교수

을 보고 • 인권, 아직 오지 않은 '근대' • 자본주의는 인간의 본성인가? • 권위주의 사회엔 권위가 없다 • 〈효자동 이발사〉와 지배 · 복종의 심리 • 군 폭력 관련 보도를 보고

'조국애'란 무엇인가?

2007年 10月 6日

미국 여행을 끝내고 며칠 전 노르웨이로 돌아왔다. 특강 일정이 좀 빡빡하기도 했지만 미국의 생활 풍토가 나와 잘 안 맞아 여간 힘들지 않았다. 로스앤젤레스 같은 미국의 대도시엔 대중교통편이 제대로 마련돼 있지 않기 때문에, 자가용이 없는 나로서는 낯선 도시를 무작정 돌아다니며 그곳의 삶과 문화를 즐길 엄두도 낼 수 없었다. 결국 머무는 내내 학교 객사에서 거의 포로(?) 신세로 지내야 했다. 게다가 한식을 제외하고는 음식도 입에 맞지 않았다. 식당에선, 급료를 몇 푼 받지 못 하는 종업원에게 음식 값의 15%나 되는 돈을 팁으로 줘야 하는, 다시 말해 손님이 고용주대신 급료를 지불해야 하는 문화에 적응하기 힘들었다. 이해하기도, 적응하기도 힘든 상황을 접할수록 몸과 마음의 피로는 더해갔다.

그런 고생 속에서도 마음에 위안을 준 게 있었으니 로스앤젤레스의 게티미술관|The J. Paul Getty Museum에서 운 좋게 산 마르크 샤갈|Marc Chagall. 1887~1985의 화첩이었다. 어릴 때부터 좋아했던 화가인 샤갈을 너무나 이질적인 미국에 가서야 제대로 음미할 수 있었다니, 이상한 일이다.

다들 알겠지만, 1887년 벨로루시(러시아제국 당시 백러시아)의 비테프스크|Vitebsk에서 태어난 샤갈에겐 이렇다 할 만한 정치적 의미의 '튼튼한' 조국은 없었다. 유대인을 인간 취급하지 않았던 러시아제국은 확실히 아니었고 샤갈이 한때 열정을 다 바쳤지만 그에게 걸맞은 자리를 제공해주지 못 한 소비에트공화국 역시 아니었다. 더 이상 갈 데가 없어 찾게 된 프랑스나 미국도 피난처일 뿐 '조국'은 아니었다. 그는 평생을 '여행객' '세계인'으로 살다간 셈이다. 그러나 샤갈에겐 '조국'은 없었을망정 '마음의 고향'은 있었다. 바로 그가 태어난 비테프스크였다. 그는 파리에서 오래 살면서도 몇 점의 그림을 제외하고는 자신의 화폭에 파리의 모습을 거의 담지 않았다. 미국의 모습은 더욱더 담을 마음이 없었다. 하지만 어린 눈으로 보았던 비테프스크의 향수어린 모습은 죽기 전까지 재현했다.

구부러진 골목길, 당장 무너질 듯한 통나무집들, 늘 시무룩한 하늘, 먼지와 악취 ……. 고향에서 어렸을 때 들었던 시와 노래, 친구들과 즐겼던 놀이, 아내가 된 벨라 로젠펠트|Bella Rosenfeld와 나눴던 사랑을 에너지로 샤갈은 평생을 살았다. 샤갈의 유명한 그림들을 봐도 배경은 늘 백러

시아의 작은 마을들이다.

국가 같은 폭력단체들이 인간에게 강요하는 정치적 난센스들을 제외한다면 우리가 '조국애'에 대해 논할 수 있는 건 결국 어릴 때부터 눈과 귀와 손으로 익혀온 '그곳'의 풍경들과 냄새들과 '그곳' 중생들의 영혼 정도일 것이다. 권력의 냄새를 풍기는 '나라사랑'은 지배자들의 광란이지만 내 동네, 내 마을, 내 마을 사람들과 동물들을 마음속에 담아 평생 간직하는 건 인간이 사는 방법이다. 진정한 의미의 '조국애'가 있다면 그건 샤갈의 비테프스크 사랑 정도일 것이다.

내게 사랑할 만한 '고국'이 있다면 내가 태어난 레닌그라드(상트페테르부르크)의 유서 깊은 노동자 동네, '브보르그스카야 스토로나'의 공장 굴뚝과 전차|tram들이다. 여기 오슬로는 전차 소리라도 들리니 그나마 살만 하지만 전차도 없는 미국의 도시들은 그야말로 '타인의 도시'로만 느껴진다.

나를 넘어

타향살이, 불안의 일상화

2007年 9月 7日

한국과 러시아에서 사는 일가친지와 이야기할 때면
"1인당 국민소득이 세계 제일인 노르웨이에 갔으니
편안하게 살고 있지, 그렇지?"와 같은 말을 자주 듣게 된다.
'국가 서열' 정점에 가까이 서 있는 나라에 갔으니 무슨 문제가 있겠느
냐는 이야긴데 난 그런 이야기를 들을 때마다 속으로 슬프게 웃는다.
행복이란 성적순도 아니고 (물가수준과 상쇄돼 별로 느껴지지도 않는) 1인당
국민소득순도 아니지 않은가?
사실 '노르웨이에서 산다' 는 것은 어떤 면에서 내겐 불안의 영속이다.
범죄율이 한국보다 낮은 나라에서 무슨 불안이냐고 비아냥거릴 사람

들도 많겠지만 내가 말한 불안은 '타자성의 노출'에 대한 불안을 의미하는 것이다. 나 자신이야 노르웨이 사람이 될 이유도 없고 평생 여기서 살 생각도 없기에 내 타자성을 굳이 숨기려 하지 않는다. 입만 열면 슬라브 억양이 강한, 완벽치 못한 노르웨이어가 나오기 때문에 숨길 수도 없다. 그런데 여기서 태어난 내 아이와 관계되는 일에 있어서는 사정이 좀 다르다.

아이를 데리러 유치원에 가거나 아이와 아이 친구들을 데리고 놀이터에 갈 때, 또는 아이 친구들 집에 갈 때는 (억양이야 어쩔 수 없지만) 행여나 노르웨이어를 조금이라도 문법에 어긋나게 말하지 않을까 정말이지 노심초사하곤 한다. 말을 '정확하게' 하려는 이유는 아이 때문이다. 내가 노르웨이어를 약간이라도 틀리게 말하면 아이는 불안해하면서 대놓고 지적한다. 또래집단의 따돌림에 대한 일종의 무의식화된 공포 때문이다. 물론 아이의 친구들은 "저 아이의 부모는 외국인이다"라는 사실을 이미 알고 있다. 그러나 아이는 혹시라도 정확하지 못한 제 부모의 노르웨이어를 친구들이 듣게 되면 이 사실이 다시 확인돼 소외나 따돌림을 당하는 상황으로 이어지지 않을까 걱정하고 있는 것이다. 자신이 '타자'임을 절대 노출하지 않으려는 아이의 바람을 저버릴 수 없기에 결국 나도 아이의 방침(?)을 따를 수밖에 없다.

문제는 '타자성'이란 결국 상시적으로 노출될 수밖에 없는 것이라는 점이다. 때문에 아이와 관련되는 일을 할 때마다 거의 영속적 불안을 느끼게 된다. '타자'로서 산다는 건 그만큼 비싼 대가를 치르는 일이고 나만 그런 건 아닐 것이다. 비유럽계 이민의 역사가 길지 않은 독일 같

나를 넘어

은 곳에서 사는 분들 역시 이런 문제와 아프게 맞닥뜨리지 않겠는가.

한국으로 돌아와서 살면 그만 아니냐고 물어볼 수도 있다. 글쎄, 그것도 답이 아닌 듯하다. 현실적으로 볼 때 적어도 앞으로 10~15년 사이엔 불가능할 일이지만 얼굴이 다르게 생긴 데다 한국어를 더듬더듬하는 아이가 한국에서 더 이상 '타자'로 취급되지 않을 거라고 치자. 그렇게 된다 해도 극단적인 계급주의가 관철되는 사회에서는 비^非 강남 거주자, 비 특목고 학생, 비 S.K.Y. 학생, 비 영어 능통자는 '주류'의 영원한 '타자'로 남기 마련이다. '주류' 사회 귀족(상당한 재산을 물려받은 강남 등 '특권' 지역에 거주하는 영어 능통자, S.K.Y. 또는 미국 '명문대' 학력 소유자)과의 원근관계에 따라 각 인간마다 정확하게 그 '몸값'이 매겨지고 철저하게 위계적인 질서에 의해 그 '자리'가 굳어지는 사회, 아예 체념에 빠지거나 '오로지 출세'에 매달리는 게 지배적인 인간 타입이 돼 있는 사회에서는, 약간 하얀 얼굴이 득이 되든 실이 되든 간에 인간다운 삶을 살기는 좀 어렵지 않을까 싶다. 우리는 여기 노르웨이에서도 '타자'지만 한국에 가도 결국 사회적 의미에서 '타자'가 되고 만다. 내가 늘 사회주의적 사회변혁을 생각하고 사회주의가 아니면 야만이 영속된다고 생각하는 것을 내 가족까지도 별로 좋게 여기는 것 같지 않지만 그래도 여전히 사회주의에 매달리는 이유는 딱 한 가지다. 내 아이를 포함한 뭇 중생들이 그런 타입의 사회에 근접해야 '타자성'에 대한 불안을 어느 정도 벗어날 수 있다는 믿음이 있기 때문이다.

'삼성관'이니 '포스코관'이니 하며 기업체와 완전히 유착돼 버린 대학에서 조직 속에 나를 묻은 채 사는 것보다는 덜 불행하기는 해도, 타향

살이란 별로 즐거운 일이 아니다. '난 외인|外人'이란 의식을 한순간도

잊지 못하고 살아야 하는 탓이다

거절의 미학

2007年 5月 30日

나는 '한국이 이렇다, 한국인이 저렇다'는 식의 일반화를 매우 싫어한다. 개인마다 세대마다 계층마다 제각기 다 다른데 '국적' 또는 '민족'이라는 기준으로 그 많고 다양한 사람들을 어떻게 하나로 묶을 수 있겠는가. 그러나 지나친 일반화가 위험하다는 걸 알면서도 굳이 '문화 차이'에 대해 이야기하자면 예컨대 '거절'에 대해 몇 마디 해볼 수 있지 않을까 싶다.

사람마다 다를 수밖에 없지만 대략적으로 볼 때 '거절'은 내가 아는 다른 문화들(예컨대 러시아 문화나 북구 문화)에 비해 한국에서 조금 더 하기 어려운 행위인 듯하다. 초면이면 그나마 쉽지만 구면일 때에는 거절에 대한 아주 불가피한 사정을 자세히 말하지 않고서는 불가능에 가깝다. '불가피한 사정'이 있다는 걸 상대방에게 이해시키더라도 왠지 미안한 마음이 남는다. 좀 수직적인 관계라면(특히 사제지간) 불가피한 사정이 있더라도 거절하기가 더욱 힘들다.

이렇게 이야기하면 "안 그런 데가 어디 있느냐"고 물을 수도 있다. 하지만 장담컨대 안 그런 데가 있긴 있다. 러시아의 경우 권위주의가 비교적 강하고 학계 조직의 위계성이 철저하지만 나만 해도 한국에서 온 목사를 좀 도와주라는 지도교수의 요청을 (물론 꽤나 우회적으로) 거절한 적이 있다. 거절할 땐 느낌이 별로 좋지 않았지만 다행히도 스승과의 관계는 그대로 잘 유지됐다.

노르웨이에선 내 부탁을 이런저런 이유로 거절한 제자도 꽤 있었다. 석사과정에 있는 제자에게 학위논문을 조금 일찍 제출해달라고 공식적으로 요청했을 때 "그럴 수 없다, 이런 요청이 반복될 경우 상급기관에 법적 해결을 요청하겠다"는 답을 받은 적도 있다. '법적 해결'과 같은 말을 접했을 때 분위기가 약간 묘했지만 다시 생각해보니 오히려 그런 방식이 사람 살기 좋은 방식이란 생각이 들어 별로 기분 나쁘지 않았다.

한국의 경우 특히 서비스부문 노동자들은 고객에게 어떤 이유로 거절을 할 때 매우 '공손한 태도'를 취하느라고 신경을 곤두세우는데 노르웨이에선 전혀 그렇지 않다. 6년 전쯤 경험이 좀 없었을 때 신분증 없이 은행에 가서 돈을 찾으려 한 적이 있다. 은행직원은 '미안하다'는 말도 없이 "신분증을 제시하지 않으면 인출이 불가능하다"고 딱 잘라

나를 넘어

말했다. 그땐 기분이 너무 안 좋았지만 나중에 생각해보니 그 직원이 미안할 이유가 있었나 싶었다. 전적으로 규칙을 모른 고객의 잘못이니까.

상대적으로 '거절이 좀 쉬운' 노르웨이의 풍토와는 달리, 한국에선 거절이 외교적으로 잘하지 않으면 안 될, 외교적으로 잘해도 문제가 생길 수 있는 중대한 사항이다. 한국은 '관계문화', 집단에서 낙오되거나 관계망에서 차질이 생기면 생존이 어려워지는 문화가 지배적인 데다가 사회와 국가가 개인의 생존을 공적으로 책임지지 않는 '정글' 사회다 보니 대인관계가 '외교화' 될 수밖에 없다. 노르웨이에는 자신의 스승(사실 그런 개념도 아니긴 하다)에게 "무리한 요구를 하면 법적으로 해결하겠다"고 아무렇지도 않게 말하는 학생 뒤에 그의 미래를 책임질 사회와 국가가 버티고 있지만 한국에는 그런 버팀목이 없다. 때문에 '어려운 관계' 속에서 거절하려 하면 '내 미래가 불안하다'는 생각이 절로 들지 않을 수 없다. 6 · 25 이후 '가족끼리 단단히 뭉쳐 어려움을 극복하자'는 '생존도모'의 가족주의가 공고화되면서 '거절'이나 '거부'를 좀 이상하게 보는 분위기가 조성된 게 아닌가 싶다.

매우 독선적으로 보이는 전통시대 지배계층, 사대부의 문화에서도 '대의명분'과 얽힌 지점에서는 '거절'이 잘 통했다(물론 미화할 순 없지만). 그러나 지금 우리의 이상은 '둥글게 둥글게' 관계를 잘 관리하면서 '거절'로 거래처를 화나게 하는 '무례함'을 범하지 않는, '민간 외교관'이 되는 것에 맞추어져 있다. 신자유주의가 자리 잡을수록 이런 풍토는 심화되지 않을까 싶다. 과거에 비해 생존 자체가 어려워지면서

'생존전략'의 일환으로 '인기를 누리게 하는 처세술'이 사회적으로 인기를 얻을 수밖에 없다. '모나지 않게 둥글게 사이좋게 원만하게'만 살아야 한다니, 도대체 무슨 재미로 살아야 하는 걸까?

부처님 오신 날

2007年 5月 23日

내일은 불제자에게 가장 기다려지는 명절, 부처님 오신 날이다.

불교의 중심 교리는 우리의 고통들이 외부환경에 의해서 현실화되어도 그 근본은 바로 우리 마음속에 있다는 것이다. 우리는 욕망을 바로 보지 못함으로써 모든 욕망을 마치 '나'와 불가분의 요소인 듯 보게 된다. 이로 인해 욕망과 그로부터 발생하는 번뇌를 상대화시켜 줄이지 못하고, 그 때문에 공포심은 커지게 된다. 인간의 공포심은 근본적으로 욕망과 직결돼 있다. 식욕으로부터 "내일 먹을 빵이 없으면 어쩌지" 하는 '생존의 공포'가 발생하고, 성욕으로부터 "이성에게 매력을 주지 못하면 어쩌나" 하는, 외모와 체력의 감소 등과 관련된 공포심이 발생한다.

만약 사회가 부처님이나 예수님의 지혜로운 가르침대로 자리이타|自利利他[1]형으로 조직된다면 욕망에서 발생하는 공포심을 상당히 줄일 수 있을 것이다. 생산수단에 대한 사유제가 폐지된 생산제도 속에서, 모든 구성원들에게 근본 필수품이 정기적으로 무료로 공급되면 '생존공포'는 점점 옛말이 될 것이다. '혼인'과 같은 구시대의 유물이 조금씩 없어져 성이 다양화·다각화·개방화되면 왜곡된 성생활로 빚어지는 온갖 공포와 콤플렉스가 줄어들 수 있다. 그런데 지금 우리 사회는 가장 무서운 번뇌, 즉 공포심을 줄이기는커녕 오히려 확대하는 동시에 고질화하고 있다. 수능·취직에 대한 두려움부터 학교·직장 등에서의 사회적 고립과 퇴출에 대한 두려움, 보장되지 않은 노후에 대한 두려움까지, 공포는 늘어만 간다. 부처님의 가르침이 원래 '시무외|施無畏', 즉 공포심 없는 마음을 중생들에게 심어주는 묘한 법이라 하는데 과연 불제자를 자처하는 이들에게 이런 겁이 없는 마음이 정말로 생길 수 있을까? 우리는 부당하다고 생각하는 사회의 요구에 "NO"라고 말할 수 있을 만큼 겁으로부터 자신을 해방할 수 있을까?

나는 부처님의 가르침을 따라 진정한 의미의 '무외|無畏'를 행하는 이들이 바로 양심적 병역거부자라고 생각한다. 부처님을 염|念하고 이 세상

1) 자리이타(自利利他): 자신뿐 아니라 남을 위하여 불도를 닦는 일.

나를 넘어

의 번뇌와 무명|avidya, 無明 2), 그로 인해 빚어지는 온갖 갈등과 살육이 종식되기를 발원|發願 3)하는 사람으로서 총을 든다는 건, 자신에 대한 최악의 폭력이요 비열한 배반이다. 부처님의 모습을 마음에 담아 내 마음속의 악연과 업장|業障 4)들이 소멸되기를, 그리고 더 이상 고통을 주고받는 악한 '관계'에 갇혀 있지 않기를 바란다면 어찌 다른 중생을 해치는 흉기를 손에 들 수 있겠는가? 그런데 이 땅의 많은 불제자 중에 흉기를 손에 들기를 거부할 만큼, 사회적인 몰이해와 고립, 남으로부터 '멀어지는 것에 대한 공포를 극복한 이들이 과연 몇이나 될까? 병역법 위반으로 옥고|獄苦를 치른 뒤 인도에서 사회봉사에 매진하고 있는 오태양 거사님과 지금 옥중에 있는 김도형 거사님 외엔 없는 것으로 안다. 세속 불제자들은 그렇다 쳐도 구족계|具足戒 5)를 받은 스님들께서 어떤 마음으로 사문|寺門의 율법에 없는 '흉기 잡기'에 나서는지 도무지 알 수가 없다. 좋아서 하는 건 아니겠지만 어찌 불조|佛祖 6)의 혜명|慧命 7)을 이은 몸으로서 인간과 하늘 신들의 스승답게 이 말법시대적인 8) 폭력에 "NO" 하지 못 하는가? 인도, 중원의 역사에는 가링카 9)왕과 같은 온갖 폭군

2) 무명(avidya, 無明): 허상인 세계를 실상인 양 보게끔 만들고 진리를 이해하지 못하게 하는 중생들의 정신작용.
3) 발원(發願): 신이나 부처에게 소원을 비는 일.
4) 업장(業障): 말이나 동작, 마음으로 지은 악업에 의한 장애를 뜻한다.
5) 구족계(具足戒): 비구와 비구니가 지켜야 할 계율.
6) 불조(佛祖): 불교의 개조(開祖)인 석가모니를 일컫는 말.
7) 혜명(慧命): 지혜로운 부탁 또는 명령.
8) 말법시(末法時): 석가모니가 열반한 뒤 찾아오는, 교법만 있고 수행·증과(證果)가 없는 시대를 말한다. 정법(正法), 상법(像法) 다음에 오는 시기로 석가모니가 죽은 뒤 만 년 후에 온다고 한다.
9) 가링카(Kalinga)왕: 불경에 등장하는 전형적인 폭군. '폭군'의 상징.

들이 허다했지만 중생을 살려야 하는 사문들을, 중생을 죽이기 위해 만든 전문조직에 강제로 보낸 군주들은 없었다.

부처님 오신 날을 맞이해 우리 모두에게 "나는 살인기술을 배우지 않겠다"고 외칠 용기가 생기기를, 이 사회가 더 이상 생존의 공포를 조직적으로 부추기는 나락의 모습을 띠지 않기를 온 마음으로 발원한다. 나무 석가모니불.

절망을 느끼는 순간

2007年 4月 17日

나는 한국에서의 시간 대부분을 대학이라는 공간에
서 보낸다. 지금처럼 공동연구실에서 탁자 하나 얻어 작업을 하거
나, 도서관에 가서 노르웨이에서 구할 수 없는 자료를 복사하거나, 만
나고 싶은 동료를 만나거나, 이런 식이다. 한국에선 대학교가 특권화된
공간이기에 이런 생활을 부러워할 사람이 있을지 모르지만 내겐 사실
곤욕일 때가 많다.

몇 개월 전, 한 국내 대학에서 있었던 일이다. 일이 있어 국학과 관련이
있는 한 학과로 가는 중이었는데 그 학과가 있는 건물 1층 승강기 옆을
수위 아저씨가 웬일로 지키고 서 있었다. 평소 같으면 수위실에 앉아

있을 양반이 왜 거기 서 있는지 약간 어리둥절했지만, 아저씨가 내게 "지금 이사장님께서 이 승강기를 타실 텐데, 같이 타시겠습니까?"라고 물어보는 순간, 모든 게 다 이해가 됐다. 아마 '이사장님'이라는 높으신 분은 자기 손가락으로 승강기 버튼을 누르는 게 좀 어려운 모양이었다. 외모만으로 처음 보는 사람의 나이를 알긴 어렵지만 한눈에 그 '이사장님'이 아저씨보다 다소 젊어 보였다. 하기야 조선시대에도 사대부가 천민을 부릴 때는 나이 걱정 따위 하지 않았다. 어쨌든 그 '이사장님'과 한 승강기 안에서 약 1분 동안 둘만의 행복한(?) 시간을 가지게 됐다. '이사장님'은, 표정을 보아하니 영어 단어 몇 개를 기억해내려고 애쓰다 끝내 포기하는 눈치였다. 얼마나 다행스럽던지. 잠시 후 운 좋게도 '이사장님'과 같은 층에서 내리려는 순간, 승강기 앞에서 이열종대로 줄지어 '나리님'이 납시기만을 기다리던, 그 층에 자리한 학과의 교수·대학원생 일동이 일제히 머리를 조아리는 것이 보였다. '주상전하' 납시길 오매불망 그리던 신하들 모습이 이랬을까.

그 광경을 보면서 절망 같은 게 느껴졌다. 물론 이 절망은 다분히 이기적인 감정이기도 했다. 내 소원은 언젠가 빠른 시일 내에 귀국, 정착해 주말마다 서울 근교의 산을 오르내리는 행복을 누리는 것이다. 그러려면 선생질 외에 할 줄 아는 짓거리가 별로 없는 난 일단 어느 학교에 들어가 밥을 벌어 먹고살아야 한다. 그리고 학교에서 지식 근로자가 되면 조직에서 이탈하지 않기 위해서라도, 지도 학생들을 보호하기 위해서라도 크고 작은 '나리'들을 모시는 이 시스템에 어느 정도는 적응해야만 한다. 만약 그때 내가 그 학교에서 녹을 먹는 처지였다면 나 역시 승강기 앞에 서서 '나리님'의 행차를 오매불망 기다려야 했을 것이다.

그런데 이렇게 되면 진보 운운하는 건 사실 무의미한 짓이 되고 만다. 권력의 주체와 대상들밖에 없는 구조에선 '진보'에 대한 추상적인 담론만 가능할 뿐, 실천이 뒷받침되는 진정한 '진보'는 불가능하다. 게다가 이건 담론으로서 '진보'의 문제만도 아니다. 타인의 권력에 '내 몸'을 맡기는 그 순간, 독립적 개체로서의 '나'는 더 이상 존재하지 않는다. 남들과 뭔가 다른 것을 찾아내고자 하는, 아니 그냥 사람의 무리들과 헤어져 하늘의 별 구경이나 하고 싶어하는 독립적, 창조적 개체로서의 '나'는 죽고, 영주님 김모의 가신 박모라는, 명단 속의 이름 석 자만이 남는다. 내가 사랑하고 아끼는 땅에서 교원 노동자로 살아가려면 결국 나 자신을 버려야 한다는 말이다.

글쎄, 아집인지는 모르겠지만, 북방의 먼 땅에서 매일 밤 한국의 산들을 머릿속에 떠올리며 향수의 눈물을 흘릴지언정 그 '나리님'들에게 백기투항할 생각은 없다. 이건 이념문제 이전에 인간으로 존재할 것이냐 말 것이냐의 실존적 문제이다. 물론 이용 가능한 모든 방법들을 다 동원해, 국내 대학들이 학생과 교직원에 의해 민주적으로 운영되는 자율적인 공공|公共 공간이 될 수 있도록 노력하겠지만, 이 '작은 왕국'들이 민주공화제가 되기 전까진 거기에서 녹봉을 받아 먹고살긴 싫다. 물론 어느 날 향수가 하도 깊어져 나중 일은 생각도 안 하고 그냥 훌쩍 한국으로 돌아가버릴지도 모르겠는데, 어차피 나 같은 사람을 받아줄 데도 없을 테니 다 실체 없는 공상인 듯도 싶다. 어쨌든 '나리님'이 영접받는 광경을 목도한 그때 그 순간은 내겐 절망의 순간이었다.

너무 쉽게 망각된 그들,
고려대 출교자

2007年 4月 13日

이건희의 명예철학박사 수여 반대시위로 '찍혔다'가 나중에 보직교수 몇 명을 '억류'했다는 이유로 '출교'라는, 대학사회에서의 '사형|死刑'을 받은 일곱 명의 고려대 학생들을 기억하는가? 그들이, 입학기록까지 말소되어 입학 사실 자체가 백지화되는 '출교'를 당한 지 1년도 채 지나지 않았는데 우리 사회는 벌써 이 문제를 까맣게 잊어버린 듯하다. 우리는 남의 아픔을 너무 쉽게 망각하고 있다.

오늘 4월 말에 있을 어떤 행사와 관련해 고려대 출교 학생으로부터 전화를 한 통 받았다. 그 전화를 받고나서 뭐라 표현하기 힘든, 절망과도

나를 넘어

같은 감정이 마음속에서 터져 나왔다. 인간의 힘으로는 넘을 수도 넘어뜨릴 수도 없는 벽에 부딪쳐, 쓰러져 울고 싶을 때의 심정이랄까?

약 1년 전, 학생들은 고려대에 '합병' 된 한 전문대 학생들을 차별한 보직교수들의 퇴근길을 막고 그 교수들이 학교 건물 안에서 밤을 새게 한 일이 있었다. 이건 분명히 학생들의 방법상 오류였다. 물리력 사용은 원칙상 자기방어를 위해 절대적으로 필요한 게 아니라면 자제해야 한다는 민중투쟁의 경험률도 있는 데다, 굳이 학교당국자와 제도언론에 빌미를 제공할 필요는 없기 때문이다. 그런데 상식적으로 볼 때 학생들이 자신의 방법적 잘못을 인정하고 재발방지를 위한 비폭력교육 과정을 이수하는 선에서 해결됐어야 할 이 문제는, 결국 급진적인 학생 운동가들에게 과중하고 부당한 처벌을 내리는 것으로 끝나고 말았다. 지각한 학생을 200대 이상 때린 교사는 '문책' 받는 정도면 족하고, 성을 구매한 남성은 제대로 처벌받지 않더라도 '성교육' 을 이수하는 것으로 얼마든지 '용서' 받을 수 있는 사회다. 그러나 '감히 윗분의 체면' 을 건드리고도 읍소하며 자비를 베풀어달라고 싹싹 빌지도, 자신의 주장을 굽히지도 않는, 자기의식과 자존심이 강한 인간은 절대 용서받지 못한다. "아니, 어떻게 감히 윗분들을!"

우리 사회는 원칙상 '아랫것' 에게 자존심을 허용하지 않는다. 군에서 고참이 "여자친구하고 오랄섹스한 이야기 해봐" 하면 꾸며서라도 이야기해야 하고 학교에서 선배가 술 마시라고 하면 대충 마시는 척이라도 하는 게 우리 사회의 '상식' 이다. 사제 간에도 선생이 "아, 이 자식……" 그러면 학생은 별 잘못이 없더라도 무조건 머리를 숙이고 잘

못을 빌어야 한다. 이러한 생존방식을 거부한 자는 '추방한다'는 게 우리 사회의 불문율이다. 글쎄, 자기 생각을 잘못 발설한 사람을 특별독재구역으로 옮겨 관리하는 북한에 비해선 가벼운 '추방'의 방식이기는 하다. 하지만 그게 과연 위로가 될까?

이 사건의 핵심은 자기 자신을 끝까지 지키려는 몇몇 젊은이의 '내면의지'에 있다. 그러나 이런 돌연변이들이 별로 서식하지 않는 한국이라는 우물 안에는 그들의 '내면의지'에 관심을 갖는 이들이 거의 없다. 이건희의 철학(?)이 학위 받을 가치가 있는지 없는지 아무런 문제의식 없이 학위를 준 교수들은 아무 일 없었던 듯 학생들 앞에서 '진리'와 '윤리'와 '미'를 논하고 있으며 대부분의 학생들은 '쫓겨난 이들'을 생각 속에서 지워버렸다. "그냥 꿇기만 하면 그런 일 당할 이유가 없는데 뭐 하러 빳빳이 굴어, 사서 고생이지……." 그렇다. 이는 자본에 포섭|包攝되어 자본의 질서를 당연지사로 보는 시각을 이미 내면화한 '순치|馴致10)된 대중들'의 전형적인 모습이다. 지금 한국에선 이 '순치된 대중들'이 사회적 헤게모니를 장악하고 있다. 고소득을 올리는 자영업자나 기업임원, 중·고급 국가공무원 등 소수의 명실상부한 '중산층 상부'를 지향점으로 삼아 다수가 살인적 경쟁 속에서 신분상승을 도모하는 '아비투스'11)가 이미 우리 사회에 자리 잡은 것이다. 이 '순치된 대중'은 일본식의 전반적 보수화, 즉 대중적 저항으로도 저지되지 않고

---

10) 순치(馴致): 길들이기.
11) 아비투스(Habitus): 프랑스의 사회학자이자 참여지식인이었던 피에르 부르디외(Pierre Bourdieu, 1930~2002)가 주창한 개념으로, 인간의 행위를 낳는 무의식적 성향, 또는 행위자의 주관성 속에 내면화된 사회질서를 뜻하는 말이다.

부단히 진행되는 사회 전반의 신자유주의적 재편 및 민족·국민주의 의식 강화로 우리를 조금씩 이끌고 있다.

이 사회의 불문율에 복종하지 않고 1년이나 고생해온 그들에게 내가 무슨 말을 할 수 있을까? 솔직히 말해도 될까? 그들의 사기를 떨어뜨리고 싶은 마음은 추호도 없지만, 그들과 개인적으로 만난다면 그들에게 유학을 떠나 당분간 돌아오지 말라고 권하고 싶다. 도피가 최상의 방법일 순 없지만 '차선'의 선택일 순 있다. 이 사회가 신분고하를 넘어 모든 개인에게 '자존심'을 허용할 때까진 너무 오랜 시간이 걸릴 게 뻔하기 때문이다. 분명한 건 지금은 아니라는 사실이다. 여기 남아 끝까지 투쟁하는 건 우리 모두의 미래를 위해 분명 좋은 선택이다. 그러나 초인적인 희생 없이 그냥 자존심이 살아있는 평범한 인간으로서 정상적인 삶을 살고자 한다면, 해선 안 될 말인 줄 알지만, 과연 대한민국에서 계속 살아야 하는가를 진정으로 고민해보시기를. 여러분들의 상황이 하도 마음에 걸려서 하는 이야기다.

자리가 사람을 명예롭게 만든다?

2007年 4月 5日

5~6년 전에 알고 지내던 옛 친구를 며칠 전에 만났다. 고생 많던 시간강사 시절, 그는 참 매력적인 친구였다. 문학 소년의 모습이랄까? 책을 읽으며 사색에 빠져드는 모습, 부끄러움 잘 타는 소년같이 수줍은 미소, 부드럽고 느린 말씨……. 그때 그가 하는 이야기는 한국의 인문학 풍토에서는 꽤나 신선했다. 그를 보면서 난 한국 인문학의 미래에 나름의 기대를 키우기도 했다. 참 좋은 시절이었다.

며칠 전 봤을 때 처음엔 그 친구를 알아보지 못할 뻔했다. 몇 달 전 교수 발령을 받은 그 친구는 어깨가 넓어진 듯했고 얼굴은 성형수술을

받았나 싶을 정도로 달라 보였다. 수줍은 미소는 간데없고 목소리에는 군 장교처럼 부동불요|不動不搖의 자신감이 스미어 있었다. 눈은 상대를 제압하듯 똑바로 쳐다보았다. 굳이 명함을 보지 않아도 처음 보는 순간 명문대 교수 아니면 대기업 임원일 거라고 짐작할 수 있을 것 같았다. 대기업 임원을 하기에는 기민함이 약간 모자라 보이긴 했지만 교수하기엔 딱 어울리는 풍모였다.

러시아 속담에 "자리가 그 사람을 명예롭게 만드는 것이 아니고 사람이 그 자리를 명예롭게 만든다"는 말이 있는데 우리 현실은 그 반대다. 천민과 귀족으로 나뉜 사회에선 '귀족'의 반열에 오를 수만 있다면 '천민형 지식인' '주변부적 지식인'은 성형수술은 말할 것도 없고 '자아수술'까지 마다하지 않는다. 새로운 학문적 방향이든 민중의 문제든 보편적인 무엇을 지향했던 '낡은 나'는 간데없고, 자신을 '그 위치'에 올려준 주인님 그룹에 뜨거운 동지애를 느끼며 '누릴 건 다 누리겠다'는 결의를 다지는 '새로운 나'가 탄생한다. 솔직히 말해 '재야 지식인' 90% 정도는 아주 쉽게 무장해제시킬 수 있다. 그들이 재야를 벗어날 수 있다는 걸 살짝 암시만 하면 되는 것이다. 물론 돌아가신 김진균|金晉均, 1937~2004 선생처럼 '그 위치'에 있으면서도 어떤 위치도 없는 사람들과 계속 손을 잡는 분들도 있지만 이는 어디까지나 예외에 속하는 사실일 뿐이다. 한편, 주인들에게도 문제는 있다. 이 사회의 계급 관계 특성상 그렇게 많은 이들에게 특권적 위치를 부여하는 일은 사실 기술적으로 불가능하기 때문이다.

끔찍한 사실이지만 우리 사회의 개인 대다수는 '개인'이라기보다는

'마네킹'에 더 가깝다. 무슨 제복이나 장교복, 귀족복을 입히면 입힌 대로 그 모델이 되는 것이다. 외물外物로부터 자유로운 '나'는 없어지고 외부의 '표준' 욕망들이 그대로 내면에서 복제되고 만다. SF 영화에선 로봇이 세상을 지배하기도 하지만 사실 지금 우리 사회에도 겉으로만 '인간'처럼 보이는 '로봇형 인간'의 비율이 꽤나 높다. 더 끔찍한 문제는 그들을 프로그램하는 자들도 '로봇'에 불과하다는 사실이다.

나를 넘어

학문의 의미,
미국의 아시아 학회에서 돌아와서

2007年 3月 28日

미국 보스턴에서 열린 아시아학회 | AAS, Association for Asian Studies 정기 발표회에 참석해 일주일가량을 미국에서 보내고 어제 오슬로로 돌아왔다. 거의 하루 종일 잠을 잤다. 시차가 11시간이나 되다 보니 낮과 밤이 뒤바뀌어 몸이 아주 괴로웠기 때문이다. 아니, 몸보다는 마음이 더 괴로웠다고 말하는 게 맞겠다. 유럽보다 아시아학이 발전한 미국에서 훌륭한 동료들을 많이 만났고 꽤 재미있는 발표들을 들으며 많은 걸 배운 시간이었지만, 이 학회의 여러 분과를 정신없이 오가며 발표를 듣는 동안 왠지 가슴 한구석이 허전했다. 사회가 주는 큰돈으로 벌이는 이 일이 무슨 의미를 가지는가

라는 물음에 대한 어떤 답도 찾을 수 없었기 때문이다.

예컨대 한 학자가 아쿠타가와 류노스케│芥川龍之介. 1892~1927 선생에 대한 연구서를 낸다고 치자. 그런데 "선│善 해야 할 인간이 왜 이렇게 악│惡 하게 사는가, 왜 악을 이렇게 탐하는가"라는 물음에 대한 답을 찾다가 결국 비관적인 세계관을 갖게 돼 자살이라는 '마지막 도피'를 선택한 위대한 작가 아쿠타가와 류노스케에 대한 '연구서'를 낸다고 해서 그가 평생 고심했던 '악'이라는 화두를 푸는 일에 약간이라도 도움이 될까? 미국에서 나오는 연구서는 십중팔구 일본 학자들의 연구 성과를 미국적인 이론 틀에 맞춰 '짜깁기'하는 것이기 때문에 거기에서 그의 영원한 화두를 발견하긴 어려울 것이다. 물론 아주 전문적이고 정확한 '짜깁기'라면 그 가치를 인정해야 하는 게 마땅하다. 일본어를 못하는 사람이 그걸로 공부할 수 있으니까. 그렇더라도 과연 일생일업│一生一業 으로서의 학술이 과거의 위대한 창조적 개인이 이루어낸 업적을 '소개' '분석'하는 데에 그친다면, 그 개인의 위대성을 이루는 중심 '질문'에 대해 어떤 식으로든 답을 찾는 건 고사하고 그의 문제의식 자체도 제대로 인식하지 못한다면, 이게 인생을 바쳐가면서 할 만한 일인가?

아쿠타가와는 내가 워낙 좋아하는 작가라 예로 들었지만 『날개』를 지은 이상│李箱. 1910~1937 을 놓고 이야기해도 마찬가지다(내가 보기에 아쿠타가와와 흡사한 면이 많다). 이상의 구도를 계승하고 그것보다 더 멀리 갈 자신이 없다면 좋은 세상으로 가고 없는 이상을 왜 연구하는가? 물론 그런 연구를 한다고 해서, 사회적 자원 낭비를 제외한다면, 민폐를 끼칠 염려는 없지만 그래도 중생들을 위해 뭔가를 해놓고 죽을 수 있는 사람

나를 넘어

이 상구보리|上求菩提12)도 하화중생|下化衆生13)도 못하고 의미 없는 말을 이 언어에서 저 언어로 번역만 하다가 그저 그냥 돌아가고 다시 태어나는 건 좀 허무하지 않은가? 물론 니체 연구자가 다 초인|超人이 되라는 이 야긴 아니다. 그러나 초인의 단면도 보여주지 못하고 죽은 니체의 '말'만을 백 번 천 번 옮겨 쓴다 한들 중생에게 무슨 이익이 되겠는가?

요즘 세상에 '마르크스주의'라 하면 비웃고 조소할 무리들이 많지만 마르크스|Karl Marx. 1818~1883의 학술은 구체적인 인간에게 구체적인 도움이 되는 측면이 많다. 예컨대 강남의 회사에서 일하는 아무개를 생각해보자. 그는 월급만 받으면 끝이라는 식으로 시키는 대로 적당히 일한다. 그런 그가 생각하는 것이라곤 오로지 회사 옆 골목의 '대딸방'이라면, 우리는 이 상황을 마르크스주의 이론에 따라 생산자로부터 생산수단의 소외로 인한 '노동의 소외'라고 판단할 수 있다. 물론 병명을 안다고 해서 병을 당장 고칠 수 있는 건 아니다. 이 병을 고치려면 그 회사는, 아무개와 동료들의 민주적인 참여하에 이득이 아닌 '대타'|對他 서비스'를 위해 계획적으로 운영되는 사회의 재산이 되어야 한다. 이렇게 되려면 우리 사회는 아주 크게 바뀌어야 한다. 마르크스는 우리에게 병명과 대략적인 '처방'까지 알려주었다는 점에서 위대한 학자이자 보살도|菩薩道14)의 실천가였다. 그러니 나를 비롯한 우리 동료들은 마르크

---

12) 상구보리(上求菩提): 위에서 부처님의 진리인 '보리'를 얻으려고 함.
13) 하화중생(下化衆生): 밑에서 뭇 중생들을 교회하고 이롭게 함.
14) 보살도(菩薩道): 보살이 불과(佛果)를 구하려고 닦는 길.

스만큼 실천하지 못하고 요익중생│饒益衆生15)하지 못한 채 '빈말' 속에서 살다가 돌아간다. 안타까운 일이다.

15) 요익중생(饒益衆生): 뭇 중생들을 크게 이롭게 하는 일.

종교적 심성을 갖게 된 계기

2007年 3月 17日

인간은 왜 신을 찾는 걸까? 레닌|Vladimir Ilich Ulyanov. 1870~1924
은 "아직도 과학적으로 탐색하지 못한 자연현상에
대한 공포 때문"이라고 설명했다. 그러나 이는 원시공동체
해체기의 인간 집단을 두고 하는 이야기라면 맞을지언정 완숙한 계급
사회 인에서 한 개인의 다양한 내면적인 움직임을 다 포괄할 수 있는
종교발생론은 아닌 듯하다. 붓다는 병들고 가난하고 늙은 사람들의 모
습과 '죽음'을 직면하면서 수행하게 됐고, 예수에겐 자기 마음속에서
자신을 유혹하는 '악마(예수 자신의 또 다른 목소리인지도 모른다)' 의 속삭
임과 세속의 권력에 대한 유혹을 뿌리친 게 그 계기가 되었다. 결국

'죽음'이라는 인간 존재의 본원적 모순이든 계급사회의 현실적인 모순이든 우리가 당장 현실적으로 풀 수 없는 모순에 직면할 때 인간에게 종교심, 즉 자기 내면 안에서 '신성한 것', 모순을 해결하는 능력을 지닌 '영원하고 안락한 것'을 찾으려는 의지가 생기는 것이다. 내 경우엔 아주 이른 나이, 초등학교 저학년 때쯤 '폭력'이라는 사회적 모순에 부닥쳤다.

한번은 저녁에 텔레비전을 보고 있었는데 '위대한 조국 전쟁' 관련 영화가 또 방송되었다. 철저하게 군사화된 사회였던 소련의 방송에는 소·독 전쟁('위대한 조국 전쟁') 때의 소련군을 찬양하는 '국책 영화'들이 상당히 많이 편성되어 있었다. 전쟁 영화는 대체로 폭력적이지만 그때 내가 본 영화는 개중에서도 좀 특별했다. 감독에게 사디즘|sadism 취향이 있었던지 그 영화의 '클라이맥스'는 '영웅적인 소련군'이 독일 여군의 가슴에 칼을 꽂아 '장렬히 처단'하는 장면이었다. 카메라는 죽어가는 '적'과 그 옆에서 "아, 정말 수고했어!"라고 말하는 것 같은 만족한 표정의 '아군 용사'를 클로즈업해서 약 5분간 롱테이크[16]로 잡고 있었다. 그런데 그 장면이 내게 준 효과는 감독이 의도한 바와는 정반대였다. 내 어머니 또래의 중년 여성을 근육질의 남성이 칼로 찔러 죽이는 장면을 보면서 난 '불쌍하게 죽은' 그 여성에 대한 동정과 함께, 내 어머니도 누군가의 손에 죽어 내가 고아가 될 수도 있다는 절망과 공포를 느꼈다. 그렇게 영화를 보던, 씩씩해야 할 남자 초등학생은 결

---

16) 롱테이크(long take): 길게 찍기. 하나의 장면을 숏을 나누지 않고 길게 하여 촬영하는 기법.

국 울음을 터뜨리고 말았다. 그 후론 웬만하면 '국책 영화'를 보지 않았다. 그러나 학교에서 교련과 전쟁게임까지 시키는 게 하도 부담이 돼 근육질 남성들이 무기라는 나쁜 장난감을 가지고 남을 괴롭히는 일이 없는 좋은 곳으로 도망가고 싶은 마음뿐이었다.

'국책 영화'의 폭력성에 놀란 뒤 나는 폭력을 금하는 윤리체계가 이 세상에 있는지 탐색하기 시작했다. '적군 살해'를 당연시하고 '남자다운 일'로 보는 소련의 윤리체계를 등지고 기독교에 눈을 돌렸지만 '애국애족'을 외치는 건 주류 기독교 집단, 즉 그리스정교회도 마찬가지였다. 그러다 병역거부의 전통을 자랑하는 비주류 교파(소련 말기의 침례교파)에 관심을 가졌는데 침례교의 엄격한 '집단적 규범'에 압박감을 느껴서 결국 원시불교의 경전을 본격적으로 읽게 되었다. 나는 고교시절에 『법구경』과 『수타니파타』의 초역본을 읽고서야 자기 내면의 분노와, 그 원천인 탐욕·아집·어리석음을 없애고 자기와 남을 동일시하는 것이야말로 '남성다운 일'이라는 사실을 깨닫게 되었고, 그제서야 비로소 안심할 수 있었다. 남을 칼로 찌를 생각과 능력이 없는 나 같은 사람도 불교의 가르침에 따르면 남자일 수 있다는 깨달음을 얻은 덕분이었다.

종교적 심성을 내게 심어준 긴 '폭력', 그것도 여성에 대한 남성의 폭력이었다. 고교시절부터 인식한 이 문제의 복합성은 '폭력'의 사회적인 연원淵源에 있었다. 군대를 운영하는 국가, 국가를 운영하는 지배계급, 지배계급의 존재를 당연한 것으로 만드는 계급적 지배질서가 '칼침 놓는' 걸 찬양하는 영화들을 만들게 했고, 나 같은 사람들을 울렸던 것이다.

불교 경전은 폭력을 근절하는 내면의 길, 즉 팔정도|八正道17)를 가르친다. 그러나 내면이 아닌 외면의 차원에서 불교는 역사상 한 번이라도 계급 평등을 외치거나 승려가 아닌 속인의 병역거부를 제창한 적이 있던가? 중국 당나라 때의 삼계도|三階道18)와 같은 특정 불교 종파나 몇몇 개인을 빼고는 그런 사례를 찾아보기 힘들다. 대개는 일부 성직자의 평화로운 '내면의 구도' 가능성을 지배계급의 폭력자로부터 보장받기 위해 폭력자와의 대결·투쟁은 물론 폭력자에 대한 솔직하고 바른 말까지도 일찌감치 포기하고 말았다. 사상으로서의 불교는 내 초발심|初發心19)에 그대로 맞을지언정 제도로서의 불교는 늘 내게 배신감을 느끼게 할 뿐이다. 종교적 심성의 초발점은 '모순'과의 만남이다. 그런데 이 만남의 과정에서 종교적 심성은 생길지라도, 계급사회의 한 제도로서의 종교는 '모순'의 해결에 도움이 되기는커녕 지금으로선 방해만 될 뿐이다. "부처를 진심으로 믿는 이들이여, 절에 가지 말자!"라고 외치면 마음 한구석에서 미안함이 느껴지지만 사실 부처님을 생각해서라도 그런 말을 해야 하지 않을까 싶다. 승방|僧坊에 예비군복이 걸려 있는 건 그렇다 치더라도 『법구경』을 가지고 설법|說法하는 분들이 총 들고 살인훈련

---

17) 팔정도(八正道): 부처님이 제시한 여덟 가지 바른 길. 바르게 보고 생각하고 말하고 행동하고 목숨 부지하고 노력하고 기억하고 마음 안정을 찾는 일.
18) 삼계도(三階道): 수나라, 당나라 시절의 평민적이고 개혁적인 불교종파. 신행(信行: 540~594)이 창립했다. 만민, 남녀평등을 주장했다가 결국 탄압을 받아 사라졌다.
19) 초발심(初發心): 부처님의 길에 들어서려는 최초의 마음가짐. 불자로서의 인생의 시작.

나를 넘어

을 받는 게 당연하다고 계속 생각한다면, 즉 병영화된 사회와 불교 교의의 기본적 충돌에 대한 의식조차 없다면 '가사 입은 도둑' 집단과 무엇이 다르겠는가. 이는 나뿐만 아니라 수많은 이들의 초발심을 배반하고 짓밟는 일일 뿐이다.

근대적 '민중'에 대한 생각

2007年 2月 5日

1970년대부터인가 '저항의 주체'로서 민중이라는 테마는 한국 '진보'진영의 가장 큰 화두였다. 장길산의 미륵신앙이 『공산당 선언』처럼 읽히고 동학농민의 '제폭구민'除暴救民이 "만국의 프롤레타리아여, 단결하라"처럼 들리지 않았는가?

그러나 민중이라는 개념, 민중의 저항성이라는 문제는 정리가 그리 간단치 않다. '지금, 여기' 현실 속에서의 '저항 주체'들이 열성적으로 탐색되었던 그때, 동일방직에선 민중 중의 민중이라 할 예비역 출신 남성노동자들이, 투쟁에 나선 여성노동자들에게 오물을 투척했다. 이 남성노동자들은 민중이 아닌가? 1987년 창원 등지에서 노조를 설립하

나를 넘어

겠다고 파업에 나선 삼성중공업 노동자들은 '투쟁하는 민중'이었지만 이들을 막아선 구사대는 민중이 아니라 사회귀족이었는가? 그리고 지금, '잘살아보겠다'는 일념으로 엄청난 경쟁률을 뚫고 대기업에 들어가 수련원에서 '극기훈련'하고 '회장님'의 '어록'을 외우는 이들은 민중이 아닌가? '민중의 저항성'이라는 문제는 생각만큼 단순한 게 아니다. 마르크스의 말대로 "자본주의 하에서 사는 대중의 사고 역시 자본주의 적일 수밖에 없다"는 건 마음 아픈 진리다. 어릴 때부터 벌어서 쓰는 '생산과 소비' 순환의 맛을 몸에 들이고, 사람을 사서 부릴 수 있는 돈의 힘을 알고, 학교에서 '잘사는' 것의 미덕을 익히고, 그리고 다른 곳에서 많은 이들이 자신보다 훨씬 못살고 있다는 사실을 알고 있는 '영식'이나 '존'. 그들은 아주 특별한 생활 여정을 밟지 않는 한 자본주의의 '극단'을 반대하더라도 자본주의 자체에 '자연발생적으로' 의문을 가질 확률은 높지 않다.

꼴 보기 싫은 상사에게 굽신거리는 것도 자본주의 아래서지만, 아름다운 드레스를 입고 유혹하는 김태희를 보는 재미나, 월드컵 때 모여 힘껏 외치는 재미도 자본주의 아래서다. 부동산·은행빚·사채·아이 사교육비 등 돈 걱정에 찌들어 사는 이들은 무슨 '대안'을 찾을 만한 여유도 없다. 물론 지역마다 차이는 좀 있다. 예컨대 선거 때마다 노동당을 찍는 노르웨이의 노동자는 자신의 실질임금이 해마다 1~3%씩 오르는 복지 자본주의를 반대하지 않지만 '계급의식'은 아주 강하다. 반면, 한국에선 자신이 속한 기업의 사가(社歌)를 제창하고 '회장님 어록'을 외워야 '모(某)재벌가의 충신' 의식이 트이고 순전히 생존본능대로 살아갈 수 있다. 그러나 노동당 지지자든 회장님을 모시는 일편단심의 소유자든 자본주의적 삶을 살 수밖에 없는 대중들을 진정한 반자본투쟁으로 이끌긴 매우 힘들다. 경제투쟁이야 빈번히 일어나고 또 대중에게 좋은 학습 기회가 되지만 이건 '반자본투쟁'이라기보다는 자본과 공존하기 위한 조건을 조금 개선하려는 투쟁에 불과하다. 물론 이런 투쟁이라도 없으면 한국의 노동자들은 1980년대 초처럼 한 달에 200달러 겨우 받으며 쪽방에서 새우잠을 잘 게 뻔하다. 그런데 한국처럼 주인님들이 노동자들을 학교·군대 시스템 속에서 '복종훈련' 시켜 원자화하고 정규직·비정규직을 분리해 통치하고 조합관료들을 계속 매수하면 경제투쟁조차도 참 외롭고 어려워진다.

이 상황을 바꾸는 건 자본주의 내에 존재하는 온갖 균열과 불경기의 시공간이다. 자본주의는 늘 '전쟁'을 의미한다. 이라크 등지에서 수십만 명의 무고한 이들이 죽는 모습은 배부른 노르웨이 노동자에게도 "도대체 이게 사람 사는 세상이야?"라는 생각을 심어주었다. 1973년 이후엔 유럽에서 불경기가 심화돼 결국 '복지'를 놓고 지배자들과 피지배자들이 아주 격렬하게 '겨루기'를 했다. 작년 프랑스 젊은이들의 반란이나 독일의 공무원 장기 파업 등을 보라. 이러한 시공간들은 '순응하는 민중'을 '투쟁하는 민중'으로 조끔씩 바꾸는 효과를 갖고 있다. 문제는 이 '투쟁하는 민중'을 조직하고 이념적으로 응집시킬 수 있는 어떤 정치적 조직체가 필요하다는 것이다. 유럽엔 나라마다 급진정당들이 몇몇 있지만 역량이 많이 제한돼 있다. 또 분파적인 근성이 너무 강하거나 아니면 '사민주의의 재탕 삼탕' 밖에 제안하지 못하는 경우가 허다하다.

지금의 상황으로 봐선 세계 자본주의적 시스템의 균열이 계속 심화될 듯하고 아마도 결국 '파열'로 이어질 것 같다. '세계혁명'이 실패로 돌아간다면 그 대신 '세계전쟁'이 일어난다는 건 역사가 우리에게 주는 교훈이다.

아쿠타가와 류노스케 선생,
그리고 군인과 아이

2006年 12月 20日

내가 즐겨 읽는 책 중에 다이쇼|大正 시대 일본의 문호 아쿠타가와 류노스케 선생이 지은 『슈쥬노 코토바|侏儒の言葉』[20]라는 일종의 명언집이 있다. 아직 한글로 번역 출간되지 않았는데 아쉽기 짝이 없는 일이다. 이 책에 등장하는 명언 중 압권은 다음의 글귀이다.

　軍人は小兒に近いものである．英雄らしい身振を喜んだり，所謂光

---

20) 『슈쥬노 코토바(侏儒の言葉)』는 1922년 작으로, 제목을 한국어로 옮기면 '보잘것없는 글쟁이의 말들' 정도로 이해할 수 있다.

　　　　　　　　　나를 넘어

榮を好んだりするのは今更此處に云う必要はない．機械的訓練を貴
んだり，動物的勇氣を重んじたりするのも小學校にのみ見得る現象
である．殺戮(さつりく)を何とも思わぬなどは一層小兒と選ぶところ
はない．殊に小兒と似ているのは喇叭(らっぱ)や軍歌に 舞されれ
ば，何の爲に戰うかも問わず，欣然(きんぜん)と敵に ることである

この故に軍人の誇りとするものは必ず小兒の玩具に似ている．緋
(ひおどし)の鎧(よろい)や 形(くわがた)の兜(かぶと)は成人の趣味に
かなった者ではない．勳章も わたしには實際不思議である．なぜ軍
人は酒にも醉わずに，勳章を下げて歩かれるのであろう？[21]

대략적으로 번역하면 이렇다. "군인들은 어린아이들과 같다. 소위 '영
웅적인 행동'을 기쁘게 여긴다든가 '명예'를 좋아하는 그들의 처신에
대해선 여기서 굳이 언급할 필요도 없다. 기계적인 훈련을 귀하게 여
기고 동물적인 용기를 중요시하는 건 소학교에서나 볼 수 있는 현상들
이다. 아무런 생각 없이 살육하는 것도 어린아이들과 하등의 차이가
없다. 어린아이들과 특히 비슷한 점은 나팔소리와 군가에 고무돼 '무
엇을 위해 싸우는가'를 묻지도 않고 적 앞으로 돌진하는 것이다.
또한 군인들이 자랑삼는 건 어린아이들의 장난감과 흡사하다. 번쩍거
리는 갑옷이나 투구는 성인의 취향이 아니다. 훈장이라는 것도 나에게
는 이상하게 느껴진다. 도대체 왜 군인들은 술에 취하지도 않은 채 훈

21) 원문출처 http://www.aozora.gr.jp/cards/000879/files/158_15132.html

장을 달고서 거리를 활보하는가?"

일제의 군사주의적인 광기가 사회를 지배하던 시절에 대한 참으로 선생다운 풍자다. 그런데 약간 고치고 싶은 부분이 있다. 군인이 어린아이와 흡사하다기보다는 군대가 인간의 퇴영退嬰적인 심리를 십분 이용한다고 봐야 할 것이다. 가부장적인 가정이 키우는 '강한 남자' 콤플렉스를 이용해 살육 전문가인 군인을 '진정한 남성'으로 포장하는가 하면, 인간 로봇으로 만드는 기계적인 훈련을 '낭만'으로 포장해 팔지 않는가? '용기'에 대한 숭배는 그중에서도 가장 간사한 전략이다. 가부장적인 남성의 이미지에 익숙한 사회에선 '담력이 좋은 남성'이 대접받게 돼 있고 군대는 이를 이용한다. 자신과 남의 생명을 보존하고 싶은 마음은 인간의 가장 심층적인 본능인데, '용기'의 숭배는 그 본능을 스스로 압박하게 하여 그 본능의 발로發露에 대해 수치심을 키우게 만든다. 중세적인 종교들이 섹스에 대한 수치심을 키우듯 말이다. 그렇게 가미카제 · 육탄용사 · 결사대 등이 세상의 본보기가 되고 '목숨을 내놓을 각오'가 돼 있지 않은 장삼이사張三李四는 '비겁한' 자신에 대한 수치심과 함께 '용감한 군인'에 대한 동경을 품게 되는 것이다.

그런데 아쿠타가와 선생 시대의 평범한 일본인이 미츠이와 미츠비시가 중국에서 사업을 편하게 하도록 하기 위해 목숨을 내놓을 필요가 있었을까? 오늘날의 한국인이 한국 건설업체가 미 점령군 총독부로부터 수주를 잘 받게 하기 위해 목숨을 내놓을 각오로 자이툰 부대에 지원해 사지에 몸을 내던지는 게 과연 합리적이고 올바른 일인가? 한국군이 건군 이후 해온 일이 무엇인가? 남한 지배계급과 북한 지배계급

나를 넘어

이라는 두 깡패집단이 서로 다툴 때 남한의 지배계급을 지켜준 것과, 두어 번 상국|上國의 부름을 받아 '화려한 외출'을 한 것 외에 뭐가 있는가? 군대를 당장 없애자는 이야기는 아니다. 그래도 이런 기능을 하는 군에 복무하게 하는 걸 '신성한 병역'이라고 부르면서 미화하는 건 어리석음의 극치가 아닌가? 필요악일지언정 '신성한' 그 무엇은 찾아보기 어렵다.

노르웨이 직장의 송년회

2006年 12月 15日

2006년 연말 오슬로대학 학과 동료들과 함께 민속 박물관에서 송년회를 가졌다. 한국에서 3년간 직장생활하면서 겪었던 송년회들과 분위기가 너무 달라 몇 자 적는다. 노르웨이의 학교에서 갖는 송년회는 대개 연구발표회를 겸하는 경우가 많다. '교육과 연구'라는 직무를 인연으로 만난 인간들의 집단이니까 그 '인연'에 충실하자는 이야기일 것이다. 그래서 낮엔 약 6시간 동안 발표회를 갖고 저녁 7시부터 본격적인 축제에 들어간다.

한국은 어떤가? 학회에선 발표회를 가진 뒤 송년회를 하는 경우를 꽤 봤지만 대학 동료들끼리는 연구발표회 겸해서 송년회를 갖는가? 경험이 짧아서 그럴 수도 있지만 난 한 번도 그런 모습을 본 적이 없다. 한국에선 대학이 '연구기관'이라는 생각이 뚜렷하지 않아서일까? 물론 일본도 마찬가지지만 한국에선 대학이 본질적으로 중산계급으로 편입하려는 이들에게 '학벌'이라는 대기 순서 번호를 매기는 교육행정기관으로 여겨질 뿐 연구자들의 집합체라는 생각은 그리 강하지 않은 것 같다. 일부 학과와 일부 교수는 안 그럴 수도 있지만 전체 분위기가 그렇다는 말이다.

노르웨이에서 대학교수는 자신의 연구에 약간 미친 사람이라는 이미지가 강하다. 여기선 세상과 담을 쌓고 자신의 '일생일업'에 빠지는 걸 당연한 '교수다운 자세'로 여기는데, 한국에선 각료들의 3분의 1 내지 4분의 1이 교수 출신이라 해도 누구 하나 뭐라 하지 않는다.

발표회에 이어 벌어지는 송년회가 한국의 송년회와 다른 점은 비교적 일찍(밤 12시~1시) 파하고 웬만해서는 음주량이 양주 두세 잔을 넘지 않는 것, 성탄절 관련 전통민요를 부르는 '노래 자랑'은 있어도 한국의 노래방에서처럼 '의무적인' 집단 가무는 없다는 것 등이다. 한마디로 말해 한국과는 달리 노르웨이의 송년회는 남 앞에서 어리광을 부리거나 남들과 살갗을 비비는(직접적 의미든 은유적 의미든) 자리가 아니다. 아주 질서정연하고 개인들 간의 경계선이 분명한 공간이다. 성추행은 물론 주정도 생각하기 어렵다. 동료들끼리 공부 이야기나, 가족과 아이들 이야기를 조금 나누다가 건배 몇 번 하고 때가 되면 서로 작별인사하고 가족 품으로 돌아가는 식이다.

한국인의 입장에선 좀 싱겁게 보일지도 모르겠다. 그러나 나이와 직급이 다르고 비공식적 영향력 등이 다를 수 있는 사람들이 비공식적인 자리에서 만날 때에는 분명한 경계선을 그을 필요가 있다. 그래야 자신의 욕구를 충족하려고 자신의 '위치'를 이용해 남을 짓밟는 일이 생기지 않기 때문이다. 다시 말해 철저한 개인화와 '개인존중'을 우선시하는 분위기가 사회를 흥건히 적셔야지만 현실적인 권력·권위 관계를 넘어 어느 정도의 '평등'을 이루어낼 수 있는 것이다. 한번은 한 지인이 "당신이 사회주의자라면 왜 개인주의를 찬양하느냐"고 내게 물은 적이 있는데 바로 그런 이유 때문이다. 개인주의가 몸에 밴 사람들이 많은 곳에서는 나이가 많다고 해서 나이 적은 이에게 "야, 이제 노래 한번 해봐, 노래하라니까!"라고 말할 수 없다. "야, 노래해봐!"라고 말할 수 있는 곳에서는 평등도, 제대로 된 사회주의도 불가능하다는 게 내 생각이다. 물론 이 문제를 놓고 "문화 차이란 게 있는데 상대화시켜서 봐야지"라고 말할 수도 있다. 그러나 '아랫사람'이 강제로 노래할 때 느끼는 솔직한 감정을 이야기하는 걸 들어보면 '문화 차이'로만 보고 넘기긴 어렵다. 문화가 원래 그렇다면 당하는 사람이 고통을 받지 않아야 마땅하지 않은가? 사회적 힘의 불균형을 견제할 수 있는 장치가 결여된 상황, 미시적인 권위주의가 거시적인 권위주의를 뒷받침하는 상황에서는 언제고 문제가 발생하기 마련이다.

성욕과 종교에 대한 짧은 생각

2006年 11月 27日

어렵거나 외로울 때면 자꾸 석가모니 부처님의 인생
이 머릿속에 떠오른다. '전통'으로 내려오는 그분의 전기를 어
디까지 믿을 수 있는지는 논외로 하고 일단 그 스토리를 따르면, 그분
은 6년간의 고행 끝에 대각 |大覺22)을 이뤄 뭇 중생에게 진리를 알리는 붓
다가 되었다. 물론 대각을 이룬 뒤엔 더 이상 성욕을 느끼지 않았을 것
이다. 모든 인연들이 덧없고 비어 있다는 것을 깨달음의 순간에 봤다
면 그 뒤로는 '성욕'이라는 것도 거리를 두고 관찰할 수 있었을 것이

22) 대각(大覺): 도를 닦아 크게 깨닫는 일

고, 그것이야말로 자신과의 싸움에서 이룬 진정한 승리일 것이다. 그런데 그러한 승리를 이루기 위해선 6년간의 고행뿐 아니라 우리로선 상상조차 하기 힘든 '대각'이 필요하지 않았을까? 불경 어디에서도 찾을 수 없는 이야기지만 내 짧은 생각엔 성욕 정도의 업장을 극복하려면 6년간의 고행만으론 모자랐을 것 같다. 식욕이나 수욕|受欲23)도 만만치 않지만 특히 보통사람에겐 성욕만한 업장은 없다.

평소 수사님이나 신부님·스님·비구니님을 볼 때마다 '이분들은 정말로 석가모니나 예수님처럼 성욕을 완벽하게 상대화시켜 더 이상 자신의 욕망으로 느끼지 않는 수준에 달한 건가?'라는 생각이 든다. 만약 그렇다면 매우 존경스러운 일이겠지만 그렇게 많은 사람들이 부처님의 대각을 이루었다는 게 솔직히 믿기지 않는다. 부처님의 직계 제자만 해도 성욕의 마장|魔障24)에 가끔 시달렸다는데 말이다. 만약 그분들이 성욕을 지양한 게 아니라면 억제하고 있는 걸까? 물론 자신들의 각오이고 자신들의 문제지만 만에 하나 그걸 억제하다가 한순간 무력한 대상에게 '성추행'이라는 매우 반인륜적인 방법으로 풀게 된다면 남에게 씻을 수 없는 상처를 주니 큰일이다.

가톨릭교회에서 발생한 최근의 파문들을 보면, 실제로 성욕을 참다 참다 못 참고 무력한 아이들에게 아주 안 좋은 방법으로 발산하는 경우가 의외로 많았다. 그런 걸 보다 보니 성직자의 비혼|非婚 생활과 성생활

---

23) 수욕(受欲): 느낌에 대한 욕망. 여러 가지의 느낌을 좋아해서 욕심내는 것.
24) 마장(魔障): 귀신의 장난. 일의 진행에 나타나는 뜻밖의 방해나 장애.

중지라는 게 존치|存置할 가치가 있는지 강한 의문이 든다. 부처님이나 예수님 수준에 도달한 분들이야 성생활을 개인적으로 중지하면 되지만 그렇게 되지 못한 중생들까지도 그런 제도에 묶여 공연히 고통스럽게 참아야 할 필요가 있을까? 성당과 사찰에 다니는 여성과 아동을·성추행의 위험에 노출하는 것보다는, 만해스님도 일찍이 이야기한 것처럼, 차라리 성직자들이 정상적으로 동거와 결혼생활을 하도록 그냥 허용하는 게 낫지 않을까? 그런 생활을 안할 소수는 어차피 안할 테니 말이다.

물론 종단들은 '금욕의 영광'을 쉽게 포기하지 않을 것이다. 그게 신자들에겐 호소력 높은 권위가 되기 때문이다. 사실 성직자가 신도와 똑같은 수준의 중생이라 해도 그걸 꼭꼭 숨기고 성직자를 신비화시키는 게 제도권 종교단체들의 전략이다. 정작 고통을 받는 건 성희롱과 성추행에 노출되는 약자들인데 '자비'와 '사랑'을 거창하게 논하는 고위 성직자분들은 이런 문제에 대해 별 고민을 안 하는 것 같다. 고통받는 중생들에 대해 별 생각이 없는 걸까?

등수 없는 학교의 추억

2006年 10月 25日

행복한 사람은 자신이 행복한 줄 모른다는 말이 맞는 듯하다. 소련에서 학교 다닐 때 나 자신이 불쌍하다고 생각했었다. 보기도 싫은 교복을 입지, 교련수업에다 매주 무슨 군사 행진을 하지, '국사' 교과서 내용이 어린 내가 봐도 거짓말투성이인데 그걸 가지고 시험을 쳐야 하지……. 기분 좋게 등교한 적이 별로 없었다. 그런데 한국 학생들의 현실을 보니 '그래도 내가 행복했었구나' 하는 느낌이 든다. 소련 학교도 꽤 권위주의적이고 억압적이었지만 한국의 박정희주의적 학교처럼 체벌과 일률적인 전교 · 학급 등수 매기기는 없었다. 나는 내가 '상위권'이라는 것은 대충 알고 있었지만 몇 등인 줄은 모르고 졸업

했다. 그건 정말 다행이었다. 사실, 거의 전부가 인텔리 가정 출신인 '상위권' 아이들을 보는 노동자 가정 출신 아이들의 시선은 곱지 않았다. 거기에다 아이들에게 일률적인 등수를 매겨 아이들이 "난 일등이야, 넌 꼴찌지?"라면서 서열을 갈랐다면, 우리 반의 내부 관계는 완전히 깨지고 말았을 것이다. 예민하기 그지없는 사춘기에 '25등' '30등' 같은 꼬리표를 달고 산다는 건 보통 힘겨운 일이 아니다.

소련은 계급사회였지만 사회안정 차원에서 계급질서를 숨기고 '평등' 이데올로기를 어느 정도 표면적으로 유지했다. 그러나 한국 학교의 교실에선 '등수'의 위계질서가 말 그대로 모든 사회적 관계 형성의 기반이 되고 있다. 어릴 때부터 문화자본을 상당히 물려받은 데다 적응력이 뛰어난 쪽은 '우승자'라는 의식을 키우고 그렇지 못한 쪽은 '뒤처진 자'라는 자괴감을 안고 사는 걸 연습한다. 사회가 저지를 수 있는 가장 흉악한 사회적 범죄는 아이들의 자연스러운 평등지향성을 이런 수법으로 일찍부터 깔아뭉개고 성적이라는 자본을 열심히 축적하는 '작은 자본가'로 아이들을 키우는 것이다. 그 결과 아이들은 어릴 때부터 친구 집의 평수를 따지게 된다. 이와 같은 사회화 과정은 아이를 너무 일찍 거세시키고, 결국 순응주의적 현실에 안주하여 뭔가 '다른' 것을 싱싱조차 못하게 만든다. 이런 성장 과정에도 굴히지 않고 '인간'으로 살아남는 사람이 있다면 그는 진정한 영웅이다!

"코리안 호스티스가 필요하세요?"

2006年 10月 20日

이리저리 굴러다니면서 별의별 일을 다 겪은 것 같은 데, 어제 있었던 후쿠오카 시 관광안내소에서의 경험은 좀 특별했다. 한국음식이 하도 그리워 안내소에서 한국 식당이 어디에 있는지 물어보고 있는데 '외국 친구 찾기' 차원에서 그곳을 찾은 한 일본 남성이 갑자기 대화에 끼어들어 알고 있는 한국 식당이 있다며 이야기했다. 그러다가 돌연, "아 참, 한국음식도 좋지만 코리안 호스티스는 필요하지 않아요? 좋은 업소를 알고 있는데……"라고 하는 게 아닌가? 그것도 안내소 여직원들 앞에서 말이다. 만약 지금이 19세기고 내가 유럽귀족이었다면 그의 언행을 '여성에 대한 모독'으로 여기고 그의 얼굴에다 장갑을 던져 결투를 신청했을 것이다. 물론 그 순간엔 그런 생각은 엄두도 못 내고 그냥 당황하면서 "그런 업소엔 별 관심이 없다"고 밝히고 대화를 끝냈다. 내가 당황한 걸 보고 그 남성도 적잖이 당황한 모양이었다. 그에겐 그런 업소에 대한 정보를 여성 앞에서 '공유'한다는 게 별다른 문제로 인식되지 않았던 것 같다.

난 억압적인 도덕주의나 기독교적 금욕주의보다는 차라리 솔직한 향락주의가 이론상으로 더 마땅하다고 생각한다. 개인의 성적 욕망은 승화시키는 것이 상책上策이고 문화 창조의 원천이지만, 그렇게 하지 못한다면 강력한 성욕을 느낄 때 차라리 이를 그대로 인정하고 솔직하게 추구하는 게 위선적이지 않고 자연스럽다. 부처님이나 예수님의 경지에 올라 성욕을 초월한 극소수도 있지만 그렇지 않은 경우엔 일단 성욕의 존재를 솔직히 인정하고 그 충족을 식욕의 충족과 마찬가지로 '자연스러운' 것으로 생각하자는 것이다. 부부 사이에 성적 욕구의 완전한 충족이 불가능한 경우, 나 개인적으론 그렇게 할 것 같지 않지만, 서로 합의해서 각자가 '바깥'의 끌리는 남녀와 자유로이 성을 즐기는 것도 나쁜 일은 아닌 것 같다. 배우자끼리 합의해서 자유연애 상대와 즐기는 것이라면 배우자를 속이거나 기만하지도 않고 어느 누구에게 피해를 주지도 않으므로 질질못을 따지거나 옳고 그름을 따질 필요는 없을 것이다.

성해방적 사고의 출발점은 '자유의사'다. 혼전의 성이든 혼외의 성이든 일단 서로가 자신의 '욕구'를 충족시키는 데 있어 어떤 강제도 받지 않아야 한다는 게 절대적인 전제조건이라는 말이다. 그런데 돈을 주는 고객과, '이차'를 가지 않으면 안 되는, 즉 경제적인 강제를 받는 '호스티스'의 관계는 서로가 자신의 욕구를 충족하려는 관계에 있는가? 경제력을 독점한 남성이, 경제력이 결여된 여성에게 경제력을 무기로 폭력을 휘두르는 게 성매매의 본질이다. 그런 의미에서 성 구매는 '경제력에 의한 강간'이라고 봐도 무방하다. 성욕을 '돈으로' 충족하는 사람들은 '경제력에 의한 강간'을 오랜 기간 당해온 여성의 심신이 과연 어떨지 생각이나 할까? 점점 변하고 있긴 하지만 여전히 한국과 일본의 남성 문화에서 '경제력에 의한 강간'이 당연시되는 건 대단히 놀랍고 경악스러운 일이다. 우리가 '돈'의 폭력성에 무감각해서 그런가? 차라리 스웨덴처럼, 법적인 혼인관계와 무관하게 '좋아하는 사람'과 자보는 것에 별다른 죄의식을 갖지 않으면서도 성을 구매하는 남성들에게는 실형을 선고하여 감옥에 보내는 게 훨씬 바람직하다. 섹스처럼 아름다운 것을 매매하는 게 인신을 매매하는 것과 무슨 차이가 있는가?

나를 넘어

'친절'이라는
국제자본주의체제의 코드

2006年 9月 27日

며칠 전 강의가 있어 국내에 잠깐 오게 됐는데 한 가지 놀라운 일이 있었다. 처가 친척들이 관리하는 내 휴대폰이 개통됐을 때 곧바로 가입 텔레콤업체에서 문자메시지를 보내왔다. "상담직원의 친절도를 평가해 달라"는 것이었다.

생각해보면 무서운 일이다. 그 직원은 자신의 '친절도'가 고용주에 의해 이처럼 계속 감시와 평가의 대상이 된다는 걸 알면서 마음껏 일할 수 있을까? 만약 비정규직 직원이라면 하루하루를 지옥에서 보내는 기분일 것이다.

신자유주의 체제에서 '친절도 관리'라는 건 미셸 푸코^{Michel Foucault, 1926~1984}
가 이야기했던 '노동자의 심신 유순화 기술'에 해당한다. 고객이든 사업주든 돈을 가진 주체를 무조건 '왕'으로 대접해야 한다는 걸 노동자에게 내면화시키면 노동자를 다루기가 훨씬 쉬워진다는 것이다. 5%의 자본주를 제외한 모두가 불안에 떠는 신자유주의 체제에서, 노동자는 유순해지고 길들여지며 일반 서비스 노동은 '감정 노동'의 요소가 강해진다. 이 스트레스 도가니에서 서비스업 종사자라는 계층은 '감정 노동', 즉 고객의 '기분 맞추기'에 많은 에너지를 빼앗겨야 한다.

비정규직 서비스업 종사자들 중에서 여성들이 차지하는 비율을 생각하면 신자유주의적 '친절도' 강조의 본질은 보다 분명해진다. "여성은 남성을 잘 섬겨야 한다"는 것이다. 남성 고객이 전화로 여성 상담원을 갖은 방법으로 괴롭히고 성희롱까지 하는 경우가 참 많은 걸로 안다.

이런 현실을 생각하면 북유럽의 비행기 승무원이나 은행 창구 노동자들의 모습이 그려진다. 그들은 고객의 '기'를 살리느라 억지로 웃어야 하는 의무도 없고 그렇게 하지도 않는다. 가끔은 좀 무뚝뚝해 보이긴 하지만 그게 인간의 존엄을 표현하는 것은 아닐까 싶다. 나와 고객의 관계가 공적인 관계라면 사적인 관계에 어울리는 웃음과 상냥함을 억지로 가장할 필요가 있는가. 여직원은 좀 상냥해야 한다는 생각에선 가부장주의적인 악취가 풍긴다. 지금 러시아를 찾는 일본인이나 한국인이 러시아 서비스업 종사자들의 무뚝뚝하다 싶은 표정이나 좀 거칠다 싶은 말 습관에 놀라 "공산주의 물이 들었다"고 말하지만 나는 오히려 그런 모습이 자연의 도리를 따르는 것처럼 보인다.

나를 넘어

노동시간을 판다고 해서 미소까지 팔아야 할 필요는 없다. 그런데 이 '매소', 다시 말해 미소를 파는 게 우리에겐 당연지사가 된 모양이다.

불만과 불안의 수위,
그리고 우리들의 미래

2006年 7月 26日

유럽에서 한국으로 올 때마다 절실히 느끼는 건 불만
과 불안의 정도가 훨씬 높은 사회 속으로 들어간다는
것이다. 정년이 보장된 교수처럼 사회적 위치가 안정된 사람이 아니
라면, 특히 사회 진입 과정에 있는 사람은 유럽에서 접하기 어려운 정
도로 사회에 대한 부정적인 의식과 감정을 갖고 있는 듯 보인다. 물론
이건 통계로 잡힌 게 아니고 순전히 한 달(2006년 6월 말~7월 말) 동안 국
내에서 '참관 관찰' 한 체감적인 결과일 뿐이다. 사회 진입 과정에 있는
사람의 상당수는 한국 사회를 정당한 게임 룰이 결여된, 원천적으로
공정한 경쟁이 불가능한 곳으로 보면서, '낙오'에 대한 두려움이 매우

나를 넘어

강한 나머지 법칙화된 변칙과 반칙을 스스럼없이 터득해 이용할 자세를 갖고 있다. 또한 '기득권'을 가진 쪽을 '성공한 사기꾼'으로 보면서도 그들의 영향권으로 진입하기 위해 안간힘을 써야 한다는 의식도 동시에 갖고 있다. 불신·불만·불안과 섞여 있는 매우 강렬한 신분상승 욕구라고 할까?

아시아에서 명목임금의 수준이 네 번째로 높은 곳에서 세상을 이렇게 안 좋게 보는 이유가 무엇인지 물으면 온갖 답들이 쏟아져 나올 것이다. 복지망이 제대로 구축이 안 돼 고등교육을 받거나 아플 때 가족이나 개인적 인맥을 동원해야 하는 '고성장 무복지' 모델에서 기인한 고질화된 불안심리('위험사회'), 국가 및 경제 권력의 역사적인 정당성 부족(친일파가 양민을 학살하면서 만든 국가, 총독부와 청와대의 특혜로 키운 자본), 불가피한 성장 둔화와 중국 등 저임금 지대의 '추격', 즉 지금까지 세계 시장에서 '틈새' 역할을 했던 한국 자본주의의 불확실한 미래 등. 다 정답이라 할 수 있을 것이다. 그런데 중대한 요소가 하나 더 있다.

경제성장 이상으로 평균 학력이 폭발적으로 성장했지만 그 학력을 제대로 소화할 만한 인프라가 갖추어져 있지 않은 이 사회에선 사회에 진입하려는 젊은이의 기대가 극소수를 빼고는 좌절되고 만다. 외국에서 박사까지 받아봐야 한국에 와서는 고작 연구교수가 돼시 눈칫밥 먹고사는 신세에 그친다. 대학원까지 마쳐도 직장에서 살아남기 힘들고 대학을 나와도 들어갈 직장은 없다. 비정규직 비율이 65% 이상인 육체노동 부문에선 포스코 점령과 같은 절망의 저항이 일어나는 형국인데, 대학 부문에선 약 5만 명 정도의 정규직 교수들을 엄청난 수의 비정규직 지식노동자들이 탄탄히 뒷받침하고 있다. 사실 불안한 처지라 그렇지 한국 대학의 비정규직(계약직) 연구교수는 중국이나 러시아의 정규직 교수에 비해 훨씬 높은 생활수준을 누릴 수 있다. 그런데 고성장 시대가 만들어놓은 '안정되고 선진적인 미래'에 대한 기대를, 노동을 불안하게 하는 이 체제가 만족시킬 수 없다는 게 문제다. 게다가 최근 교육부 장관의 논문 표절시비에서도 훤히 보이는, 이 시스템 관리자들의 수준도 문제다. 이러니 시스템 하급 구성원의 의식이 불평·불만으로 가득할 수밖에 없다.

이 불만·불안 등을 누가 어떻게 생산적으로 조직할 것인가? 이 체제 안에서 꿈나무를 키울 수 없는 모든 이들의 원한을 민주노동당(민노당)이 자신의 정치 행위에 담아 행동한다면 분명 승산이 있을 것이고 우리 미래에 한 줄기 희망을 줄 수 있을 것이다. 그러나 극우 세력이 이 불만·불안을 박정희 향수 쪽으로 향하게 한다면 일본의 전철을 밟아 극우 국가체제를 더욱더 심화시키게 될 것이다. 아쉽게도 현재 민노당은 비정규직 외주화와 용역화를 제대로 막지 못하고 있다. 비정규직의 입지를 더 불안하게 만든 '비정규직 보호법' 저지에 실패하고 좌절하는 걸 봐서는 이 조직의 규모와 투쟁방법만으로 대한민국인 다수의 원한을 담아내기엔 틀린 것 같다.

나를 넘어

우리들의 중독(들)

2006年 7月 15日

자본주의적 근대를 한마디로 정의하자면 아마도 '중독'이라는 말이 제일 알맞을 것이다. 중독이란 물신화된 대상에 대한 부자연스러운, 본인의 의지력으로 벗어나기 어려운, 사회적 맥락이 은근히(간접적으로) 강요한 집착을 의미하는 것인데, 개인 욕망의 노예화, 특정 대상들의 물신화야말로 자본주의적 근대의 주춧돌이다.

근대적 중독의 세계는 그야말로 무한하다. 가장 대표적인 것이 햄버거와 콜라 같은 '쓰레기 음식'에 대한 미국인들의 고질화된 의존이다. '쓰레기 음식'이 비만증을 비롯한 온갖 질병들을 다 키우지만 그 단맛과 '편리함'에 익숙한 데다 그 음식을 '우리 삶의 양식'의 상징으로 보는 이는 '맥도널드에 들르는 습관'에서 벗어나기가 힘들다. 우리에게 보다 익숙한 사례는 일중독, 즉 장시간 노동에 대한 일종의 피학증被虐症적인 애착이다. 동아시아 문화권에선 일제식 병영형 직장문화와 얽히고설켜 '집에 돌아오지 않는 남성'이라는 독특한 문화를 낳았다. 미국에서 나타나는 여가시간의 (유사) 근무시간화'는 신자유주의 시대의 특징이다. 컴퓨터와 휴대폰이 보급되면서 일중독자들은 더 일중독에 빠지게 됐다. 그리고 자동차 중독 같은 속도와 편리함에의 중독을 들수 있는데 한국에선 이게 집을 사지 못하는 중산층 하부 구성원들의 한과 어우러지면서 유럽에 비해 약간 광적인 형태를 취한 것 같다. 요즘은 '에어컨 중독'이 맹위를 떨치는데 나로서는 이해가 안 되는 현상이다. 습하고 더우면 선풍기를 틀면 되고 좀 덜하면 "여름이니까" 하고 그냥 참아도 되는데 말이다. 물론 대형 강의실이나 회의실에선 에어컨이 필요하다. 그렇더라도 병균을 마구 살포하고 감기 증세를 일으키는 이 기계를 왜 이렇게 사랑하는지 모르겠다. 미국 남부에선 한국 이상으로 '에어컨 중독'이 심하다던데 유럽은 좀 덜한 것 같다. 자동차 중독이나 에어컨 중독은 그 경제적 효과가 매우 크기 때문에 관련 업계는 그걸 유지시키는 데에 사활을 걸 것이다.

근대에 접어들어 생활 속에서의 폭력은 사실 많이 줄어들었지만 일중독으로 인해 생기는 스트레스를 시각적 폭력에 대한 중독으로 푸는 현상이 생겼다. 돈 계산에 지쳐 기진맥진한 투자신탁회사의 화이트칼라들은 저녁이면 이종격투기를 생으로 보여주는 레스토랑에 가서 빈민 출신의 젊은이들이 서로를 처절하게 때려 결국 실신시키는, 선혈이 낭자한 장면을 포르노 이상으로 잘 소비한다. 빈민 출신의 선수라는 '타인'이 맞고 또 맞고 결국 쓰러지면 자신을 컴퓨터의 노예, 돈의 노예로 만든 커다란 '타인', 즉 자본주의체제에 대한 '대리 복수'를 떠올리며 일종의 '대리 만족'을 느끼게 되는 걸까? 아니면 주먹으로 밥벌이하는 사람에 대한 자신의 우월한 위치를 확인하는 걸까? 아니면 성적 욕망이 변태적 '정복 욕망'으로 변질돼 싸움 장면을 무의식중에 일종의 섹스로 파악하여 은근히 흥분하면서 '즐기는' 걸까? 왜 주먹다짐을 보고 흥분하는지 그 이유는 잘 모르겠지만 우리 사회의 주목받을 만한 중독 현상임에 틀림없다.

서구 젊은이들이 마약중독에 빠지는 현상과 유사하게 한국에선 게임 중독이 퍼졌다. 국가와 자본으로선 참 좋은 일이다. 마약중독이 대중화되면 범죄 문제 등이 생기는데 게임중독은 1조 원 이상의 게임시장을 유지시키면서도 어떤 가시적인 사회적 문제를 일으키지 않으니 말이다. 10여만 명의 청소년과 청년들이 PC방에서 게임으로 자기 인생을 망가뜨리고 게임 안 하곤 못 사는 정신적 불구자가 돼도 그건 국가와 자본의 관심 밖의 일이다.

중독의 왕국이여, 영원하라! 노예들에게 이 정도의 눈요깃거리를 주어야 스파르타쿠스나 예수 그리스도 같은 불온분자들이 생기지 않는 조용한 세상이 될 게 아닌가.

마광수 교수의 연구실을 보고

며칠 전 학술회의 때문에 연세대 외솔관에 가게 됐
다. 2층에 올라가보니 마광수 교수의 옛날 연구실이
보였다. 지금은 주인이 없는 듯했지만 명패는 그대로였다. 그 명패
를 보니 문득 10여 년 전 『즐거운 사라』 때문에 마광수 교수가 구속된
사건이 생각났다. 사실 그때 한국 지식인 집단은 아우성을 치고 난리
를 쳐야 했다. 남에게 어떤 위해를 가하지도 않은 지식인을 순전히
'그가 쓴 글들이 너무 야하다'는 이유로 인신 구속한다는 건 모든 지식
인들에 대한 도전장이 아닌가?
검찰청의 검사들이 세계문학을 얼마나 읽는지는 모르지만 실제로 '성

079   나를 넘어

^世을 주된 화두로 삼아온 일본의 다니자키 준이치로|谷崎 潤一郎, 1886~1965의 책을 보면 성적 표현의 노골성이 마 교수보다 한 수 위다. 그런데 다니자키는 1910~50년대 일본 문단에서 커다란 명성을 얻었다. 특히 1945년 이후엔 '거성' '문단 원로'로 매우 높이 대접받으며 독자들의 대단한 인기를 한 몸에 받았다. 하지만 똑같이 성을 화두로 문학을 한 마광수 교수는 대한민국 인텔리 집단의 낙오자가 되었다.

국민총생산에서 농업보다 더 높은 4% 비율을 성매매 산업이 차지하는 나라에서 마광수 교수가 '독자들의 순결함을 모독했다'는 무서운 죄악으로 잡혀갔을 때 대한민국의 다수 지식인들은 왜 그렇게 태연했을까? 이문열이 마광수 교수가 "교수 직함을 쓰지 말아야 한다"는 망발을 했을 때 왜 이문열을 제대로 비판하지 못했을까? 그냥 한 개인으로서 자신의 취미대로 살아온 것일 뿐인데 그 정도의 도전도 대한민국은 용서하지 않는다. 게다가 마 교수가 학생들을 평등한 인간으로 대하고 '스승님'으로서 폼 잡지 않은 것도 추가적인 괘씸죄에 걸렸을 것이다. 쓸쓸한 이야기다.

개인의 내면세계에선 성적 판타지, 성적 상상력 등이 대단히 중요한 위치를 차지한다. 또한 그것들은 매우 당연한 것이니 그냥 자연스럽게 인정하며 사는 게 가장 현명할 디인데, 결국 마 교수는 "난 손톱이 긴 여자가 좋다"는 식의 커밍아웃으로 '왕따'가 되고 말았다. 성욕의 개인적인 형태들을 솔직히 이야기하는 게 그렇게 큰 반지성적 범죄인가? 내가 보기에 성욕은 소유욕과 본질적으로 다른 차원의 욕망이다. 성욕은 결국 새로운 생명을 낳는 것이고 '나'의 경계를 넘게 하는 어떤 초월성을 내포하지만 자아 지향적 소유욕은 파괴욕망으로 연결되기가 쉽다. 성에 대한 억압은 곧 권위주의·극단·폭력으로 이어진다고 라이히│Wilhelm Reich. 1897~1957[25)]가 이야기한 지 벌써 70여 년이 지났다. 우리는 그걸 알고도 그 악순환에서 왜 벗어나지 못하는 걸까?

현대 한국의 제대로 된 역사가 미래에 쓰이게 되면 외로운 개인 마광수의 개인 독립전쟁이 대서특필될 듯하다.

---

25) 라이히(Wilhelm Reich): 성욕의 억제와 권위주의적 인간형을 연결시킨 독일 계통의 성의학자.

나를 넘어

인권, 아직 오지 않은 '근대'

부르주아적 근대가 만들어낸 가장 해방적인 이념 중 하나는 아마도 '인권'|人權 일 것이다. 물론 자본주의적 근대의 다른 산물들도 그렇지만 인권의 개념에도 뻔한 한계가 있다. 가령, 아프리카의 말리|Mali 에서는 정부의 인권 유린이 없다 해도 불평등 무역과 외채, IMF가 강요한 망국적인 정책으로 수십만 명이 영양실조에 걸릴 수 있는데 그건 아직까지 국제사면위원회의 발표에 들어가지 않는다. 그러나 그럼에도 '인권' 이 보편화돼 주류적 패러다임이 된 사회에서는 민중의 삶이 좀 나은 편이고 계급투쟁하기에도 조건이 훨씬 나을 것이다.

그런데 '인권'에 대한 한국 여론 주도층의 시각을 보면 참 놀라운 면이 있다. 가령 '뉴라이트'나 기성의 극우는 북한 인권은 거론하면서도 강정구 교수를 재판하는 것이야말로 기본적 인권(표현의 자유 · 사상의 자유)의 노골적 유린이라는 걸 절대 말하지 않는다. 반대로 소위 NL이나 한총련 쪽에 속하는 분들 같으면 본인이 남한의 인권 유린의 희생자가 되어도 북한에서의 인권 유린에 대해서 생각하려 하지 않는다. 수용소가 엄연히 존재하고 말 한마디 잘못하면 거기에 가게 돼 있다는 걸 알면서도 '민족 공조' '통일'이라는 위대한 명분 앞에서는 그것이 다 '별것 아닌 주변적인 이야기'인 것처럼 생각되는 모양이다. 해방적인 근대를 대표하는 이념이라고 할 '인권'이, 억압적인 근대성의 핵심인 '국가 · 민족' 패러다임에 종속되어 그 도구가 되는 것이다. 물론 전쟁방지 또한 '생존권'이라는 중요 인권 실천의 방법이다 보니 북한과의 '평화적 공존'과 화해를 위해 노력하는 건 큰 의미가 있다. 그러나 우린 백성을 짓밟는 지배자들에 대해서 너무나 관대하고 '인권'을 중심에 둔 시각을 거의 갖지 않는 듯하다.

난 미국이라는 국가를 대단히 싫어하지만 미국의 어떤 부분은 분명 배울 만한 점이 있다고 생각한다. '알터넷www.alternet.org' 같은 온건 진보 사이트에선 노동자와 소비자 인권 유린으로 악명을 높인 '금년 최악의 기업 10개' 등을 발표하여 악덕 기업들을 상대로 하는 불매 운동 등의 투쟁을 벌인다. 미국에선 월마트를 상대로 치열한 투쟁이 벌어지는데 노조 결성권이라는 주요 인권을 무시하고 짓밟는 삼성을 상대로 우리가 전국적인 투쟁을 해본 적이 있는가? 삼성의 노동자 통제 방식을 우

　　　　　　　　　　　　　　　　　　　나를 넘어

리는 보편적인 '인권'이라는 시각에서 보려 하지 않는다. 사회 혁명을 거친 적이 없었다는 사실에 기인한 것일 수도 있고, 또한 대기업에 종속돼 있는 시민(중간)계급의 한계일 수도 있지만, 어쨌든 '해방적 의미의 근대'는 우리에게 아직도 꿈에 가까운 이야기 같다. 우리는 삼성과 같은 기업을 볼 때 '인권적 측면(노조 불허 원칙의 반인권성)'보다 '국민 경제 기여도' '직원들의 비교적 높은 보수' 등에 먼저 눈을 돌린다. 우리에겐 여러 가지 근대적인 척도|尺度들 중에서 '인권'보다 삼성이 담보한다고 인식되는 '부국|富國' 또는 개인들의 '경제적 위치'가 더 일차적인가 보다.

자본주의는 인간의 본성인가?

2006年 5月 21日

자본주의의 합리화 논리 중 가장 보편적이며 위험한 것은 바로 현존 사회의 모든 문제들을 '인간의 본성'으로 귀속시키는 식의 옹호론이다. 그러한 논리에서는 이윤 추구 활동이 '인간에게 내재돼 있는 소유욕의 당연한 표현'이 되고, 전쟁이 '인간에게 내재돼 있는 공격성의 표현'이 되며, 스포츠가 '서로 겨루고 경쟁하고 싶은 인간 본성의 표현'이 된다. 이 논리는 성악설의 일종인데 순자荀子나 한비자韓非子에 비해 훨씬 야비하다. 자본주의적인 '본성론'에서 인간의 '본성'은 자본주의 사회의 틀에 거의 그대로 들어맞는다. 직장 규율에 복종하면서 소비를 즐기려는 의욕이 흘러넘

치고, 공격성이 강해 축구 월드컵 같은 '대리전쟁'을 통해서만 그 배설이 가능하고……. 사실, 사회의 부조리한 점들을 '하늘의 도리' '자연질서'에 가탁[假託26)]하는 방법 그 자체는 별로 새롭지도 않다. 조선시대 사대부의 입장에선 노비가 주인에게 충성하는 것도 '하늘의 도리' '인간에게 내재돼 있는 주인의 은덕에 대한 보답의 마음'에 의한 것이었다. 그런데 인간에게 어떤 본성도 찾아보기 어렵다는 사실이 과학적으로 입증된 상황에서 자본주의 옹호론적 '본성론'이 이렇게 널리 퍼져있는 건 경이로운 일이다. 복잡한 문제에 대해 생각 안 하려고 "그게 인간이야" 하고 그냥 넘어가는 것인지 그렇게 주입된 것인지 모르겠다. 인간은 정말 소유욕이 내재돼 있는 동물인가? 절대로 그렇지 않다고 본다. 가장 어려운 환경에서 사는 인간 집단들(예컨대 호주 원주민)은 소유도 소유욕도 없었기 때문에 역경을 연대의 힘으로 헤쳐 나갈 수 있었다. 영국 정착민들의 양을 잡아 구워먹었다가 '도둑'으로 몰려 죽임을 당했던 그들에겐, 한 인간이 뭔가를 '소유'하고 그걸 남에게 안 줄 수 있다는 것, 물건 때문에 다른 인간을 죽일 수 있다는 것이 상상조차 안 되는 일이었다. 일제 초기의 조선 농민들도 마찬가지다. 대대로 이용해온 마을의 임야가 왜 '소유'가 돼야 하는지, 왜 지권[地券]을 가져다면서기에게 제출해야 되는지 도저히 납득을 못했기 때문에 토지조사 때 강탈당한 게 아닌가? 인류의 절반 정도가, 무소유를 주장했던 예수와 붓다를 공경하는 것만 봐도 소유욕이란 인간에게 내재된 게 아니고

---

26) 가탁(假託): 기원을 갖다 붙이고 합리화하는 일.

역사적으로 발전·정서화된 하나의 '허위의식'이라는 걸 알 수 있다.

공격성도 그렇다. 미국의 초기 정착민들이 본 인디언 마을의 아이들은 놀라울 정도로 착했단다. 빈부격차가 심하고 사회가 가혹했던 영국 마을들과 달리 서로 싸움을 안했다는 것이다. 역시 콜럼버스가 발견했다는 카리브해 섬의 원주민들은 거의 그때까지 무력 갈등이란 걸 겪어본 일이 없었다. 그러나 몇십 년도 안 가서 유럽인들에게 몰살당하고 말았다.

계급사회의 원리는 그 자체로 인간의 연대 지향을 파괴하며 나아가 인간을 매우 인위적으로 원자화시킨다. 때문에 개체들의 허전한 마음을 달래기 위해 늘 가혹 스포츠 같은 것이 제공되곤 한다. 이종격투기를 보라. 칼이 없어서 그렇지, 로마의 검투사와 대동소이^{大同小異}하지 않은가. 계급사회는 2,000년 전의 야만을 되살릴 만큼 퇴영적이지만 그건 인간의 '본성'과 무관하다.

실제로 폭력은 물론 경쟁도 별로 안 보이는 스포츠들을 동아시아 역사에서 충분히 볼 수 있다. 주나라 때 성행했던 활쏘기나 투호는 이기고 지는 것을 별로 중요시하지 않았다. 그러기에 공자가 활쏘기를 두고 "군자가 서로 힘 겨루지 않는다"고 했던 것이다. 조선 시골에서 씨름 한 판 벌일 때만 해도 승부보다 그냥 서로 어울리는 게 중요하지 않았는가. 나는 도저히 자본주의가 '인간의 본성'이라고 볼 수 없다.

나를 넘어

권위주의 사회엔 권위가 없다

2006年 4月 17日

지금도 기억나는 한 장면이 있다. 약 16년 전 모교인 상트페테르부르크 국립대 동양학부에서 졸업식을 치른 일본어과 선배 두 명을 복도에서 우연히 마주쳤다. 졸업하는 날이라 그런지 두 선배는 아주 들뜬 기분이었고 술을 약간 미신 듯 보였다. 그중의 한 명이 시나가는 일본어과 원로 교수를 손가락으로 가리키며 다른 선배에게 낮은 목소리로 이야기했다. "상상해봐라, 우리가 저 인간들에게 이제 더 이상 전혀 딸려 있을 일 없지 않으냐? 아이구, 기뻐라……." 일본 재벌의 러시아 지점에 입사하는 게 꿈이었던 그 두 선배는 평소엔 입사 추천권을 가진 교수들에게 아주

깍듯이, 거의 일본적인 방식으로 대했는데 졸업을 하고 입사도 정해진 상태다 보니 마음속으로 '독립기념일'을 보내고 싶었을 것이다. 놀라운 것은 두 선배의 태도였다. 평소 같으면 원로 교수가 "제과점에 가서 빵을 사오라" 해도 당장 사올, 일본 재벌에서 근무하기에 딱 알맞은 '상사에 대한 태도'를 가졌던 이 두 선배는 졸업의 순간이 되자 하등의 존경심도 보이지 않았다. 그 선배뿐 아니다. 권위주의가 꽤 심한 러시아에서조차 "엄격하다"는 평을 받아온 모교 동양학부에서 교수에게 존경심을 가진 선후배를 나는 거의 본 적이 없다. 군대에 갔다온 예비역 학생들은 교수를 일종의 '장교'로 파악하여 후배들에게 "교수 앞에서 제대로 하라"고 기합도 주고 했지만, 인간적으로 존경하는 경우는 거의 없었다.

인간적으로 존경한다는 것이 무엇인가? 예컨대 이해관계와 무관하게 그 교수의 학술 업적에 진정한 관심을 보이거나 그 교수가 표방하는 어떠한 인생 가치나 마음속에 품은 어떠한 인생철학을 '그냥 좋아서' 따라 배우는 것이 아마도 진정한 의미의 '권위 인정' 내지 '존경'일 것이다. 그런데 교수들이 자신의 '인생철학' 이야기를 제자들에게 꺼내면 아마 대다수가 교수가 안 보는 데서 파안대소 破顔大笑 했을 것이다. 실세들에게 아부하여 교수 자리를 따고 공산당에 '끽소리' 못하고 보신 해가면서 사는 그 인간들에게 무슨 '철학'이라도 있느냐고 말이다.

지배·복종의 사회에는 규율이 있을지언정 '권위'는 없다. '권위 인정'이라는 건 자율적인 한 개체가 또 다른 자율적인 개체에 대해 내리는 주체적 판단인데 독재사회의 인재 양성소에 무슨 '자율'이나 '주체성' 이 있겠는가?

그렇다면 대한민국은 과연 어떨까? 대한민국에서 학교에 다닌 사람은 선생에게 진정한 존경심을 갖는가? 직장 서열 윗선에 있는 사람들을 우리는 마음 깊은 곳에서부터 존경하는가? 솔직히 그런 것 같지 않다. 예외적인 인물에 대한 예외적인 태도로써 존경을 보이는 경우도 있겠지만 보통 우리는 권위 아닌 서열을 인정할 뿐이다. 아주 냉소적으로 말이다. 미시적 차원의 민주주의가 없으면 결국 냉소주의 사회가 될 수밖에 없다.

〈효자동 이발사〉와 지배·복종의 심리

2005年 12月 7日

오랫동안 보고 싶었던 〈효자동 이발사〉를 어제 드디어 DVD로 봤다. 학생들에게 박정희 시대를 가르칠 때 이 영화를 꼭 보여주어야겠는 결심이 섰다. 학술서적 100권보다 이 한 편의 영화가 권위주의 사회의 미시적 차원을 훨씬 더 쉽고 더 극명하게 보여주기 때문이다. 기본 줄거리 설정도 그렇지만 대사 하나하나, 에피소드 하나하나가 책으로 말하기 어려운 사회의 진실을 말하고 있었다. 예컨대, 소심한 한모 이발사에게 기합을 주면서 "너, 어느 부대 출신이야?"라고 따지는 중앙정보부요원이 등장하던 장면. 남성이라면 누구나 당연히 '어느 부대의 출신'이어야 할 나라에서만 가능한, 자기 마누라와 아들 앞에서 타인에게 기합을 받는 게 당연시되는 사회의 풍경이 그대로 드러난다.

어느 인간에게나 자기 신체나 행동에 대한 결정권을 스스로 행사해야한다는 욕망이 태생적으로 내재돼 있을 것이다. 네 살배기 내 아이만해도 작은 일 하나 시키려 하거나 자신의 신체를 누가 건드렸다 싶으면 난리를 치고 반발한다. 그러한 본능을 마비시켜 반사적으로 주먹에복종하게 만들자면 아무래도 군대와 같은 생물적 공포의 시공간이 필요하다. 이 영화에서 보여주는 박정희에 대한 민중의 복종 심리는 '공포에 의한 복종'과 '이데올로기적 헤게모니에 의한 자발적 복종'의 두가지 측면을 겸비하고 있다. 즉 권력자들의 폭력이 두려워 복종을 했던 부분과 박정희가 제시한 '부국강병|富國强兵'의 이념에 매혹되고 박정희 자신을 '우리 모두를 크게 일으키려는 대가부장|大家父長'으로 인식해스스로 복종하려 했던 부분 모두를 그려낸 것이다. 손으로 미동만 해도 소시민을 간첩으로 만들어 없애버릴 수 있는 지배자는 근원적으로무한한 '공포'의 대상이다. 서로 연대할 줄 모르고 어떤 반체제적 이데올로기도 보유하지 않은 소부르주아들에게 정권과의 공존은 마치 사자와 한 우리에서 지내는 것과 같다. 언제 먹힐지 모르니 까라는 대로까고 바닥을 핥으면서 기어 다니는 것이다. 효사동에 사는 이들은 그렇게 박정희라는 대가부장에게 '효도'를 한다. 그리하여 일본군이 단련시키고 미군이 무장시킨 '큰 주먹'은 우리 모두의 아버지가 된다. 현대 한국을 이해하는 데에 〈실미도〉〈박하사탕〉과 함께 이 영화가 대단히 도움이 될 듯하다.

군 폭력 관련 보도를 보고

2005年 11月 5日

며칠 전에 군 폭력과 관련된 언론 보도를 무거운 마음으로 보았다. 골프채로 맞고서도 변변한 대항을 못하는 상황에 놓였던 사람은 과연 그러한 기억을 안고 어떻게 살아갈 수 있을까? 그 모욕감, 그 무력감, 그 패배감을 수습할 수 있다면 다행이고 또 그 감정들이 유사 파시즘 체제에 대한 반감으로 다 통섭通涉되어 의식 전환이 이루어진다면 전화위복이 될 수도 있다. 그러나 대개 그러한 류의 상처들은 늘 악몽이 되거나 경우에 따라서는 가정폭력 등 매우 적절치 않은 '원풀이'로 이어지기도 한다. 사실 여성의 입장에서라면 군이야말로 마초이즘의 대원천으로 지목해 투쟁해야 하지 않나 싶다.

노르웨이 군대만 해도 마초주의의 냄새가 지독한 각종 괴이한 '신고식'이 있지만 때릴 수는 없다고 한다. 때리면 그냥 소송감이다. 그런데 그러한 소송들이 몇 년 전부터 거의 없다. 노르웨이군대가 이처럼 최악의 폭력을 근절시킨 건 무엇보다 효율적인 사법체계 덕분이지만 전체적으로 봐도 노르웨이 사회에서 '때린다'는 것 자체가 어떤 관계에서든 간에 공적으로 용납이 안 되기 때문이기도 하다. 1973년부터는 아이를 때리는 것을 법으로 금지해 아이를 상습적으로 때리는 부모들에게서 친권 박탈을 했다. 물론 청소년 간의 사적 관계에선 '때리는' 행위가 전혀 없어진 게 아닌데 그것도 적발되면 공적인 처리대상이 된다. 1960년대 후반 반문화·반권위주의 운동의 영향으로 '남에게 손을 든다'는 것 자체가 야만으로 치부된 것이다.

그런데 우리에겐 똑같은 '때리는' 행위라도 위로부터라면 '사랑의 매'고 아래로부터라면 '패륜' '부모·교사 폭력'이 된다. 같은 내용과 방식의 발언도, 화자話者와 청자聽者의 지위에 따라 '훈계'가 될 수도 있고 '감히' 하지 말아야 할 '말대꾸'가 될 수 있다. 아무래도 우리가 어떤 문화적 혁명을 통해 '아랫사람이 윗사람을 따르고 복종해야 한다'는 부자유친父子有親 식의 폭력적이고 중세적인 이데올로기를 깨끗하게 청소하지 않는다면 군 폭력의 심층석인 분화적 배경은 그대로 남을 것이다. 가정에서도 그렇지만 학교에서 학생이 교사를 '은희 님'이라고 부르고 교수가 학생을 '한별 님'이라고 부르는 등 동등한 호칭을 구사하고 수업시간에 서로 '요'자를 붙여 대화한다면 교사가 학생에게 손들기가 조금 어려워지지 않을까. '선생님'과 같은 호칭엔 좋은 의미도 많이 담겨져 있지만 그 지긋지긋한 가부장적인 요소들은 평등사회를 머나면 꿈으로 만드는 것 같다.

• 2부 •

우리를 넘어

-학생들의 핸디캡 • '테러리스트'는 죽인가? • 〈겨울연가〉열풍, 그렇게 자랑스럽기만 한가? • '악플'의 문화 • 한국 자본주의 미래 비관 • KTX 여승무원의 단식을 보며 • 여행 잡감, 영어

(만) 하는 유럽 • 포섭, 감옥보다 더 무서운…… • 유사 성행위와 유사 신앙 행위 • 한국의 자유주의, '말의 잔치' • 보수가 표를 얻는 비결? • 전교조 죽이기, 골프 버금가는 한국 지배계급의

아니, '백인'이 뭐가 좋다고 이러는가? • 대학 신문을 보다 눈물 흘리다 • 아이를 키우면서 생각한다 • 내가 현실 정치를 평생 못할 이유 • NL과 세력이 유지되는 이유 • 한국사 교과서를

역사 속의 선악을 생각하다 • 숫자놀이의 무의미함에 대해서 • 내가 방효유 선생을 내심 좋아하지 않는 이유 • '삼성관'에서 회의를 해본 느낌 • 제 손으로 제 무덤파기, 파잉성 혹은 예방

• 강정구 선생 유죄 판결, 혹은 절망의 시간 • 우리가 도대체 그때 노무현에게 왜 기대를 걸었을까? • '바람직한 우익', 한국에서 가능할까?

한국 유학생들의 핸디캡

2007年 9月 12日

오슬로대학에서 지낸 지 벌써 8년이다. 그동안 거의 60~70명에 달하는 한국 교환학생들에게 강의를 하고 리포트를 채점했다. 가르치는 과목이 한국과 동아시아 관련이다 보니 한국 학생들이 같이 수업에 참여할 때마다 참 반가운 심정이다. 아무래도 '한국'을 논하자면 당사자인 '한국인'들이 같이 참여하는 것이 바람직하고, 또 다른 학생들이나 심지어 나조차도 모르고 있는 이런저런 '증언'을 들을 수 있어 많이 유익하기 때문이다. 그런데 수업 때는 아무리 흥미진진해도, 나중에 리포트를 확인할 때는 상당히 아쉬운 느낌이 자주 들었다. 인터넷 글에서 정보를 '대충' 모아놓은 듯한 리포트들이 많고 필독서의 해당 부분들을 그냥 축약시켜 옮긴 듯한 글이 대다수였다. 뭔가 자신만의 독특하고 새로운 사고가 보이는 글을 거의 본 일이 없다. 다른 것도 아니고 '한국'을 논하는 자리인데도 말이다.

영어로 수업하고 리포트를 작성하니, 이것이 단순히 '영어 숙달 수준의 문제'라고 말할 분들도 많을 것이다. 그러나 사실 꼭 그렇지만도 않다. 한국 학생들의 영어 회화 수준은, 물론 노르웨이 학생들에 비하면 좀 어눌한 편이긴 해도(노르웨이 학생이 한국어를 배울 때 일본인을 따라잡기가 힘든 것과 같은 논리다. 이는 해당 언어들의 친소親疏 관계 문제이기도 하다), 그렇게까지 나쁘진 않았다. 내가 보기에 수업 내용의 이해도는 대략 60~70%에 달하는 듯했고, 토론 시간에도 대체로 괜찮게 문답을 하곤 했다. 즉, 대개는 "영어 회화가 달린다"고 보지만, 사실 교환학생으로 이곳에 올 정도의 실력을 인정받은 학생이라면 꼭 그렇지도 않다는 이야기다.

정말 부족한 것은 영작, 그리고 작문 경험이다. 대체로 이곳에서는 서문에서 본인이 이용하는 방법론을 밝히고 본인의 새로운 가설 내용을 밝힌 뒤 자료를 제시하여 자신의 의견을 논증하는 방식으로 리포트를 쓴다. 예컨대, "나는 전후 한국 교회의 고속 성장의 요인으로 기존 연구에서 약간 소홀히 다루어져온 농촌 공동체 대체 기능을 지목한다. 나의 의견을 뒷받침할 만한 한국 기독교 신자들의 체험기 등은 다음과 같다……"는 식이다. 그러나 한국 학생들은 '기존 연구의 미비점', 또는 '자신의 가설'이라는 부분에 대해 대단히 낯설어하는 듯 보인다. 자신의 독특한 의견을 밝히는 일 없이 기존 참고서의 내용을 그냥 충실히 축약해 제출하는 경우가 많은데, 이는 이곳에서 B 이상의 평가를 받지 못한다. '독립적인 창작의 경험'이 태부족해 보이는데 아무래도 학교 논술 수업 때 이런 훈련을 제대로 하지 않아서 그런 듯싶다. 또한, 학술투 영작에도 너무들 서투르다. 대개 학술투의 문장에는 정형화된 표현들이 있다. 예를 들자면, "on the basis of the available materials, I argue that……" 또는 "while the pre-existing research focused upon……, I will emphasize……" 같은 표현이다. 그런데 그걸 거의 안 쓰고 한국식 표현을 직역하는 경우가 많다. 직역투만큼 읽기 거북스러운 것은 없다. 역시 학교에서 영어를 배울 때 '문법, 회화, 독해' 중심이다 보니 '글쓰기'를 많이 안하는 것이 아닌가 싶은데, 이건 참 큰 문제이다.

학생들이 중·고교 때부터 글쓰기를 좀 더 많이 하고, 작문을 할 때 자기만의 독특한 맛을 담은 '용감한 글'을 많이 써봤으면 한다. 그래야 대학 공부다운 대학 공부를 준비할 수 있지 않을까.

'테러리스트'는 욕인가?

2007年 8月 14日

아니나 다를까, '조중동'은 마녀사냥이라는 습관을
여전히 고치지 않고 있다. 최근 그들은 내가 개인적으로 잘 알
고 지내는 영국 교수 한 분을 "고려대 강의 도중 김구 |金九. 1876~1949에 대해
서 '테러리스트'라고 이야기했다"는 문제로 열심히 질책하고 있다.[27]
글쎄, 기자 분들께서 약간의 연구를 해서 글을 썼으면 어땠을까.
20세기 전반에 '테러리스트'라는 말은 말하는 사람에 따라 얼마든지

---

27) 이와 관련된 마지막 기사는 "김구 테러리스트 표현 칼슨 교수 해명 뒤집어 물의", 조인스닷컴, 2007
년 8월 13일. http://article.joins.com/article/article.asp?total_id=2838534

긍정적인 의미를 가질 수 있었다. 러시아 사혁당의 거물인 사빈코프|Boris Savinkov, 1879~1925는 아예 자신의 회고록을 『테러리스트의 회고록』이라고 이름을 붙였다. 자랑스럽게도 말이다. 한국 계몽주의자의 우상이었던 중국인 량치차오|梁啓超, 1873~1929는 러시아 혁명가들의 '공포주의', '암살주의' ('테러리즘'의 초기 번역어) 등을 찬양했다. 량치차오의 애독자였을 것으로 추정되는 안중근 선생이 여순 감옥에서 돌아가시자 량치차오 선생은 애시|哀詩도 쓰고 위인전도 썼다. 그게 그 당시로서는 거의 '상식'에 가까웠다.

'테러리즘'이라는 말에 경멸적 뉘앙스를 넣어 거의 '절대악' 화시킨 것은 1970년대 이후의 미국을 비롯한 서방 언론들이다. 특히 '공산 악마'들이 사라진 1991년 이후로는, '테러리즘'이 새로운 '문명의 적'이 되었다. 그런데 만약 70년 전에 썼던 의미로 '테러리스트'라는 말을 백범 선생과 같은 분들에 대해서 쓴다면 아마 본인께서도 그렇게까지 반대를 하지 않으시리라.

절대적 도덕론으로는 누가 어떻게 무엇 때문에 해도 살인을 긍정시할 수는 없다. 그러나 상황론으로 간다면 근대 국가의 폭력이라는 '탱크'에 부딪친 사람에게 '무릎을 꿇은 채 죽지 않고 일어서서 죽는 일', '죽어간 모든 것을 생각하여 자신의 한을 '행동'으로 푸는 일'은 인간의 존엄성을 지키는 마지막 선|線이 될 수도 있다. 부처님의 자비를 염하고 가해자의 개과천선을 발원하는 마음으로 조용히 죽는 것보다 좀 더 '악업적' 죽음일지도 모르지만, 그 문제는 임계|臨界 상황에 처한 일이 없는 나로서는 논할 바가 아닌 듯하다.

우리를 넘어

〈겨울연가〉 열풍,
그렇게 자랑스럽기만 한가?

2007年 8月 4日

어제 한 동료가 쓴 책의 원고를 읽었다. 일본에서의 한류와 관련된 내용이었는데, 이렇게 흥미진진한 글을 읽은 것은 참 오랜만이다. 저자는 일본에서 직접 '욘사마(배용준)'의 팬들을 찾아다니면서 그들의 생활양태를 조사했는데, 그들은 문자 그대로 '욘사마와 함께' 하루를 보낸다고 한다. 사진을 늘 갖고 다니고, 팬 사이트에 매일 가서 한 시간 이상 보내고, 같은 '팬 가족'들과 만나면서 교제하고, '욘사마 팬 가족'이 아닌 '외부자'들은 아예 타자로 인식한다. 평생 느껴보지 못했던 '진정하고 순결한 사랑'의 그림자를 '욘사마'의 모습에서 찾은 그들은 바로 이 그림자 |simulation 에

혼신의 힘을 다해 매달리는 것이다. 그들은 '욘사마'를 완전히 신격화 시키는 것도 아니고, '영화'와 '현실', 즉 '이야기'와 '사실'의 차이를 모르는 것도 아니다. 영화란 꾸며진 이야기인 줄 잘 알면서도 그들은 '욘사마'의 사진을 손에 쥐고 잔다. 그 광풍 덕분에 한국 이미지가 좋아졌다는 것은 반갑지만, 그래도 그 이야기를 읽으니 좀 안쓰러웠다. 인간은 정말로 그렇게 살아도 되는 것일까?

물론 대다수 인간들의 인식 속에는 '현실'과 '소망적 사고 혹은 유토피아'가 뒤섞여 있다. 사회주의자를 자처하는 나만 해도, 가끔 "정말로 예측가능한 시일 내에 지구가 자본주의를 벗어날 수 있을까" "나의 '신념'은 과연 '신앙'에 가까운 것이 아닌가" 자문하곤 한다.

'탈자본주의'는 지금의 우리로서는 상상하기 어려운 길과 역사적 시간을 요할지 모른다. 그러나 그렇다 해도, 사회주의 운동에는 분명히 현실성이 있고, 요익중생饒益衆生의 구체적 의미가 있다. 우리가 운동을 같이해서 이랜드 계산원들이 정규직화되어 150만 원 정도의 제대로 된 월급을 받게 된다면, 그것은 벌써 하나의 '얻음'이다. '사회주의적 이상'에 유토피아적 면모가 있다 해도, 구체적인 사회주의적 운동은 신앙운동과 달리 늘 운동 주체들로 하여금 운동과의 비판적 거리 두기, 운동 형태에 대한 고민과 긴장을 갖도록 한다. 쉽게 이야기하자면 민노당을 사랑하는 열성 당원일수록 당 지도부에 대해 '건설적 비판'을 해야 한다는 것이며, 실제로 많이들 그렇게 하고 있다. 민노당의 진정한 지지자에게, 당 지도부란 '밑에서' 늘 견제하지 않으면 언제든지 부르주아 정치인으로 타락할 수도 있는, 잘못하면 언제든 부르주아 정치

우리를 넘어

에 포섭될 수 있는 '가변적 인간' 들이지, 무슨 '우상' 은 결코 아니지 않은가? '의장님' 받드는 문화는 한총련에서 태심|太甚28)했고 민노당의 일부 특정 정파가 거기에 좀 감염된 부분이 있지만, 그를 제외한 나머지에게는 그래도 '개인' 과 '전체' 사이의 건전한 긴장 관계가 존재하는 것처럼 보인다. 레닌이 자신의 리더십에 대해 '독재자적' 이라고 맹비난한 트로츠키|Leon Trotsky. 1879~1940를 1917년 여름부터 가장 가까운 동지로 삼게 된 것은, 바로 비판이 일상화돼 있는 정상적인 사회주의적 문화 때문일 것이다.

'욘사마', 따뜻하고 친절하고 사랑스러운 '욘사마' 에게 모든 것을 거는 듯한 중년 일본 여성들은, 사실 '현실적 참여', 현실성이 있는 사고, 그리고 비판적 거리 내지 자율적 개성 등등을 스스로 포기한 셈이다. 모든 것을 포기하고 달콤한 꿈, 가시적 현실성 없는 〈겨울연가〉의 유토피아 속에 안주해도 '정상적 사회인' 으로 계속 살 수 있는 일본사회가 좀 걱정스럽다. 과연 '친절한 우상' 을 권하거나 용인하는 문화는 건실한 문화 풍토인가? 이건 어떻게 보면 전후 일본에서의 좌파에 대한 은밀한, 때로는 아주 가시적인 '주변화' 정책의 부산물이기도 하다. 오직 자본과 관료집단의 우파만이 남은, 진정한 이상과 현실성 있는 꿈이 고갈돼 가는 세상에서는, 비현실적 '탈출구' 들이 필요하기 마련이다. '순결한 사랑' 의 안락한 꿈……. 어떻게 보면, 이러한 꿈에 온 몸으로 빠진다는 것은 '산 채로의 죽음', 정신적 죽음을 의미할 수도 있지 않

28) 태심(太甚): 너무 심함.

을까? 대한민국의 대중문화산업은 이 일본 아주머니 분들께 그러한 '마약 주사'를 놓은 것인지도 모른다. 많은 사람들이 이를 '국위선양'으로 여기는데, 나로서는 이 광경 자체가 좀 비관적으로 보인다.

'악플'의 문화

2007年 7月 25日

하루의 약 40% 정도를 컴퓨터의 화면 앞에서 보낸
다. 그 시간 중 대부분은 원고 작업을 하거나 전자 우
편을 확인하는 데 쓰지만 약 10~20%는 인터넷 검색
에 사용한다. 또 하루도 빠짐없이 한겨레와 노르웨이의 아프텐포
스텐|Aftenposten 지|誌, 그리고 영국 가디언|Guardian을 읽는다. 그런데 차례로
이 세 가지 인터넷 신문을 읽다 보니, 정말이지 한국의 '악플 문화'에
상응하는 것은 적어도 노르웨이나 영국에는 없다는 생각이 든다. 물론
아프텐포스텐만 해도 토론의 '온도'가 꽤 높다. 예컨대 며칠 전 있었던
성매매 관련 토론만 해도 그렇다. 자신을 '페미니스트'라고 정의하는

어떤 이가 "자본주의 체제 하에서 성매매 이외에 고급 직업 훈련을 받지 않은 하층 여성이 중산계층에 편입할 방법이란 사실 없다. 아이들에게 충분한 음식과 옷, 그리고 제반 성장 환경을 제공하기 위해 자기 희생적으로 하는 일이다"라고 주장했다. 물론 이에 대해서 스웨덴처럼 성매매 남성을 형사처벌하자고 목소리를 높이는 또 다른 페미니스트도 있다. 나로서는 뭐라고 시비를 가리기 어려운 부분이나('형사처벌' 쪽이 약간 더 나아보이기는 한다), 어쨌든 인신공격 등이 없는 순수히 '이성적' 토론임에 틀림없기 때문에 학생들에게 "읽어서 사회 문제를 배우라"고 권고할 만하다. 가디언도 대체로 토론방의 기풍은 '논거', '입장' 중심이지 서로 인신공격하는 경우를 찾아보기가 힘들다.

그런데 네이버, 다음 등 대중적인 참여도가 아주 높은 포털은 말할 것도 없고, 국내 신문의 토론방 같은 곳만 가도 양상은 180도 달라진다. 한국 문화를 공부하려는 외국 학생에게, 어느 정도 성숙된 학생이 이런 자료를 바탕으로 논문을 써야 하는 경우가 아니라면, "조선일보에 가서 기사 댓글들을 읽어보라"고 교원의 양심을 걸고 권고할 수 있겠는가? 나 같으면, '한국' 자체를 싫어하게 될 것 같아서라도 절대 권고 못할 것이다. 특히 '외국'이 개입되면 아예 입에 올리기 어려운 이야기들이 하도 많이 나와서 나조차도 차마 못 읽는다. 예컨대, 한국 여성들과 가끔가다 추잡한 일을 벌이는 일부 영어 강사 관련 기사가 나간 적이 있었다. 상당수의 댓글은 "양놈에게 ×× 벌려주는 우리나라 ××, 문제야! 대한민국의 진정한 남성들이여, 저 ×들을 정신 차리도록 교육시키고 혼내주라!"는 식이었다. 외국 여성이 이와 같은 문구를 읽고 한국 내 마초주의의 깊이를 여실히 느끼게 되면 한국학을 계속하고 싶은 마음이 과연 생길까? 내 학생에게도 몇 번 현실적 문제로 나타난 부분이라 나로서는 더욱 두렵기만 하다.

왜 그러한 소리를 인터넷에다 뱉어내는 이들이 이토록 많을까? 보통 '모범 답변'은 "사회에서의 횡적 연대 부족, 상호 신뢰의 결여, 과열 경쟁과 적대적 분위기, 위험사회의 전체적 불안 풍토"일 터인데, 그래도 좀 놀라운 건 사실이다. 미국은 한국만큼이나 아니 그 이상으로 사회적 '원자화'가 많이 이루어져 연대성이 약한 사회인데도, 미국 신문 사이트에서 이렇게 많은 '악플'은 못 본 것 같다.

혹시 우리의 '관계' 문화하고 관련있는 것일까? 대면해서 이야기하는 경우라면 일단 '상대방'이라는 '관계'가 성립되니까 속마음이야 어떻든 간에 일단 얌전한 척이라도 한다. 가족이든 동창이든 친한 지인이든 정말 '관계'가 있는 사이라면 한국인만큼 잘해주는 사람은 없다. 그런데 완전한 타인들이 익명으로 서로 접촉하는 인터넷이라면 바로 정반대가 된다. '잘해주는' 대신에 인신공격과 막말이 횡행한다. '마을의식'이라 할까? 자기 마을 안에서는 예의범절을 다 챙기지만, 바깥에 나가면 속을 풀대로 푸는 전근대적 '소속 소집단 중심의 사회적 연대'인 셈이다. 글쎄, 나 같은 사람들은 '민족주의' 등의 거대담론들을 자꾸 문제 삼지만, '우리'에게 더욱 중요한 범주는 사실 무슨 '민족'보다도 이 '마을(가족, 동창 집단, 친구들 등 가까운 사람들)'인 듯하다.

한국 자본주의 미래 비관

2007年 7月 19日

며칠 전 러시아에 사는 한 친척 분과 통화를 했다. 500일에 가까워지는 KTX 여승무원 사태 등을 이야기하며 "한국 내 노사 관계가 비정규직 문제로 궁극적 파국으로 치닫는 듯하다"는 말을 하자 그 친척 분이 의외의 반응을 보였다.

"뭐가 파국이에요? 당신 이야기를 듣다 보면 한국이 봉건 영주가 농노를 부리는 중세 왕국인 것처럼 상상하기 쉬운데, 그게 실상하고는 많이 다를 걸요? 지금 한국은 첨단 기술로 유명하고, 세계적 문제들의 해결에 앞장서는 글로벌 리더 아닌가요? 당신은 부정적 부분만 확대해석

111   우리를 넘어

하고, 전체적인 그림의 긍정성을 무시하는 과오를 범하는 듯해요."

글쎄, 한국 이미지가 이렇게 좋은 곳도 있으니 일면으로 기쁘기(?)도 하다. '불법 체류' 외국 노동자(다수는 중앙아시아 출신으로 구 소련 시민 출신들) 활동가의 암살 정도는 아예 뉴스도 되지 않는 오늘날 러시아의 살벌함에 비하면, 한국은 '첨단민주국가'로 보일 만도 하다. 노동안전성의 무시, 높은 산업재해율, 노조탄압 등으로 봐서는 러시아 자본에 비해 한국 자본은 거의 '천사'로 보인다는 것까지 사실이다 보니 나는 그 친척 분에게 뭐라고 강력하게 대꾸하지도 않았다. 사람마다 입장이 다르고 시각도 다르기 마련이다. 그러나 한국이 속하는 국제적인 '급(기술 집약적 제조업 중심의 준핵심부 국가)'까지 고려하여 한국 자본의 행태를 생각한다면 좀 한심하다고 하지 않을 수 없다.

선진국이든 어디든 자본에게는 '바텀 라인(bottom line, 손익 분기점, 수익성)'이라는 것이 존재한다. 이윤율이 바닥에 떨어지면 누적 적자를 보게 되는데, 당연히 자본으로서는 피해야 할 일이다. 그래서 노르웨이처럼 실업수당이 사실상 기한 없이 나오고 재취업 훈련 등 사회 서비스가 잘 돼 있는 곳에서는, 누적 적자를 보는 기업이 노동자들에게 감봉 내지 감원안을 제시하는 일을 대체로 사회적으로 이해해주는 분위기이다. 그런데 어느 정도 발전된, 그리고 지속적 발전을 도모하려는 사회에서는 자본에게 이 '바텀 라인' 이외에도 그만큼 중요한 목표들이 있다. 내수 부양책의 차원에서 노동자들에게 최소한의 실질 임금 증가를 보장해주어야 하고(1970년대 이후로 실질 임금이 떨어지기만 하는 미국에서 최근 일어나고 있는 주택 융자 파국을 보라), 노동의 질을 높이기 위해 노동자들에게 최소한의 직장 안정성을 보장해주어야 한다(동기 부여가 안 되는 비정규직의 노동생산성이 궁극적으로 정규직에 비해 낮다는 것은 이미 입증된 연구결과이다). 또한 장기적인 사회통합의 차원에서 노조가 있어야 하며 노조들과 최소한의 '우호적인 대화'가 가능해야 한다(삼성이 늘 참고하는 일본에 '무노조 재벌'이 있던가? 어용 노조는 많아도 '무노조 기업'은 없다). 많은 사람들이 노르웨이에 대해서 '사민주의'라 말하지만, 사실 '사민주의'라는 이름을 붙인다 해도 노르웨이식 자본주의야말로 현재로서는 이 지구상에서 가장 지구력이 높을 것이다. 노동자의 실질 임금이 조금씩 계속 올랐고(2000~2001년 사이 1년에 2~3%씩 상승), 대다수(거의 88%)가 정규직인 노동자들의 회사에 대한 충성도 또한 대체로 높기 때문이다. 투쟁할 때는 투쟁하지만 궁극적으로 합리적 선에서 늘 '타협'할 자세가 돼 있는 노조 또한 장점이다. 외주화, 용역화와는 절대 타협하지 않겠지만 자본이 종전의 복지주의 패턴을 크게 건드리지 않는 이상 노조도 '절대적' 도전을 하는 경우는 없다. 결국 사회 전체에 '합의의 선'이 뚜렷하게 생기는 것이다. 그러한 체제 하에서는 일할 맛이 나는 데다 기술수준이 높으니 부가가치 생산도 상대적으로 늘어난다. 평균적 노르웨이 노동자는 1시간에 39달러 상당의 부가가치를 생산하는데 이는 평균적 미국 노동자에 비해 2달러 높은 수치다.

나는 자본주의라는 세계체제 자체가 언젠가 그 모순의 무게로 파탄을 맞으리라고 생각한다. '영원한 자본주의' 내지 '좋은 자본주의'는 없다. 그러나 노르웨이식 자본주의는 적어도 '합리적'이며 '장기적 비전이 있다'고 볼 수 있다. 물론 그렇게 된 것은 자본가의 '자선'이 아니고 노동자들의 투쟁 역량 덕분이라고 봐야 한다. 자본가로 하여금 합리적 '양보의 선'을 정하게 한 것은 노동자들의 투쟁이었다.

한국 자본의 행태는 어떤가. 삼성은 아예 노조활동을 원천 봉쇄했다. 이랜드는 뚜렷한 위기를 맞은 일이 없으면서도 박봉에 시달리는 종업원들을 대량으로 외주화시키고, 장기 파업 앞에 합리적 양보는 고려치 않은 채 '공권력 투입'만 계속 들먹였다. 철도 공사는 사회 각계의 비판과 목숨을 건 단식에도 "불법 파견이 아니다"는 '입장'만 주문처럼 계속 되뇌고 있다. 실질 임금 증가를 통한 내수 부양도 없고, 직장 안정화를 통한 동기 부여도 없고, 노조와의 합리적 대화 무드도 없고, 사회적 합의의 선도 없다. 주먹이 왕이다. 80만 원의 박봉에 시달리다가 용역화된 300여 명의 아주머니들을 '통제'하기 위해 2,000명이나 되는 경찰력이 출동하곤 하는, '힘'만이 늘 과시될 뿐이다. 그러나 반드시 기억할 것은, 이처럼 단기 이득과 감시, 처벌만을 중시하는 자본주의야말로 결국 세계 자본체제의 '약한 고리'가 될 가능성이 정말로 높다는 사실이다. 내가 한국 자본가였다면 그저 힘만을 믿었던 제정 러시아 정권의 말로를 생각해서라도 조금 더 신중하게 처신했을 것이다.

추신: 오해는 말아주었으면 좋겠다. 나는 한국인의 잠재력이 무한하다고 생각한다. 잘 알고 지내는 서울의 수많은 소장 학자들이 만일 '바깥'에서 활동했다면 이미 학계의 '스타'로 성장했을 것이다. 문제는 '나라'가 아니다. 살인적 경쟁과 실질적 학력, 신분세습 경향으로 수많은 이들이 지닌 창조적 에너지의 발로(發露)를 막고 있는 '체제'다. 지금

과 같은 모습의 신자유주의로 계속 간다면 그 결과는 '파쇼화된 사회' 또는 '밑으로부터의 내파'일 것이다. 후자는 변혁의 엔진으로 작동될 수 있으니 기대되는 바도 있지만, 일단 많은 고통이 수반될 것은 자명하다. 게다가 패배의 경우에는 다시 한 번 암흑기의 개막으로 이어질 수 있다. 결국 문제는 한국 지배계급의 집단적 '머리'이다. 이랜드 사태와 같은 노동자에 대한 '막가는 폭력'이 결과적으로는 장기적 자해가 될 것이라는 사실을 어찌 모르는 것일까? 아니면 알면서도 장기적으로 '이차적 파쇼화'를 원하는 것인가?

KTX 여승무원의 단식을 보며

2007年 7月 15日

아직 KTX 여승무원 투쟁 관련의 영문 자료가 미비하여 문제지만, 자료만 만들어지면 현대 한국사회 관련의 어떤 강좌를 해도 맨 먼저 학생들에게 복사해서 나누어줄 생각이다. 이제 500일을 넘긴 이 투쟁만큼 우리 사회의 신자유주의적 현실을 '압축적이며 총체적으로' 보여주는 '사건'은 없다. 여성이 일차적으로 신자유주의화의 희생물이 되어 이중적인 의미(여성+비정규직)에서 '주변부적 인력'으로 배치되었다는 점, '성희롱'이라는 고질적 모티브가 빠지지 않는다는 점, 목숨을 건 오늘날의 단식에 대해서 주류 종이신문 중 경향과 한겨레를 빼고는 제대로 써주는 데가 없다는 점, 그리고 여성 비정규직들을 죽음으로 내모는 노무현 정권이 상당수의 '민족적 지성인(백낙청 씨 등)'에 의해 지금도 '진보'로 거론되고 있다는 점에서 너무나 '대표적'인 사례이기 때문이다. 물론, 정부가 탄압하고 보수 신문들이 외면하는 데에는 다 충분한 이유가 있다. 이 기록적인 투쟁이 성공한다면 하나의 전환점이 되어서 비정규직들의 '대투쟁'의 봇물이 얼마든지 터질 수 있다. 저들 또한 이 사실을 알고 있을 테니, 단식 중인 여승무원들이 쓰러지는 한이 있더라도 결코 움직이지 않으려 할 것이다. 만약 한국 사회에서 소위 '지도자'로 인식되는 이들이 노무현 정권에게 "낙선 운동의 쓴맛을 보지 않으려면 여승무원의 한을 풀어라"는 분명한 메시지를 보냈다면 어땠을까? 표 떨어지는 소리를 듣기 싫어서라도 최소한 몇 보의 양보를 했을지 모를 일이다. 그러나 그렇게 하기에는 한국 지식인 사회의 상층부가 너무나 신자유주의적 체제에 잘 포획돼 있으며, 동시에 노동운동과 너무나 멀어져 있다.

나에게 여승무원 투쟁과정에서 가장 충격적인 부분은 '법의 무력'이었다. 다단계 고용이 인권침해라는 사실은 국가인권위원회에 의해 직접적으로, 노동부에 의해 어느 정도 간접적으로 인정되었다. 불법이 인정됐으면 시정하는 것이 법치국가의 당연한 순서인데, 우리의 경우에는 "비정규직을 이렇게 풀어놓으면 안 돼!"라는 자본의 고함 소리 앞에 '법'이 손을 들고 말았다. 이윤 극대화라는 지배자의 욕망이 걸려 있다면 '법이란 없다'는 것이 저들의 메시지다. '민주화운동' 경력에 인권 변호사니 무슨 총학생회 무슨 회장이니 하며 과거의 '경력'을 과

우리를 넘어

시하지만, 정말 '생사'의 문제, 즉 잉여가치 수취의 방법과 정도의 문제가 걸리게 되면 지배를 위해 '법'의 외피를 덮어씌울 최소한의 생각도 없는 모양이다. 그렇다면 나중에 법의 한계를 뛰어넘은 피지배자들의 분노에 부닥쳐 다치게 되더라도 부디 '폭력' 운운하지는 말기를 바란다. '제 풀에 알아서 지치겠지' 하고 사실상의 폭력을 먼저 쓴 것은 저들이고, 그 업보를 분명히 받을 것 역시 저들이다.

공부한다는 사람이 이 투쟁에 참여할 수 있는 방법이 무엇일까? 나는 무엇보다도 '사실대로 말하기' 라고 생각한다. 국내외에서 기회만 있으면 한국의 지배자들이 만들고 있는 허상들을 벗겨야 한다. 저들이 이야기하는 '민주화' 는 보수정당들이 지배하고 있는 정치영역 내에서 선거를 제도화하고 정치적 탄압을 부분적으로 정지함으로써 자본의 지배력을 오히려 강화시켰다. 저들의 '역동적 시민사회' 는 보수적 정치와 깊은 연관을 지닌 채 국가로부터 프로젝트 따기에만 급급한 신식 준관변 단체들이 상당수 잠식했다. 저들을 학술적으로 대변하는 '지성인' 들은 재벌의 지배를 받는 대학에서 수많은 비정규직들 위에 군림하는 '학계 보스'에 불과하다. 이러한 사실을 그냥 그대로 이야기하면 된다. 자본주의 세계체제에서 '좋은 지배자' 란 원래 존재하지도 않고 존재할 수도 없다. '인권'을 운운하면서 아프가니스탄에 자국 군대를 주둔시키기 위해 1년에 5,000만 달러 가까이 쏟아 붓는 노르웨이 지배자들이 '한국 지배자보다 낫다' 고는 절대 생각하지 않는다. 오랫동안 노동자 투쟁을 무마하고 '법'의 테두리 안으로 제도화시킨 경험이 있으므로 준법의식의 차원에서는 나은지 몰라도 그 '인본주의적' 위선은 사실 매우 역겹다.

한국의 관변 학계가 만드는 '민주화' 내지 '시민사회 발전'의 허상을 파괴하는 것이, 지금으로서는 '진리탐구'라는 이상 추구의 유일한 실천적 방법으로 보인다.

여행 잡감, 영어를 못(안) 하는 유럽

2007年 7月 9日

지난 3주 동안 – 즉, 한국에서 돌아온 뒤에 – 두 번 노르웨이를 떠나 남쪽으로 여행했다. 한 번은 학회 관련 일 때문에 독일에 다녀왔고, 한 번은 단순히 쉬려고 이탈리아의 밀라노에 갔다 왔다. 두 번의 여행에는 한 가지 공통점이 있었는데, 다름이 아니라 어딜 가나 늘 사전과 회화집을 갖고 다녀야 했다는 사실이다. 초급 독일어는 어느 정도 구사하지만 이탈리아어에 오리무중인 나로서는, 호텔에서 헤어드라이기를 부탁하는 일부터 인터넷 카페에서 한글을 깔 수 있는 컴퓨터를 달라고 하는 일까지 모든 게 일종의 '언어적 탐험' 이었다. 잘 못하는 외국어 단어로 문장짓기를 하느라고 진땀을 뺀 것은 물론이다. 독일어가 그나마 노르웨이어와 많이 상통해 단문 읽기 정도라도 가능해 다행이었지만, 이탈리아에서는 정말로 여태까지 그쪽 언어를 배우지 못한 나 자신의 게으름을 몇 번이나 저주했다. "렘브란트의 '자화상'이 이곳의 박물관에서 왜 안 보이는가, 원래 소장하지 않았던가?"라는 문장을 안 되는 이탈리아어로 짓느라 처자 앞에서 곤욕을 치른 일은 지금도 기억이 생생하다.

이쯤 되면 누군가는 이렇게 물을 수도 있을 것이다. "그럼, 그냥 영어로 하지, 왜 희귀한 현지어에 그렇게 집착했느냐?" 대답은 아주 간단하다. 내가 여행한 독일의 지방 도시에서도, 이탈리아의 밀라노에서도 영어를 안 하거나 못하는 사람들이 상당히 많았기 때문에 그들에게 '언어적 폭력'을 행사하는 것이 너무 괴로웠다. 괴로울 뿐만 아니라 소용없기도 했다. 아이를 밀라노의 수족관에 데려가는 길에 몇 번 영어로 길을 묻자 상대방의 약 절반 정도가 그냥 "Non parlo inglese(영어할 줄 몰라요)"라고 잘라 말했다. 나머지는 아주 고생스러워하면서 서로 잘 연결되지 않는 몇 마디의 영어로 너무나 불충분한 답을 주었다. 그렇게 당한 것이 경험이 되어 그 때부터는 "come arrivare a ~ (~에 어떻게 갑니까?)"를 외워 계속 써먹었다. 물론 상대방의 답변 내용 중 절반 이상을 이해 못하기는 했지만, 적어도 'sinistra(왼쪽)', 'destra(오른쪽)' 정도는 아니까 미아 신세를 면할 수 있었다.

우리는 종종 영어를 '세계어'라고 상상한다. 그러나 세계의 '중심부'로 일컬어지곤 하는 서유럽에서마저도 영어만 가지고는 '즐거운 여행'을 할 수 없다. 현지어가 영어와 워낙 가까운 데다 교육제도가 대단히

우리를 넘어

잘 돌아가는 스칸디나비아나 네덜란드, 독일의 일부 도심 지역 외에는, 현실적 사정이 그러하다. 죽지야 않겠지만 영어에만 의존하는 것은 대단한 불이익으로 이어진다. 이탈리아나 독일의 각종 엘리트, 특히 재계와 학계 엘리트는 영어를 상당히 잘 구사한다 해도, 생활의 세계에서는 특수직(호텔 등) 종사자 이외에 영어를 특별히 잘하는 이도, 영어에 목숨을 걸어 그 공부에 모든 힘을 바치는 이도 그렇게 많지 않다. 영어를 못하거나 안하는 것에 대해 수치심을 느끼는 이들이 없는 것은 물론이고, 심지어 영어로 말거는 관광객을 불편하게 여긴다. 그러나 알다시피 대한민국은 다르다.

말 그대로 '우리 모두'를 영어라는 물신의 광적 숭배자로 만드는 한국 내 '영어 열풍'의 정체는 과연 무엇일까? '내지어(일본어)' 구사가 가장 중요한 신분의 상징으로 여겨졌던 식민지 시대 아비투스의 재현? 아무리 돈이 없고 힘이 없어도 꼭 상류층의 취향을 따르려 하는 '신분 상승 집착증'의 발로? 물론 현실 세계에서는 비정규직 노동자의 가정에서 있는 돈을 다 바쳐 귀하디귀한 아이를 1년 동안 캐나다로 영어 연수 보낸다 해도, 그것은 '신분 상승'은 물론 그냥 괜찮은 직업 찾기마저도 보장해주지 못한다. 우리 정도로 양극화된 사회에서는 개천에 사는 이가 백번 과로사해도 절대로 '용'이 될 수 없는 것이다. 그런데도 여전히 자수성가의 신화는 그 매력을 발휘하고 있다. 영어 배우기 광풍도 이 신화와 충분히 관련이 있을 수 있다. 좀 긍정적으로 보자면 '공부' 그 자체에 대한 유교적 존경심의 반영이라는 말이 나오는지도 모르겠다. 뭐, 긍정과 부정을 떠나서 영어밖에 못하는 관광객이 스페인이나 이탈리아보다는 서울에서 훨씬 더 즐거운 나날을 보낼 수 있다는 것은 사실이다. 못하든 잘하든 영어를 좀 해보려는 이들이 그 주위로 운집할 테니까 말이다. 독일이나 이탈리아에서 영어밖에 못한다는 것이 '불리한 점'이라면 한국에서 (하얗게 생긴 얼굴에다가) 영어를 좀 잘 하는 것처럼 보인다는 것은 그 자체로 이미 최상의 특권이다.

우스운 것은, 한국의 영어 배우기 열풍이 남유럽을 한참 능가했음에도, 촌스럽게(?) 영어를 못하는 이탈리아나 에스파냐(스페인)가 '영어 공화국' 대한민국을 해외 방문자 수의 측면에서 10배 이상 능가하고 있다는 사실이다. 물론 찬란한 문화유산과 누적된 오랜 명성의 덕이지만, 영어가 통하지 않는다고 해서 어차피 올 관광객이 줄어들 일도 없고 이미 정상적으로 돌아가는 경제가 어려워지는 것도 아니다. 행복은 성적순이 아니듯이, '본토 발음'만으로 되는 장사란 없다. 그리고 이와 같은 영어 배우기 광풍의 수혜자는 결국 영어를 잘하게 돼 있는 사회의 지배자들일 것이다. 영어 구사라는 그들의 문화적 자본을 한국만큼 계속 평가절상해주는 곳은 없을 테니 말이다.

포섭包攝, 감옥보다 더 무서운……

2007年 6月 6日

매천 황현|黃玹, 1855~1910 선생은 정의가 사라진 세상을 뜨기 전에 "글 아는 선비로서 인간 세상 살아가기가 힘들다"고 털어놓으셨다. 요즘 살아가면서 그게 얼마나 진실한 말인지 매일매일 느낀다.

글이란 참 이중적인 역할을 한다. 한편으로 글을 읽는 일은 큰 주먹이 다스리는 시장바닥 같은 이 세상에 절대 만족하지 못하게 하는 작용을 한다. 때문에 글읽기로 산다는 것은, 어떤 체제에도 완벽하게 순응할 수 없는 인간이 된다는 것을 뜻할 수 있다. 그런데 또 한편으로는 글줄 좀 읽는 선비로 세상에 알려졌다는 것은 이 시장바닥에서 한 개인이

지니는 '몸값'을 확 높이는 노릇도 하지 않을까? 모든 사회가 다 그렇지만, '산림'^{山林} [29], '석학'^{碩學}, '사표'^{師表}가 유독 이데올로기적 헤게모니를 갖기 쉬운 한국으로서는 더욱더 그렇다. 삼성그룹의 이학수가 신영복 교수와 잠깐이라도 따뜻해 보이는 대화를 나눈다 치자. 이 대화 장면이 사진기자의 카메라에 잡히면, 이 장면은 벌써 삼성이라는 '무노조' 조직의 비정상성을 약간이라도 '덮어두고' 삼성에게 사실상 없는 '인간적인' 모습을 만드는 데에 상당한 기여를 할 것이다. 삼성은 부러움의 대상이 돼도 존경의 대상이 되기 힘들고, 신영복 선생을 부러워할 사람은 없어도 존경할 사람은 (나를 포함해서) 많다. 결국 이 땅의 '삼성들'은 이 땅의 '신영복들'을 이용하려고 늘 애쓰게 돼 있다. 그러면, 과연 '삼성들'이 지속해온 '신영복들'의 '체제 광고판화' 노력들은 어느 정도의 결실을 가져왔을까?

결론부터 말하자면 결실은 꽤 크다. 그나마 신영복 교수는 여태까지 비교적 '삼성들'과의 거리두기에 좀 성공한 케이스에 속한다. 현 정권의 '햇볕정책'이라든가 '친일 청산' 등 온갖 민족주의적 코드를 이용한 정치적 쇼에 제대로 이용당한 좌파 민족주의 계통의 명망가들은 훨씬 더 안타까운 경우라 봐야 한다. 북한 관료집단을 포섭해가면서 북한을 둘러싼 중국과의 이권다툼에서 우위를 차지하려 하는 것은 한국 자본가층을 위한 장기성 있는 똑똑한 정책일는지 몰라도 '민족 화해', '통일'과는 거리가 멀다. 북한의 지배층을 잘 포섭하여 북한을 경제식

---

29) 산림(山林): 존경 받는 유림.

민화해도, 이는 북한의 민중에게는 어찌 보면 새로운 멍에일 뿐, 해방이 되는 것은 아니다. 그러면, 백낙청 선생이 이를 모르고 노무현의 '햇볕' 쇼에서 한 역할을 맡은 것일까? 알면서도 '민족'을 위해서라면 북한 노동자들에게 월급으로 다달이 6만 9,000원 정도를 주는 신원 등의 기업을 축복해야 한다고 보는 것일까? 아니면 북한 대중을 아예 염두에 두지 않은 채 통치자간의 야합을 '통일'로 생각하는 사고를 갖고 있는 것일까? 잘 모르겠지만, 노무현 정권으로서야 백낙청과 같은 현대판 '산림'의 협력은 하늘로부터의 선물일 테다.

이 땅에서 일제의 유산을 청산하자면, 학교에서의 애국조회니 두발규제니, 그리고 대체복무도 없는 '절대적 존재'로서의 징병제 군대와 같은 가장 해악스러운 유산부터 본격적으로 개혁해야 옳다. 그리고 치안유지법의 후신인 국가보안법도 없애야 한다. 강만길(姜萬吉, 친일반민족행위 진상규명위원회 위원장) 선생이 이를 모를 리는 없다. 그런데 알면서도, 일제의 핵심적인 유산을 건드리지도 않는, 이름뿐인 '친일 청산'의 수장 역할을 맡은 이유는 무엇이었을까? 그렇게라도 해서 '민족정기'를 바로잡으려는 것일까? '민족'까지 잘 모르지만, 개인의 '정기'를 바로잡자면 학교에서 머리를 마음대로 기르고 키스를 하는 것까지 허용하는 쪽이 더 빠르지 않은가 싶다. 자기 몸 특화의 자유, 연애의 자유 등을 누려보지도 못한 채 성장기를 마친 인간이, 『친일인명사전』을 매일 읽는다 해서 과연 건전한 자아를 키울 수 있을지 의문이다. 학교에서 일제시대의 훈육주의가 그대로 판을 치는데, 이광수|李光洙, 1892~1950와 최남선|崔南善, 1890~1957과 박정희가 친일했다는 이야기를 다시 한 번 들어봐

야 뭘 하겠나? '명단 발표' 정도면 이게 무슨 청산인가? 제도를 바꾸는 게 '청산'인데, 강 선생께서 이걸 못할 줄 알면서도 일을 맡은 셈이다.

그런데 '민족'의 허상에 이끌려 노무현 정권이 벌이는 정치적 쇼에서 조연을 맡으신 분들은 그나마 괜찮은 편에 속한다. 적어도 믿는 바가 있어서(그 믿음이 얼마나 허구적인가는 다른 이야기다) 이라크 파병과 FTA주범 집단과의 정치적인 '동침'을 택한 것이다. 현대산업의 사외이사로서 수천만 원대의 연봉을 받고 있다는 '환경운동가' 최열은 어떤가? 아니면 '삼성을 지켜보는 모임'에 동참하고 있다는 과거의 '운동' 시인 황지우 선생은 어떤 경우인가? 손학규를 지지한다는 황석영 선생을 생각하면 말 그대로 이 세상에서 깨끗하게 사라지고 싶다. 물론 '민족 자본' 등 개량화된 NL계 환상을 쫓아다니는 경우도 있지만, 본인이 여태까지 축적해온 상징자본을 삼성 등이 제공할 수 있는 돈이나 위치와 교환하는 것이 아닌가 하는 혐의가 드는 경우조차 있다. 글 읽는 선비가, 그 글과 함께 자신의 마음을 모조리 내다파는 장사꾼 격이 되는 것이다.

프로젝트를 준다 하면, 사외이사 시켜준다 하면, 대학 발전을 위해 돈을 내놓겠다 하면, 거절할 지식인들은 과연 몇이 될 것이며, 거절하지 않고 받아들인 뒤에 빵을 던져주는 손에 대해 비판다운 비판을 할 사람은 몇이 될까? 이사회 회의실은 감방보다 훨씬 더 강력한 구속력을 행사한다.

자본가들이여, 채찍은 가만히 놔두고 스스로 똑똑하다고 폼 잡고 있는 저쪽 아이들을 향해 커다랗고 맛있는 당근을 보여주며 잘 다독거려주기를!

우리를 넘어

유사 성행위와 유사 신앙 행위

2007年 3月 14日

유럽 같으면 조금 더 대담하게 대놓고 이야기할 수 있을 것 같기도 하지만, 적어도 한국에서 "'이미지 클럽' '대딸방'에서 아르바이트한다"고 당당하게 대답할 수 있는 여성은 거의 없을 것이다. 대체로 한국에서 이와 같은 일은 '부끄러운 직업'으로 인식된다. 성매매 정도는 아니지만 일단 성적 이미지를 상품화시키고 남성의 일방적인 만족을 전제로 하는 직업인 만큼 부정적인 측면이 강하다. 또 심신상의 피로가 이만저만한 것이 아니기에 별로 '자랑'스러워 할 것이 없다고 볼 수도 있겠다. 그러나 과연 다른 직종에 비해 그렇게 '부끄럽게' 생각해야 하나?

솔직하게 말하자면, 나는 '마사지클럽 아가씨' 보다 상당수의 성직자들이 훨씬 더 부끄러워해야 한다고 생각한다.

마사지클럽에 오는 손님이 한 시간 동안의 '플레이' 를 '사랑' 으로 착각할 일이 없듯이 시중을 드는 여성도 굳이 '사랑' 따위를 지나치게 연출할 필요성을 느끼지 않을 것이다. '클럽' 에서 이루어지는 행위가 일시적인 만족을 주되 본격적으로 외로움과 같은 인생의 문제를 해결할 수 없는 '대체물' 이라는 것을, 양쪽 모두가 알고 있다. '유사 성행위' 와 진짜 사랑 사이의 거리란 거의 천문학적이라 할 것이다. 대다수의 교회에서 설교되는 이야기나 행해지는 행위와, 진정한 의미의 '하나님 사랑' 사이의 거리도 거의 그와 같지 않을까? '우리 종파' 가 아닌 사람들은 지옥에 간다느니 진정한 영적 생활을 못한다느니 하는 이야기와, 차별과 배제가 없는 하나님의 평등한 사랑은, 사실 같은 차원에서 논하기조차 어렵다. 이 세상과 저 세상의 모든 현상|萬法|의 상호 연관관계|緣起|를 깨닫고 자기 개선의 '8가지 바른 길|八正道|' 을 통해 삶과 죽음의 고통을 벗어날 수 있다는 불교의 원래 논리와, 죽은 부모 등의 '서방정토|西方淨土| 왕생' 을 기계적으로 비는 '49재|齋|' 사이에도 마찬가지로 메우기 힘든 간극이 존재한다. 한용운 스님의 표현대로 뇌물을 준다고 해서 자기에게 유리한 판결을 정상적으로 얻어낼 수 있는 것이 아니듯, 의례와 헌금만 가지고서는 악업을 씻어내고 고통을 벗어나게끔 할 수 없다.

대다수의 교회나 사찰에서 '신앙' 이라고 포장하여 파는 것은, 마사지클럽에서 이루어지는 '유사 행위' 와 다를 바 없는, 진정한 신앙의 '대체품' 또는 그 수준에도 못 미치는 신앙적 '짝퉁 상품' 이다. 그런데 마

우리를 넘어

사지클럽 아가씨가 자신의 손을 움직이는 것이 돈이 아닌 사랑 때문이라고 거짓말하지 않는 것과 달리, 수많은 목사님들은 "하나님의 입에서 나온 말씀을 전달한다"고 큰소리를 친다. 이 분들이 차라리 이미지클럽에 가서 진솔함과 겸손함을 배우면 어떨까 싶다. 그 분들께서 "부자가 낙원에 가기는 낙타가 바늘구멍에 들어가기보다 더 어렵다"는 말씀을 충실히 따라, 가난까지는 아니더라도 적어도 국내 도시 근로자의 한 달 평균 소득인 160~170만 원 정도로 자신들의 소득과 소비를 조절했으면 그나마 '하나님'과의 진정한 연결고리가 보였을지도 모른다. 그러나 실제로 그렇게 하는 분들은 과연 얼마나 많을까? 교회에 정말로 '하나님의 사랑'이 깃들어 있었다면 지금의 교회가 '사학법'을 갖고 떠드는 대신에 아이들의 인성을 파괴하는 성적, 등수 없애기 운동 정도는 하지 않았을까? 그런데 아쉽게도 '교회'나 '사찰'이라는 제도 상에서 이야기되고 실행될 수 있는 '신앙'과 진정한 신앙의 차이는, 말 그대로 이미지클럽과 이도령-성춘향의 첫날밤 사이에 존재하는 차이만큼 커 보인다. 그러면서도 저 분들은 이 사실을 꾸준히 부인할 것이다. 그런 성직자들이 '사회적 어른'의 대접을 받는 사회라면 '대딸방'에 종사하시는 분들이 정말로 부끄러워할 것이 뭐 있겠는가.

물론 여기에서 한 가지 반론이 가능하다. 대형 교회에 가서 일주일에 한 번 '성령'을 받아 미쳐보는 것이, 마약복용이나 알코올 중독, 인터넷상에서 유명 연예인 팬클럽활동에 빠지는 일 등 또 다른 종류의 '자기 물화'보다 낫지 않느냐는 반론이다. 맞다. 비뚤어진 사회에서 비뚤어진 삶을 살고 있는 사람들에게 '위안'이 필요하다면 안방극장과 술

보다는 교회가 더 나을 수도 있다. 아주 광신으로 나가지 않는 한에서 말이다.

단, 그렇게 하시는 분들이 '위안'과 진정한 의미의 '신앙' 사이에 존재하는 차이를 좀 인식하셨으면 하는 바람이 있다. '위안'이야 교회에서도 사찰에서도 휴게텔에서도 다 가능하다. 그러나 '신앙'은 자기 안의 거짓을 불태우고 자기 바깥의 거짓을 적어도 '거짓'이라고 정확하게 부르는, 아주 특별한 마음상태이다. 물론 그것을 말로 표현하는 일은 절대 쉽지 않겠지만.

우리를 넘어

한국의 자유주의, '말의 잔치'

2007年 2月 13日

다음 달 보스턴에서 열리는 아시아학회에서 발표하려고 1930년대 조선에서의 파시즘 논쟁에 대한 글을 쓰고 있다. 그걸 쓰느라고 옛날 신문들을 꽤나 많이 꺼내 읽었는데, 1920년대의 동아일보를 읽으면서 상당히 놀랐다. 그때만 해도 그신문은 '자유 민주'의 냄새를 짙게 풍겼기 때문이다. 아니, 그 정도가아니다. 그 사설들을 읽노라면 무슨 인권선언이라도 읽는 듯한 느낌이다. "조선인으로서 누구나 행정관청에서 혹은 사법관청에서 심지어 관립 교육기관에서 모욕을 두어 번 당해보지 않은 사람은 없을 것이다."[30], "한 인간이 다른 인간을 고문으로 대하는 것은, 자유권을 존중하는

20세기에 도저히 있을 수 없는 일이다. 다른 사람을 고문해도 된다는 야만적인 생각은 인류의 수치다."[31], "작은 차이를 서로 인정하고 서로 관용으로 대하자."[32] 좋은 말 치고 그 당시 동아일보가 하지 않은 말은 거의 없었다. 못 믿을 사람도 있겠지만, 파업하는 노동자들에 대한 선처를 호소하는 기사까지 있다. 물론 동아일보의 대주주 김성수 일가가 경영하던 경성방직의 파업은 아니고 김성수–김연수의 족벌과 경쟁 관계에 있을 만한 일본 업체에서 일어난 파업 사건을 두고 한 이야기지만 말이다. 동맹 휴학하는 학생들에 대한 선처의 부탁도 기사화됐다. 글쎄, 지금 출교 처분을 당한 동아일보 계통의 고려대 학생들에게 그게 그대로 적용될 수 있으려나? 어쨌든 '자유와 민주'가 유행 담론이었을 때 어떻게라도 사회주의 측의 주장에 맞서야 할 동아일보는 '자유주의'로 맞대응했었다. 그런데 그 '말의 잔치'는 오래가지 않았다. 1931년 9월 일본이 만주를 침략함으로써 '만주 특수', 즉 일본군대로의 군납과 만주 시장에서의 일반수요 등이 김성수–김연수와 같은 기업인들에게 황금의 기회가 됐다. 그 뒤 사설은 점차 국가주의, 집단주의 쪽으로 변했다가 1937년 이후에는 거의 군사주의 찬양 일색으로 변하고 말았다. 사회주의로 넘어갈지도 모를 젊은 지식인들을 '온건 사상'의 입장에 유치할 때는 구미에서 수입된 온갖 좋은 인권 이야기, 자유 이야기를 다 써먹었지만, 이해관계의 문제가 발생하자 곧 '혼네本音'[33]

---

30) 일본인, 조선인 관료들의 반말투를 문제 삼은 사설, "인권 유린", 동아일보, 1924년 1월 11일.
31) 조선인 부녀를 고문한 일본인 경찰이 무죄로 풀려난 것을 문제 삼은 사설, "고문의 악습을 근절하자", 동아일보, 1929년 7월 21일.
32) "사랑과 관용의 정신", 동아일보, 1930년 2월 15일.

를 드러내고 말았다. 이것이 주변부 예속 부르주아들의 '자유주의' 수준이다. 봉건주의 세력과 싸우면서 쌓은 경험에서 도출된, '쟁취된 자유주의'가 아니라 원산지에서 직수입돼 피지배자들의 계급의식 형성을 예방하기 위해 '무기'로 이용되거나 사회적 지배 관계의 합리화 방법으로 이용되는 '유사 자유주의'라고 할 수 있다.

얼마 전까지 집권했던 '중도 우파'는 어떤가? 저들이 1980년대에 한때 목숨을 위험에 노출시키면서까지 '투쟁'을 했었던 것은, 식민지 시대 '유사 자유주의자'와의 사이에서 지니는 차이점이라고 할 수 있다. 물론 이광수 같은 동아일보의 주필도 한때 상해에서 독립신문을 낸 적이 있지만 말이다. 그런데 '제국 대학'이라는 학벌 피라미드의 맨 꼭대기를 정복한 기록이 있는 유시민이나 김근태의 '투쟁'은 어디까지나 '계급 해방'과 거리가 먼 (중산 계급에 편안한) '정상적 부르주아 민주주의 복원'을 위한 투쟁이었다. 그들의 투쟁에는 언제나 이미 제도권에 진출한 선배들과의 '타협'의 여지가 남아 있었다. 결국 몇 년 간의 '고생' 다음에는 제도권으로의 화려한 진입이 이어지지 않았던가? 한때 '투쟁'했던 그들이 재벌 및 관료 지배체제의 '얼굴'이 되고 나서도 그 지배 체제의 야수성은 어디로 사라지지 않았다. 국방부 등 정부관료들이 '인적 자원 배치' 계획에서 양심적 병역 거부자들을 아예 '망각'해서 빠뜨릴 때에 저 장관님네, 의원님네들이 1980년대에 외쳤던 '인권'의 이름으로 그걸 수정이나 했나? 이의를 제기했나? 그들의 군대에서.

33), 혼네(本音): '속마음', '진짜 의도'의 일본식 표현. 식민지 시절에 많이 쓰였다.

살인훈련 받기를 원하지 않는 소수는, 그들에게는 역시 '비국민|非國民'

으로 밖에는 보이지 않는 모양이다. '자유주의적 감수성'의 수준은 어

떨까? 노동자의 부인이 경찰에게 두들겨 맞아 유산했을 때 누가 사과

의 한마디를 했던가?

결국, 저들의 '민주주의와 자유주의'는 어디까지나 본인들이 지배체

제의 안락한 '지도적 위치'에 들어앉을 권리를 이야기하는 것이지, 이

지배체제의 기본적인 폭력성을 제거하겠다는 이야기는 절대 아니다.

다른 점도 있지만 본질적으로는 1920년대 동아일보의 수준과 다를 바

없다.

우리를 넘어

보수가 표를 얻는 비결?

2007年 2月 12日

이리 저리 강연을 다닐 때나 블로그를 할 때 자주 받는 질문 중의 하나가, "보수(예컨대 한나라당 등)가 반민중적이라면 도대체 민중이 왜 그들에게 표를 주느냐"이다. 그러한 질문을 받을 때마다 늘 심란함을 느낀다.

수많은 사람들(한국 남성 중에는 약 40%라고 한다)이 아직도 흡연한다고 해서 흡연이 건강에 해롭다는 사실을 부정할 수는 없다. 그러나 이렇게 많은 이들이 합리적으로 설명되기 어려운 행동을 하는 이유를 어떻게 간단하게 진단할 수 있겠는가? 평화로운 노르웨이마저도 각급 학교에 집단 따돌림의 피해자들이 20%나 된다는 것은 과연 쉽게 설명될 수 있는 일일까? 아예 종교적으로 빠져나간다면 일체 중생들의 근본 무명과 12연기[34]라는 과정을 이야기해야 하겠지만 그러한 '근본적인' 문제는 일단 논외로 하자. 그러나 사회과학적으로 접근해보면 완전한 설명은 불가능하다 해도 약간의 이해에는 근접할 수도 있을 것 같다.

대체로 한 인간의 '앎'은 '체험'과 '학습'으로 이루어진다. 예컨대 미군에 대한 수많은 한국인들의 불만은 미군의 추태를 직접 본 '체험'에서 우러나오지만 "일제 때 우리 민족이 고생했다" "일본이 우리의 원수다" 등의 생각은 해방 이후에 태어난 대다수에게는 '학습'이다. 세계적 정세의 변화(일 제국의 패배, 미 제국의 동북아 지역 진출)로 '해방'이돼서 이러한 '학습'이 가능해졌지만, 만에 하나 일본이 진주만을 폭격하지 않았다면 우리는 지금쯤 과연 무엇을 '학습'하고 있었을까?

정치 이야기를 차치해둔다면, 미국에 안 가본 사람이 "미국이란 나라가 있다"는 생각을 하는 것도 '학습 효과'다. 미국에 가지 않은 이상, 한정된 '체험'만 가지고는 미국의 '존재'를 확인할 수 없다. 문제는, 한 정치 세력의 '친민중성' 내지 '반민중성'을 이해한다는 것도 – 특히 한국의 경우에는 – '체험' 내지 '상식'만으로는 가능한 일이 아니라는 점이다. 프랑스 유권자의 경우 산업의 약 30%까지 국유화한 미테랑 밑에서도 살아보고 이제는 젊은이들의 고용안정성을 흔들려고 하는 우파 정권 밑에서도 살아봤으니까 "좌냐 우냐"와 같은 선택을 할 때에 일

---

34) 12연기(緣起): 미혹의 근본인 무명으로부터 진리를 모르는 의식과 언어 등의 행위가 생기고 세계에 대한 허위의식이 공고화되는 등 미혹한 세계의 인과관계를 설명하는 불교적 용어.

정 정도 '체험적인 판단'을 하지만, 한국 유권자의 경우엔 다만 여러 색깔의 보수 밑에서만 살았을 뿐이다. 즉, 민노당이 아무리 논리적이고 합리적인 정책 대안을 내놓아도 이 대안에 대한 한국 민중의 판단은 '체험'이 아니라 '학습'에 의존할 수밖에 없다는 이야기다.

"유럽의 노동당들도 처음에 그렇지 않았는가? 저들은 과연 어떻게 해서 최초로 유권자들의 신뢰를 얻었느냐?"라고 반박할 사람도 있을 것이다. 그러나 유럽의 노동당들이 최초로 집권한 것은 제1차 세계대전과 세계 공황 이후라는 사실에 주목해야 한다. 즉, 자본주의의 '위기'가 '체험적으로' 확인된 뒤에야 아직 사민주의적 정치를 '체험'해보지 않은 유권자들이 이를 '불가피한 대안'으로 보고 선택한 것이다. 여기에 노동당들이 이미 수십 년간 대중적으로 해온 '학습'의 효과까지 겹쳐졌다.

문제는, 우리의 상황이 당시의 유럽 노동당들과 매우 다르다는 데에 있다. 미구|救에 닥칠 것은 확실하다고 보지만 세계 공황이 온 것은 아니고, 진보세력에게 '대중적 학습'의 기회는 유럽에 비해 훨씬 적게 부여되어 있다. 결국 진정한 민중 세력들이 유권자의 안테나에 잡히지 않는 이상 선택의 폭이란 "중도 보수냐 극우냐"일 뿐이다. 심각한 것은 신자유주의적 정책으로 민생에 해악을 끼친 중도 보수보다 과거의 '성장 신화'를 등에 업은 극우파가 훨씬 더 쉽게 선택된다는 사실이다.

'학습'이란 무엇인가? 노르웨이 노동당이 집권하기 20년 전부터 꽤나 잘 팔렸던 종이신문 몇 개(오늘날 닥스아비센|Dagsavisen으로 그 이름을 바꾼 종전의 아르바이텐블라데트|Arbeiderbladet, 즉 노동자 신문 등 여러 기관지)를 가진 데

에 반해 민노당 기관지는 계속 난항을 겪어왔다. 그 슬픈 대조만을 이야기하자는 것은 아니다. 사실, '신문을 통한 학습'의 단계에 오자면 그 '학습'이 훨씬 일찍 시작되는 것이 바람직할 것이다. 노르웨이의 경우 이미 중, 고등학교 때 적어도 하나의 사회과학적인 학설로서 잉여가치 법칙과 지속적 이윤 저하 경향의 법칙을 배운다. 반면, 요즘 한국에서는 대학생조차도 '잉여가치'와 같은 기본적인 개념을 생소해 하는 경우가 다반사로 보인다. 최소한 기업과 고용자 간의 모순을 과학적으로 이해하자면 아주 기본적으로 필요한 개념인데도 말이다.

기업과 고용자 사이의 모순은 그저 '상식'의 수준으로만 판단해서는 안 되는 일이다. 신림 9동 재래시장 영세상인의 '상식'으로는 큰 기업인은 도둑놈일지 몰라도 운이 좋아 작은 공장을 운영하게 된 같은 영세 상인 출신은 착실하고 훌륭한 사람일 뿐이다. 제너럴셔먼호가 평양에 침입했을 때 평양주민들이 이를 '중국 해적'이라고 판단한 것은, 미국이 어디에 붙어 있는지도 알 리가 없는 그들로서는 '상식'적인 일이었다. 물론 그러한 '상식'이 굳어질 만한 이유(쇄국 정책)가 있었으니 이러한 '상식'을 가진 이들을 차별하거나 멸시할 일은 없지만 그렇다고 해서 제너럴셔먼호가 말레이 계통의 수병을 고용한 미국 상선이라는 사실마저 부정될 수는 없다. '자본주의'를 놓고 보는 대중의 시각도 마찬가지다. 전적인 설명이 될 수는 없지만, 민중이 반민중적 정당에게 표를 주는 것도 이 같은 이유 때문이라고 해석할 수 있을 것이다.

또 다른 역사적 이유라면 아직도 일천한 한국 노동계급의 역사와 소부르주아계층들(영세 사업자 등)과의 유기적 관계성 같은 것이다. 노르웨

우리를 넘어

이 노동자는 자신의 직업적 인생을 노동자로 마감하는 것을 '정상' 으로 여기지만, 한국의 경우에는 "돈을 좀 모아 가게라도 열자"는 심리가 아직 강하다. 노동자로 평생을 살아도 좋을 만큼 노르웨이에서는 피고용자의 노후 보장이 잘 되어 있지만, 한국은 그렇지 못하다. 게다가 노르웨이 노동자와 달리 한국 노동자는 그 부모와 상당수 친척이 장사하는 사람일 가능성이 꽤 높다. 노동자 자신은 비록 자신의 노동을 팔면서 살지만, 현실적으로 남의 노동을 착취하고 있는 이들과의 '인간적 연결망'｜ 속에서 사는 경우가 많다는 이야기다. 끝이 안 보이는 서민경제 불안과 독점화추세 속에서 이 소부르주아 계층들은 아주 고통스럽게 조금씩 무산계급화되긴 하겠지만, 그 과정은 꽤 오래 걸릴 수도 있다.

전교조 죽이기, 골프 버금가는
한국 지배계급의 취미

2007年 1月 26日

며칠 전에 조선일보 사이트에서 북한 관련 자료 몇
개를 오려두기 했다가 인터넷의 다른 곳에다 붙인 전
교조 교사 두 명이 잡혀가더니, 오늘은 또 거의 200
명에 달하는 인원의 대량 징계 소식이 들린다. 조선일
보 류의 극우와 노무현 정부가 견원지교|大猿之交인 것은 분명해 보이나,
어찌된 일인지 전교조 이야기가 나오기만 하면 둘 사이의 밀월이 시작
된다. 서로를 대단히 미워하지만, 전교조를 그 이상으로, 그것보다 백
배로 미워하는 셈이다. 조선일보를 보면, 전교조가 합법적인 조합이
아니라 무슨 반사회적인 지하 조직이라고 생각할 수도 있을 만큼 전교

조에 대한 노골적인 증오심을 그대로 드러내고 있다. 글쎄, 노르웨이의 부르주아 일간지들도 내가 소속돼 있는 공무원 조합 NTL을 대체로 싫어하지만, 그러한 어조로 다룬 적도 없고 다룰 수도 없다. 아무리 싫어한다 해도 같은 시민사회의 일원에 대해 그 나름의 '예의', 넘지 말아야 하는 '선'이 있는 것이다. 그런데 조선일보 류의 입장에서 전교조는 이미 '비국민'에 속하는 모양이다.

도대체 이미 이 사회를 안정적으로 지배하는 이들이 왜 이렇게 광적으로 노는가? 사실, 전교조는 그 각고의 노력에도 불구하고 아직 교사의 3분의 1이상을 조합화시키지도 못했다. 서울시 같으면 초-중 부문에서 조합원 비율이 높은 곳, 예컨대 남부교육청 관할 구역의 경우에도 조합원 비율은 27% 정도 밖에 안 된다. 조합원이 별로 없는 곳, 예컨대 강남이라면, 대략 10%선 가까이 된다. 교사 거의 전원이 조합화돼 있는 유럽의 국가들과 달리 한국의 교사들은 아직 상대적으로 원자화, 단자화돼 있어 수직적인 지휘 계통에 개별적으로 복속服屬돼 있다. 전교조의 영향력도 웬만한 북구 국가의 교사조합보다 약하며, 전교조의 성향도 그렇게 급진적이라 하기 어렵다.

몇 달 전에 부천의 한 교사가 국기에 대한 경례 등 파쇼적 의례를 거부하고 군대를 '살인 교육 현장'이라고 언급했다가 조선일보에 의해 마녀사냥을 당한 뒤 징계를 받았다. 그 당시 전교조는 물론 징계를 반대했지만 그 교사의 파쇼적 의례 반대 투쟁 내지 군사주의 반대 투쟁을 적극적으로 지지하지는 않았다. 체벌 및 두발 제한 등 파시즘의 잔재에 대해서도, 전교조가 지금은 투쟁에 나섰지만 몇 년 전만 해도 뚜렷한 입장을 취하지 않았던 것으로 기억된다. (내 기억이 틀리다면 고쳐주기 바란다.) 교육부가 추진하려는 교원평가제에 대한 전교조의 투쟁은, 노조로서 당연히 해야 할 일일 뿐이다. 경영진의 손에 노동자의 생존권을 위협하고 노동자에 대한 압박을 행사하고 노동자들을 장차 임의로 해고할 '무기'가 쥐어지는 것을, 어느 노동조합이 좌시(坐視) 하겠는가. 특히 교장이 민주적으로 선출되지 못하고, 교장의 권한 또한 매우 강하며, '모범적인 교사'의 이미지가 바로 명문대에 많은 제자를 보내는 '학원 명강사'로 상상되는 오늘날의 왜곡된 풍토에서는, 교사의 승진, 고용 관계와 연결돼 있는 평가제는 교사의 '학원강사화'를 의미할 뿐이다. 아이들이 교사의 친절도 등의 부분을 익명으로 평가하고 수업 방식에 대한 건의를 역시 익명으로 교사에게 제출하고, 교사가 이를 참고자료 삼아 자기개선 노력을 하면 나쁠 것이 없지만 지금 교육부가 원하는 것은 이와 같은 '학급 안에서의 민주주의'와 전혀 다른 것으로 이해된다. 즉, 교육부를 상대로 투쟁하는 전교조는 노조로서의 본연의 의무를 다할 뿐이다. 그러면, 도대체 왜 이렇게 난리인 걸까?

전교조는 급진적인 조직이 아니지만 전교조 교사에게 수업을 받은 일이 있었던 아이는 자본주의 시스템 속의 의식 없이 순응적인 '평범한 생활'을 거부할 위험이 있다. 이것이 '전교조 마녀사냥'의 진정한 이유가 아닐까? 전교조 교사의 상당수는 수업할 때 독립적이고 비판적인 사고를 키우도록 노력을 하는데, 그것이야말로 준파쇼적 재벌 자본주의로서는 치명적인 위험이다. 일단 전교조 교사로부터 스스로 생각하는 법을 배운 뒤에는 '신성한' 군대에 대해서도, 비정규직에게 100만

우리를 넘어

원 이하의 월급을 주는 '초일류 기업'들에 대해서도, 한미 FTA를 두고 "한국인의 손이 신의 손이니까 다 잘 될 거야" 같은 수준의 이야기를 하는 노모 씨에 대해서도 "이게 아니다"라는 생각을 할 위험이 있다는 것이다. 스스로 생각할 줄 아는 사람은 이 체제로서는 소화할 수 없는 분자다. 그렇기에 이 위험을 지금 '전교조 죽이기'를 통해 원천 봉쇄하려 하는 모양이다.

아니, '백인'이 뭐가 좋다고
이러는가?

7년 전까지 국내 한 대학교의 외국어대학에 원어민 강사로 있었을 때 바로 옆 과인 영어과의 원어민 강사들과 꽤 자주 만났다. 러시아계 원어민은 나 혼자였고 그들은 10명이 넘었지만 거의 대부분이 백인이었다. 흑인은 물론 라틴(히스패닉)계는 한 명도 없었다. 유일한 예외는 미국에서 자란 '1.5세' 교포 한 명이었는데, 그때 그 분에게 아주 놀라운 이야기를 들었다. "흑인 등 미국 사회 안의 소수자에 대한 배제는 물론이고, 백인처럼 생기지 못한 교포까지도 한국 대학가에서 취직하기가 아주 틀렸다"는 것이다. 솔직히 그 이야기를 듣는 순간, 반신반의도 아니고 거의 못 믿었다. 아

니, 한국 대학이 같은 한국인들까지도 차별한다고? 그야말로 믿어지지 않는 이야기였다. 그런데, 점차 다른 대학의 영문과 교수, 강사 분들과 관계를 넓히면 넓힐수록 그 말이 맞다는 걸 알게 됐다. 흑인 교수를 거의 본 일이 없었고, 교포들 역시 극소수에 불과했다. 지금 미국 총인구의 12%는 흑인, 13%는 히스패닉, 4%는 아시아인이지만, 한국 대학가에서 재현된 '우리들의 작은 미국'은 거의 완벽한 '백인 천하(?)'였다. 일부 교포 교수들의 말에 따르면 그 분들은 백인 동료들에게도 소외를 당하기 일쑤였고 대학당국에서도 '반갑지 않은 손님' 대접을 받았단다. "아무리 2세, 3세라 해도 네이티브|native 영어가 될 수 없지 않은가" 라는 이야기를 들은 경우도 있단다. 대학에조차 백색 피부와 영어 발음의 순도가 연결돼 있다는 걸 믿는 사람이 있다니 눈을 씻어보고 싶은 심정이었다. 20세기 말의 대학 맞나?

어제 영문 일간지에서 대학도 아닌 학원가에서 흑인 강사들이 당하는 차별에 대한 기사를 읽고서 거의 잠이 안 올 지경이었다. 한국 법체계에 아직 인종차별 처벌 규정이 없기 때문인지 학원가에서 강사직을 구하겠다는 흑인에게 "죄송하지만, 우리 학부모들이 백인을 선호한다" "참 미안한데, 우리는 백인을 찾는다"라고 대답해도 무방한 모양이다. 3년 전에 내 아내가 여기 오슬로에서 구직운동을 했을 때 누군가 "동양인이니까 서양음악을 어떻게 가르치겠느냐"라고 하기만 했다면 소송을 제기하여 아주 큰돈을 벌 수도 있었을 터인데…….

이곳 노르웨이에서 공석|公席에서 그러한 이야기를 한다는 것은 거의 공인으로서의 자살에 가까운 행위이다. 그런데 한국에서는 "흑인이니

까……"가 아직 통하나 보다. 밖에 나가서 인종차별을 당한 적 있는 분이면, 그 흑인 구직자들이 한국 학원가에서 이와 같은 대접을 받으며 뭘 느꼈을지 잘 알 것이다. 아니, "조센징데스가라(조선인이라서……)"를 듣고 괴로워했던 식민지 피해자의 자손들이 왜 꼭 그렇게 옛날 주인들의 행세를 흉내내려 할까?

인종차별이란 인류에 거역하는 잔혹 행위다. 오늘날 세상에서는 바보짓이기도 하다. 40년 후에는, 소위 '백인'들은 미국에서 소수자 신세가 될 것이고, 100년 후라면 이 지구를 지배할 언어는 어쩌면 중국어와 에스파냐어일지도 모른다. 지금 '백인'을 우월시하는 것은, 사실상 조선 말기에 만동묘|萬東廟 35) 제사를 지내야 한다고 난리치는 것과 마찬가지다. 과거의 고정관념 속에서 사는 것만큼 어리석은 일이 또 있을까?

---

35) 만동묘(萬東廟): 임진왜란 때 조선을 도와준 데 대한 보답으로 명나라 신종(神宗)을 제사지내기 위해, 1704년(숙종 30) 충북 괴산군 청천면(靑川面) 화양동(華陽洞)에 지은 사당.

우리를 넘어

대학 신문을 보다 눈물 흘리다

2007年 1月 22日

어제 저녁에 집에 돌아와서 아내와 같이 식탁 옆에 앉아 이쪽 오슬로대학의 학교 신문을 읽었다. 읽다가 기사 하나를 발견했다. 현직 총장의 신자유주의적 방침에 대해 반대하는 진보적 교수들의 비판의 목소리였다. "총장이 선거 유세 당시에는 '영문 학술지에의 논문 게재 위주 업적 평가 방법 등 최근 근로 환경 개악에 맞서겠다'고 하더니 이제 와서 발뺌하고 공약을 안 지킨다"는 내용이었다. 몇 명의 교수들은 "총장에 대해 어떻게 생각하느냐"는 질문에 "불만족스러울 만큼 소극적인 사람"이라고까지 대답했단다. 노르웨이 학교 관련자들의 예의범절 등을 고려하자면 이는 상당히 노골적인 비난이다.

이 기사를 읽다가 나도 모르게 거의 눈물이 날 지경이 되고 말았다. 이쪽 총장이 미워서는 아니고, 7년 전까지 한국에서 근무했던 대학이 생각났기 때문이다. 노르웨이에서는 별다른 문제로 생각하지도 않는 총장에 대한 대면 비판을, 그 한국 대학에서 만약 누가 했다면? 글쎄, 해고가 따르는 것은 물론이려니와, 동료들 중에서도 동정하는 이들은 그리 많지 않았을 것이다. 보통 별 이유도 없이 자살하려는 사람을 '동정' 하기 보다는 좀 괴이하게 생각하지 않는가? 머나먼 조국에서 가장 자유로워야 할 곳이 가장 노예적이라는 것에 생각이 미치자, 비통해서 눈물이 날 지경이었다. 아내 역시 이를 괴이하게 여겨 '배부른 서구주의' 로 나의 심정을 규정했는데, 물론 나는 동의하지 않는다.

연암 박지원|燕巖 朴趾源, 1737~1805|이나 다산 정약용|茶山 丁若鏞, 1762~1836| 같은 이들이, 이건희에게 명예박사학위를 주기로 결정하는 철학과의 교수회의에 참석한다는 것을, 여러분은 상상이나 할 수 있는가? 이건 '동양' '서구'의 문제가 아니다. 특권화·파쇼화된 대학의 문화에서 '자율적 지성'이 차지할 만한 여지가 없는 것이 문제다. 박정희 시절에 온갖 '평가교수단' 에서 일하며 점수를 땄던 그 '어용 교수' 들의 유산을 우리가 지금도 고스란히 짊어지고 있다.

하기야 요즘은 굳이 정권에 줄서지 않아도 되는 세상이다. '사모 펀드'를 모집하는 교수들이 있는가 하면, 재벌의 이사회에 사외이사로 앉아 있는 교수, 부동산으로 재미를 보는 교수도 있다. 그리고 그 밑으로는 대학 부속 연구소의 연구원이 돼도 전임으로는 평생 진출 못할 '대학

우리를 넘어

의 무산계급'이 점차 늘어나고 있다. 이 '대학의 무산계급'이 썩을 대로 다 썩어빠진 대학 상층부의 문화를 언젠가 쇄신할 수 있을까? 당연히 그래야 하겠지만, 하급 구성원까지도 총망라하는 한국 대학에서의 비공식적 네트워크('학연' 등)의 역할을 고려한다면 쉽지는 않을 듯하다.

아이를 키우면서 생각한다

2007年 1月 4日

아이를 키우는 형편이라서인지 자주 생각이 나는 부분이 하나 있다. 만약 우리 같은 맞벌이 부부가 한국에서 살았다면 과연 지금처럼 지내는 것이 가능했을까? 아마도 불가능하지는 않았겠지만 지금보다 몇십 배 더 고생하지 않았을까 싶다.

아내가 임신한 뒤부터 아이에 대한 의무적 건강검진 기간이 끝난 작년까지, 우리는 의료비로 한 푼도 지출한 적이 없다. 2002년 3월, 출산 기간에 수중 분만을 위해 약 일주일간 병원에서 둘이서 살았을 때도 물론 무료였다. 한국 같으면 임신과 출산, 산후조리, 유아 건강검진 등에 돈이 대략 어느 정도 들었을까? 가격이 약간씩 다르기에 정확히는 모르지만 적어도 우리 주위에 있는 분들의 사례로 봐서는 수백만 원이 들었을 게다. 아이의 옷가지라든가 가구(침대, 유모차 등), 성장 과정에서 필요한 분유부터 장난감까지의 비용은 어쩌면 그보다 더 들었을 것이다.

노르웨이에서는 육아 첫 단계의 비용을 국가에서 지불한다. 직장이 없는 여성의 경우 목돈으로 3만 2,000크로네, 우리 돈으로 약 500만 원을 받고, 직장이 있는 여성은 유급 휴가와 보조금을 받는다. 당시 직장이 없었던 아내는 노르웨이 시민이 아님은 물론 영주권조차 없었지만, 그 돈을 다 받았다. 그 덕분에 어느 정도 여유있게 아이를 위한 모든 것들을 다 장만할 수 있었다. 한국에서 출산하는 주부들에게 500만 원의 보조비를 주는 시대는 언제쯤 올까? 사실, 나는 '국민 1인당 소득 2만 달러' 보다 '산모 1인당 보조금 500만 원 시대' 라는 구호가 훨씬 더 구미가 당긴다. 그러나 우리사회는 안타깝게도 개인 복지사회가 아니라 건설기업, 재벌기업의 복지사회다. 이명박 같은 이가 대통령이 되면 '대운하' 라는 '건설업체 복지 프로젝트' 로 건설 쪽 주식을 대폭 올리겠지만 그것은 개인의 복지와 아무런 연관이 없다. 원래 저산인 노르웨이의 출산율이 거의 1.8에 달하는 반면, 원래 다산이었던 한국의 출산율은 현재 1.1에 가깝다. 그럼에도 이명박 류의 정객들은 건설 경기는 살릴지언정 결국 그들의 잉여가치 수취과정의 원천인 노동력 재생산 과정을 제대로 책임지지 못할 모양이다. 물론 지금까지 보건복지부가 의료급여를 가져다가 하는 꼴을 봐서는 노무현 정부도 나을 것은 하나도 없었다.

우리가 아이를 키우면서도 맞벌이를 할 수 있는 이유는 순전히 집 옆에 붙어 있는 유치원 덕분이다. 이곳 오슬로는 80%가 넘는 유치원들이 공립이고 그 한 달 비용은 대체로 2,600크로네, 즉 약 40~50만 원을 넘지 않는다. 한국에서 아이를 사립유치원이나 놀이방에 맡기면 한 달에 대충 어느 정도 드는가? 물론 놀이방마다 다르겠지만 대체로 싼 데가 40만원, 비싼 데가 그 두 배인 것으로 알고 있다. 노르웨이의 종합 물가가 한국보다 3~4배 센 것까지 생각한다면 노르웨이에서 한 달 유치원 비용이 40~50만원으로 해결되는 것은 국가예산 덕분에 가능한 기적이다. 지하철 한 번 타는 비용조차 4,000원에 달하는 나라에서, 그러한 기적이 없었다면 우리가 과연 육아를 할 수 있었을까? 아마도 불가능에 가까웠을 것이다.

이러한 이야기를 하다 보면 정말로 한이 맺힌다. 도대체 부자들에게 제대로 된 세금(즉 한 달 종합소득이 900만~1,000만 원을 넘을 경우 적어도 그 소득의 절반 이상이 되는 세금 말이다)을 물어 서민 복지망을 만들 정부가 한국에는 언제쯤 들어설까? 그러한 정부가 들어서야 지금처럼 지치고 피곤하고 늘 짜증이 나는 비인간적인 생활 패턴이 적어도 조금씩 바뀌기 시작할 듯하다.

우리를 넘어

내가 현실 정치를 평생 못할 이유

2006年 12月 9日

정치 관련 발언을 꽤나 하고는 있지만, 나는 아마도 평생 정당 정치와 같은 형태의 현실 정치를 못할 것 같다. 두 가지 내면적인 장애 때문이다.

첫째로 나는 '반대편'보다 '우리'측에 늘 훨씬 더 까다롭다. 내면화된 역사적인 경험의 소산인가? '노동자가 주인 되는 세상 만들기'라는 1917년 러시아 혁명의 꿈을 무너뜨린 것은 그 어떤 '외적'|外敵'이 아니라 결국 '내적'|內敵', 즉 '우리 편'이라고 인식돼온 스탈린|Joseph Stalin, 1878~1953 을 비롯한 공산당의 보수적 관료파였다. 다들 잘 알겠지만 1917년 러시아혁명이 있은 후 몇 년간은 기적처럼 14개국의 간섭군을 물리치고

국내외 반동세력을 퇴치시키는 등 대외적으로 놀라운 생명력을 발휘했다. 그러나 대내적으로는 이미 1920년대 초기부터 썩어들어가기 시작했다. 결국 혁명의 관에 못을 박은 것은 간섭군도 백군도 아니고 혁명 지도자 중의 한 명인 스탈린과 주로 혁명세력 출신인 그 가신들이었다. 내부적으로 '민주'보다 '중앙집권'을 중시하고 소수파 비판자를 소외시키고 결국 대중들의 민주적 참여를 불허하면 혁명은 곧 스스로 반동이 된다. 이는 러시아혁명의 경험이 입증한 역사의 등식이다. 그렇기에 나에게 늘 이 '소수파 비판자'의 역할은 가장 중요하다. "과연 이쪽, 즉 오늘날 '변혁'을 부르짖는 쪽이 이기게 되면 미래의 스탈린이 누가 될까"에 대한 노심초사를 잠재울 수가 없다.

나는 지금도 민노당을 지지하고 앞으로도 지지하겠지만 '자기파 힘 실어주기'에 완벽하게 맞추어져 있는 일부 당 지도자의 발언들, 아직 제대로 된 권력도 없는데 이미 부하 앞에서 벌써부터 잡고 있는 그들의 '폼' 등을 보면, "만약 마땅한 상황이 이루어진다면, 저들이 트로츠키 형보다는 스탈린의 가신 형에 가까워지지 않을까"라는 의심이 절로 생겨난다. 약 10년 전 한총련 학생들이 이석 씨를 구타하여 죽게 만들었을 때, "만약 저런 정신을 가진 작자들이 정말로 혁명적인 방법으로 권력을 장악하게 된다면 인민재판을 받아 무고하게 죽을 사람이 몇 명이나 될까, 저들의 감옥에서 고문으로 잔혹사를 당할 사람은 몇 명이나 될까" 같은 생각을 하기도 했다. 나는 인권의 근본도 모르는 한국의 공안꾼들이 당연히 밉지만, '프락치' 용의자를 때려 자백을 받아내는 것을 당연하게 생각하는, 즉 그 공안꾼들과 한 치 다를 게 없는 수준의

우리를 넘어

'우리 쪽' 망나니들을 보는 것이 훨씬 더 마음 아프다. 그들은 '진보'를 팔아 정치적 장사를 하기 때문이다. 물론 민노당의 평당원 대중들이 계속 지도부에 대한 실명 비판을 잘하고 권위주의로 넘어가는 '보스'들을 정신차리게 한다면 이 모든 것들은 기우일 수도 있다.

혁명의 승리를 위해 싸워야 한다는 사명의식보다 사회주의를 향한 변혁 운동이 두 번 배반당하지 않도록 노력해야 한다는 의무의식이 더 강할 때가 있다. 나처럼 '딴소리'가 전공인 자들은 분명 당의 주변에 필요하겠지만, '집단에 대한 귀속 의식'이 초석이 되는 당 정치는 이러한 머리로는 할 수 없다.

두 번째 이유는, 한국과 같은 토양에서 제대로 된 노동자, 민중 정치를 하자면 결국 교도소행을 각오해야 한다는 것이 내 평소의 생각이기 때문이다. 한국 보수정치의 체질상 온갖 마녀사냥은 아마도 아주 오랜 기간 동안 없어지지 않을 듯 보인다. 정말 어쩔 수 없다면 결국 가야 하겠지만, 나는 솔직히 교도소행을 잠재적 전제로 하는 일을 전문적으로 할 만큼 강인한 사람이 못된다. 매일같이 연구실에서 책을 보고 작업하는 것이 하도 습관이 되어서, '공부'의 세계와 원치 않은 작별을 해야 한다는 생각만으로도 이미 손이 떨린다. 한국이 노동자의 나라가 되기 위해서 투쟁하시는 분들에게 미력이나마 당연히 보태드려야 한다는 책무의식이 늘 머리를 떠나지 않지만, 부끄럽게도 나는 투사형이 아닌 것 같다. 이렇게 심약한 것이 자랑이 될 수도 없겠거니와, 사실 잘못하면 큰 문제가 될 수도 있다는 생각도 든다.

최근 나와 같은 글쟁이들에게 그나마 편한 부르주아 민주주의가 세계적으로 조금씩 퇴조하는 모양이다. 주변부 지역은 늘 그렇듯이 중심부보다 더 심하다. 해외망명객 내지 내부고발자(비판적 기자) 청부 암살이 러시아에서는 이제 예사가 됐다. 한국이라고 다른가. 몇 년 전의 송두율 교수 '마녀재판' 사건이나 2007년 사진작가 이시우 씨의 '국가보안법 위반 혐의' 구속 사건과 같은 공안 사건들이 '민주화'가 다 된 판에서도 계속 터져 왔다. 세상이 점차 '비상 체제'로 가고 있다. 아무래도 자손에게 부끄럽지 않게 버티려면 좀 더 강인해져야겠다.

우리를 넘어

NL파 세력이 유지되는 이유

2006年 11月 1日

그제인가? 한국에서 일본으로 가는 비행기를 탔다가 우연히 얻은 조선일보에서 신지호 씨라는 '뉴라이트' 분의 칼럼을 읽었다. 그 주장 중의 하나는 'NL파가 '최대 주주'(내 표현이 아니라 신씨의 표현이다)인 민노당을 진보정당이라 부르지 말아야 한다"는 것이었다. 그래, 좋다. 북한의 체제를 '사회주의'로 착각하는 사람들의 진보성에 대해서는 나만 해도 회의적이다. 그런데, 혹시나 나중에 신씨를 만날 일이 있으면 꼭 하나 물어봐야겠다.

아직도 80년대 말에나 나올 법한, 순진하다 못해 우습게만 보이는 북한 관련 주장들이 계속 나오는 이유를 아시는가? 80년대 말과 마찬가

지로 국보법이 북한의 목소리를 직접 못 듣게 함으로써, 북한에 대한 온갖 판타지들을 갖게 하기 때문이다. 한 번 실험 삼아 한 달간 서울 지하철 가판대에서 로동신문과 민주조선, 근로자, 천리마 등을 팔게 하고, 종로 바닥에서 고|故 김일성 주석의 팬클럽의 모임을 허하여 거기에 그 '로작|勞作36)'들을 다 갖다 놓고 팬들로 하여금 마음대로 학습케 해보시라. 확언컨대, 그 한 달 안에 NL파 신자들은 거의 떨어져 나가고 없을 것이며 교주 몇 사람만 남아 절망적으로 신앙 조직의 유지를 위해 발버둥치고 있을 것이다. 그들의 일반 신자들이 실제 북한 공식 담론의 농도를 잘 모르니까 그렇지 '위대하신 수령님의 위대성'에 대한 이야기를 반복적으로 매일 읽다 보면 정신병원에 실려가지 않는 이상 아마도 신앙의 충실도는 상당 부분 떨어질 것이다.

무엇보다 신지호 씨가 NL파 장악하의 민노당을 비판할 자격이 없는 이유는, 그 NL파가 바로 신지호 씨가 지지하는 국보법의 최대 수혜자이기 때문이다. 금단의 열매가 늘 달콤해 보이는 법이고, 또 여기에서 미군이 계속 주둔하고 있는 한 어쩔 수 없이 민족적 감정이 자극되게 돼 있기에 NL파의 사상적 상품들에는 일정한 시장이 보장돼 있다. 미군 철수만 제대로 빨리 되면(제발 그렇게 되기를 바란다!) NL파의 기반은 아마도 거의 무너질 것이다. 결국 국보법으로 먹고사는 기관의 끄나풀들과 일부 극렬 '주체사상' 광신도들이 긴장 관계를 유지하면서 서로

---

36) 로작(勞作): 노작의 북한어. 애쓰고 노력해서 이루는 일이나 이루어낸 작품을 뜻하는 말로, 여기에서는 노동계급의 혁명 이론 발전에 의의를 가지는 고전적 저서를 일컫는다.

우리를 넘어

의 밥그릇을 챙겨주는 셈이다. 그래서 나는 민노당의 정상화, 민노당의 진정한 노동계급적, 사회주의적 정당으로의 완전한 전환을 바라는 마음으로 서울에서의 김일성 주석의 팬클럽 설립과 그 '로작' 들의 교보, 영풍 문고에서의 판매, 그리고 로동신문에 대한 자유 구독 허가를 애원한다. 표현 자유의 햇빛이 비추어져야 사상 억압과 무지가 빚어낸 온갖 환상들이 다 사라지고 말 것이다!

한국사 교과서를 쓰면서
역사 속의 선악을 생각하다

2006年 9月 19日

최근 며칠간 주로 식민지 시기 후반을 다루는 러시아
어판 한국사 교과서를 쓰느라 거의 두문불출했다. 암
울한 시기를 다루는 교과서를 쓰면서 한 가지 고민을 계속했다. 역사
쓰기 작업은 대개의 경우, 역사를 쓰는 주체가 그걸 원치 않더라도 역
사 평가의 작업이 되기도 한다. 때문에 일제와 투쟁했던 여러 단체나
개인의 행동을 과연 어떻게 보는 것이 좋을까의 문제를 계속 고민하게
됐다. 일제의 억압적인 지배는 역사 속의 '악' 임에 틀림없는데, 여기에
서 문제가 되는 것은 과연 그 '악' 과 맞서 싸우셨던 모든 분들이 '선'
을 대표했던가 하는 점이다. 솔직히 나는 1930년대의 사회, 정치운동

우리를 넘어

사를 조감할 때, 공산주의 운동에 가장 공감한다. 물론 그들이 소련에 대해 무비판적이었다는 것, 그리고 대중들에 대해 '획득, 계몽, 교양, 지도'라고 하여 대중과 함께하려 하기보다 이끌려고 했던 문제들이 있지만, 적색 노조, 농조 조직 작업과 파업 운동 주도 등은 별다른 폭력성이 없는 운동 방법이었다. 동시에 대중들로 하여금 굉장히 중요한 조직과 투쟁의 솜씨를 키우도록 하는 일이기도 했다. 즉, 적색 노조나 농조가 결국 경찰의 탄압으로 와해된다 해도 그 조직 기술이나 사회적 평등에의 지향이란 이미 대중들 속에 심어지는 것이고, 그러한 의미에서 운동의 노력은 절대 헛수고가 되지 않았다.

반대로 의열단의 투사들이 경찰서나 동척|東拓37) 등에 폭탄을 던졌던 것은, 억압과의 투쟁이라는 의미에서 '정당 방어'의 범위에 포함돼 정당성을 인정받아도 나로서는 어떤 긍정적인 의미도 부여하기가 힘들다. 일제에 우민화된 경찰이나, 같은 민중인 조선인들을 억압하는 일본인 한두 명을 폭사|爆死시키는 것은, '살생'이라는 도덕적 평가 문제를 차치하더라도 도대체 어떤 미래지향적 선과|善果를 가져올 수 있는지 이해되지 않는다. 일제의 지배자에게는 자국의 경찰이든 군졸이든 조선인이든 사실 똑같은 소모품이었다. 적의 총알받이가 된 이국의 최하급 관리를 폭사시키는 것보다 그들에게 이 세계의 실상을 설명하여 계급 운동으로 이끄는 것이 도덕적인 차원이든 운동 논리의 차원이든 훨씬 낫지 않았을까. 실제로 일제 군대의 시베리아 출병 때 고려인 공산주

---

37) 동척(東拓): 동양척식주식회사의 줄임.

의자들이 선전·선동을 펼쳐 큰 성과를 얻은 경우도 있었다. 의열단의 약산 김원봉|若山 金元鳳, 1898~1958 선생이 결국 '의거' 전략을 그만두고 공산주의자들과 손을 잡은 것은 그 자신도 이와 같은 투쟁 방법의 무의미성을 깨달았기 때문일 것이다.

그런데 우리 역사 서술은 1920년대의 그 '의거'에 왜 이렇게 무게를 많이 싣는지 모르겠다. 그것이 '악과의 투쟁'이었음에는 틀림없지만 '선'이었는가에 대해서는 솔직히 뭐라 이야기하기가 힘들다. '왜적 폭살'은 둘째 치고 1928년에 정확한 근거도 없이 박용만|朴容萬, 1881~1928을 '친일'로 몰아 사살한 것 등 '내부 투쟁'은 사실 많은 경우 그 정당성마저 의심을 받고 있다. 박용만은 1904년 선구적으로 미국으로 건너간 구한말의 계몽주의자인데, 미국에서 독립군을 키우기도 했고 1914년부터는 하와이 동포의 지도자로서 이승만 계통의 세력들과 치열하게 경쟁하다가 결국 이승만에게 패배하여 거의 기반을 잃기도 했다. 상해 임시정부에서 외무총장으로 일하기도 한 그를, 1927년만 해도 일본의 기밀문서는 '불령선인(不逞鮮人, 조선독립운동가)의 영수'라 적고 있다. 그런데 1928년 10월 16일에 의열단 단원으로 알려진 이해명|李海鳴, 1896~1950 은, 박용만을 '변절자'로 의심한 의열단 지도부의 명령대로 그를 중국에서 사살하고 말았다. 박용만에게 군자금을 요구했다가 거절당하자 사살했다는 증언도 있었고, 박용만이 총독부로부터 돈을 받아 변절했다는 소문이 그때 조선 국내까지 나돌던 것은 사실이지만, 거기에 대한 어떤 확증도 아직 없는 것으로 안다. 일본 기밀문서를 읽을 수 있는 오늘날에 와서는, 변절했을 것 같지 않다는 결론을 내릴 수도

있다. 그럴 경우, 의열단은 무죄한 독립운동가를 공연히 죽인 셈이 되고 만다.

'악과의 투쟁'은 정당해도, 그 모든 구체적인 행위에 대해 '선하다'는 평가를 내리기는 힘들다. 즉, 의열단 투쟁의 명분은 그 당시로서 역사적 의미가 있었다 해도 그 투쟁의 구체적 부분 하나하나는 수많은 문제점들을 내포하고 있었다. 폭력을 주된 도구로 하는 '소수 영웅들'의 투쟁인 만큼 그럴 수밖에 없었을 것이다. 대중성이 확보된 공산주의적 투쟁, 즉 노조와 당 건설, 파업 주도 등은, 이에 비해서 훨씬 덜 폭력적이면서 더 효율적이었다.

숫자놀이의 무의미함에 대해서

2006年 8月 28日

혹시 '숫자놀이'는 근대의 특성일까? 계량화 가능한 것들만을 '정보', '합리적 판단의 근거'로 인식하는 것이 근대적 '이성'이라, 근대 민족주의의 선전마저도 꼭 숫자를 이용하는 것은 아닐까? 예컨대 구한말이나 일제시기 민족진영에서는 '2,000만 동포'라는 수사적 표현을 계속 애용했다. 그 '2,000만' 중에는 애당초 왜정 밑이든 누구 밑이든 출세에만 눈이 먼 '박정희 형' 인간들도 포함됐을 것이고, 동아일보, 조선일보, 삼성 족벌의 선조들도 포함됐을 터인데, 민족진영에서는 이 '2,000만'을 마치 똑같은 생각과 행동을 갖는 동질적인 '민족 성분 분자'로

우리를 넘어

봤다. 근대 '이성'의 입장에서는 '우리 민족이 몇 명'이라는, 통계를 방불케 하는 '과학적'인 듯한 숫자가 없으면 민족 성립이 불가능해 보이나 보다.

요즘 '우리와 세계'의 상대적 위치를 알리는 새로운 통계가 또 한겨레 지성에서 발표됐다.[38] 한국의 1인당 국민 총소득이 세계 29위라 대만보다 한 등수가 많고 일본의 거의 50%에 가까워졌다는 이야기가 포함돼 있다. 나는 이 숫자를 보면서 그냥 웃고 싶을 뿐이다. 노르웨이의 1인당 총소득이 6만 3,000달러고 한국은 1만 6,000달러라 노르웨이 사람들이 4배나 더 행복하게 잘산다는 것인가? 정말 우스운 이야기이다. 노르웨이 사람이 한국을 여행할 때 물가의 차이를 이용하여 한국인이 동남아에서 하는 것처럼 '누릴 것 다 누려보는' 체험이야 할 수 있겠지만 인건비, 물가가 모두 높은 자국 안에서의 실제 구매력은 한국인의 평균 구매력에 못 미칠는지도 모른다. 싸게 먹어도 한 번에 약 1만 5,000원(이마저 아주 싼 편이다)쯤 나오는 이곳 학교의 학생 식당을 나는 평소에 다니지도 않는다. 한국에서 살면서 매일 외식했던 것과 대조되는 일이다. 과거에 자주 다녔던 동대문 시장에서는 2~3만 원 주고 근사한 구두를 살 수 있었는데, 노르웨이에서는 아주 저렴하게 사도 구두 값이 한국 돈 10만 원 이하로 잘 떨어지지 않는다. 즉, 이 통계 수치가 곧바로 선남선녀 각자의 생활과 직결되는 게 전혀 아니라는 이야기다. 통계적으로 입증할 수는 없지만 체험적으로 봤을 때 중산층의 소

---

38) "한국 GDP 세계12위 1인당 소득은 29위", 한겨레, 2006년 8월 28일, http://www.hani.co.kr/arti/economy/economy_general/152435.html

비량은 노르웨이보다 한국에서 오히려 더 큰 듯하다.

노르웨이 생활이 한국 생활에 비해 좀 안락한 구석이 있다면 그건 무의미한 국민 총소득의 통계가 아니라 "내가 사회에 의해서 보호를 받고 있으며 어떤 불운이 닥치더라도 사회가 나를 포기하지 않을 것"이라는 확신이다. 여기에 우리가 흔히 말하는 '복지'가 포함돼 있다. 단순히 평균 연금이나 실업 수당이 얼마인가와는 차원이 좀 다른 이야기다. 가령 내가 자동차에 치여 휠체어를 타고 다녀야 하는 몸이 되더라도 다른 사회의 구성원에 의해 늘 배려를 받으리라는 확신이 있는 것이고, '병신' 소리를 듣지 않을 것 같은 기분이 드는 것이다. 물론 한국에서도 가족이고 동창이고 '연고' 있는 사람들이 다 챙겨주겠지만 내성적 성격 때문에 '연고'를 안고 살고 싶지 않은 나로서는 차라리 공동체가 챙겨주는 형태의 생활이 더 편하다.

아이를 유치원에 보내고 또 나중에 학교에도 보내야겠지만 적어도 선생님으로부터 손찌검이나 모독적인 야단 소리를 안 들을 것이라는 확신이 있는 것, 그것이 어떤 숫자 놀이보다도 더 중요하지 않나 싶다.

설령 숫자 놀이를 계속 하더라도 지금과 같은 방식은 곤란하다. 한국의 1인당 국민 소득은 그리스(약 1만 8,000달러)와 비슷한데, 그리스는 한국과 달리 대학교까지 무상 교육이지 않은가? 노르웨이처럼 석유 부자가 아니어도 서민마다 좀 행복해질 수 있는 구조로 충분히 갈 수 있다. 문제는 대한민국의 보수 정객들에게는 그것을 기대조차 할 수 없다는 데에 있지만.

우리를 넘어

내가 방효유 선생을
내심 좋아하지 않는 이유

2006年 8月 23日

방효유|方孝孺 1357~1402. 요즘은 교과과정상 세계사가 필수 과목이 아니기에 모르시는 분이 계실 수도 있지만, 조선 왕조의 선비 같았으면 모르는 사람이 없었을 것이다. 명나라 초기의 허약한 군주 혜제를 섬겨 그에게 궁중 강의를 해주었던 선비 방효유는 연왕(영락제, 치세 기간은 1402~1424)이 황위를 찬탈하자 그의 즉위 조서를 쓰라는 명령을 거칠게 거부하며 찬탈자 연왕을 향해 '역적'이라 소리를 질렀던 것으로 유명하다. 연왕이 "조서를 쓰지 않으면 9족을 멸하겠다"고 하자 방효유가 "그래, 10족을 다 멸하라, 난 안 쓴다!"라고 답했다는 부분은 잘못 알려져 있는 것이

나, 어쨌든 조선 시대의 선비들이 보기에는 대단히 멋진 대화였을 테다. 문제는, 연왕이 그러한 말을 가지고 농담할 위인이 아니었다는 데에 있다. 방효유는 옥사獄死했고, 그의 제자와 친척 등을 포함해서 약 847명이 죽었다고 한다. 즉, 방효유의 연왕 즉위 반대 의사와 전혀 무관한 친척의 유아, 영아들까지도 모조리 국가가 살해한 것이다. 이에 대한 전통적인 평가는 무엇일까? 그렇다, '절개, 지조의 선비'란 이야기다. 패트리샤 에브리Patricia Ebrey 같은 최근의 미국 학자들은 방효유를 '중국적인 개인 자유 관념을 확립한 인물'이라 평가하기도 한다. 물론 동아시아의 전통 문화가 지배계급의 일원들에게 상당한 도덕적 자율성을 부과했다는 것까지는 맞다. 방효유는 그 자율성을 과시했다고 볼 수 있지만, 나는 방효유를 도저히 내심으로까지 좋아하지는 못하겠다. 지배계급의 정통성 논리로야 '찬탈'이냐 '정통 계승'이냐의 문제가 중요하겠지만 농민의 입장에서는 세곡을 거두는 것이 누구인가의 문제가 사실 별 상관이 있었을까? 정통으로 왕위를 계승했다고 하더라도 군주가 허약한 인물이라면 그 밑의 환관들이 백성을 괴롭힐 가능성은 오히려 더 농후할 수 있다. 밑바닥 백성의 입장에서는, 그나마 관료 기강을 바로 잡을 만한 영락제와 같은 위인이 – 그가 유교에서 말하는 도덕을 보유하든 말든 간에 – 천하를 통치하는 게 상대적으로 나을 수도 있다. 그러니까 방효유가 붙잡았던 도덕론이란 절대 진리가 아니고 상대 진리 중에서도 지배계급이 표방했던 하나의 명분론에 불과했던 것이다. 그 따위 허구적인 글귀들을 위해서 아이들을 포함한 847명의 목숨이 희생되도록 왕고집을 부린 것을 보면, 그 양반이 고집불통이거나

우리를 넘어

만세 사표의 명예를 탐냈던 허영의 위인이었는지도 모를 일이다. 굳이
영락제와 손발이 맞지 않는다 싶으면 그 조서를 쓰고서 조용하게 산속
으로 들어갈 수도 있었다. 그러나 조선 선비들이 역대 절개파의 으뜸
으로 봤던 그 방효유라는 위인은, 성리학의 가장 큰 병폐를 노출시키
는 길을 택했다. 성리학자들은 관념적인 '절개'와 같은 가치를 위해 무
고한 백성의 목숨을 나 몰라라 하고 역사에 남을 만한 폼을 잡는 게 특
기였던 것이다. 사실, 그러한 측면을 따진다면 기아 사태 속에서도 고
김일성 주석의 피라미드형 묘를 계속 건축했던 북한 정권은 성리학의
명분론적 병폐를 그대로 물려받은 셈이다. 그런데, 북한 정권의 이 위
정척사|衛正斥邪적인 태도가 한편으로 그들 백성 중의 상당수에게 정당하
게 보이고 또 한편으로는 남한의 소위 '주사파'에게 먹혀들어가는 걸
보니 절망감이 느껴진다. 우리가 언제 성리학적 명분론을 벗어나 실학
적 실사구시|實事求是론, 즉 현실 중시론을 도덕적인 것으로 보기 시작할는
지 모르겠다. 물론, 대원군이나 김정일을 괴롭히는 외세를 좋게 보는
것은 절대 아니다. 그럼에도, 이 두 조선 군주들의 백성에 대한 태도는
결코 좋아 보이지가 않는다.

'삼성관'에서 회의를 해본 느낌

2006年 7月 6日

오늘은 오랜만에 제2의 모교라 할 수 있는 고려대학교에 갔다. 그쪽에 갈 때마다 시계탑 밑에서 데이트를 했다든가 중앙도서관에서 어려운 책과 씨름했던 추억들이 떠오르는데, 이번에 보니 15년 전 같았으면 생각할 수 없었던 이름의 신축 건물들이 너무 많았다. 삼성관, 포스코관, 그리고 운동장 대신에 만들어진 지하 백화점 격의 매장……. 고대만 그런 것도 아니다. 내가 지금 묵고 있는 연대의 숙소 명칭은 상남관인데, 상남|上南이란 다 알다시피 엘지|LG 라는 기업의 설립자의 아들 구자경 씨를 의미한다. 포스코관만 해도, 고대에만 있는 것이 아니다. 이대에 가서도 그러한 이름의 건물에서 회의를 한

적이 있었다. 지방 대학들이 계속 멍들고 어려워지는 반면, 소위 '명문권'은 재벌들과의 유착을 통해서 '덩어리 키우기'에 상당히 '성공'하고 있다. 그런데 이건 아무리 봐도 외화내빈|外華內貧인 것 같다.

대학이 재벌들과 이렇게 '일체화'가 되다 보면 학생들은 결국 '고객'으로 대우받게 된다. 문제는, 이 백화점이 너무 비싸고 불친절하면 저 백화점으로 언제든지 발을 돌릴 수 있는 일반 소비자와 달리 학생들은 말 그대로 '전속 시장|captive market', 즉 선택의 여지없는 부자유 고객이 된다는 점이다. 백화점 고객은 어처구니없는 바가지 가격에 맞서 항의하든지 안 사든지 하면 되지만, 학생들은 그럴 수가 없다. 12% 등록금 인상에 항의한다면 학교당국이 이를 결코 안 들어주는 것은 물론, 심지어 주동자들은 '찍히고' 탄압받기 십상이다. 일반 재벌은 하청업체나 비정규직 노동자에게 매우 가혹하지만 고객에게는 그 나름의 '배려'를 해주지 않던가? 그런데 대학이라는 이름의 재벌은, 재계 후원자와 교육부 빼고는 나머지에게 아무리 무례해도 별 제동 장치가 없다.

'삼성관'에서 강의하는 교수에게, 과연 이병철의 그 무수한 '밀수 사건'이나 '부정 축재'를 이야기할 마음이 생길까? 학교들이 재벌의 부속 사원 양성소가 돼버리면, 결국 교수는 거기에서 '고급 훈련 조교'가 되어서 깊고 창조적인 새로운 이론 탐구 등을 생각하기에 앞서 주인 눈치부터 보면서 살게 될 것이다. 대안 사회에 대한 생각이 '고대사'가 되는 것은 물론이고, 결국 기존 체제 안에서 자신만의 제대로 된 학문 세계를 만들 생각 없이 미국 학술지에 발표될 정도로만 '글로벌 기준에 맞는' 논문 제조기가 되는 것이다. 자진해서 '부유한 노예'가 된

'재벌 대학' 안의 학자는 결국 자신의 내면에서 인간의 존엄성부터 죽여야 한다. 이는 인간, 지식인으로서의 자살에 가깝다. 대학이 재벌의 식민지가 되면 성장, 즉 논문 편수의 증가 등은 가능할지 몰라도 제대로 된 의미의 발전은 없을 것이다.

우리를 넘어

제 손으로 제 무덤파기,
과잉성 혹은 예방성 폭력

2006年 5月 31日

그제 운 좋게 1988년에 개봉한 명작 영화 〈칠수와 만
수〉[39]를 봤다. 나는 영화 비평가도 아니고 영화를 보
는 전문적인 눈도 별로 없다. 그러나 일개 관람자로서 바라
본 1980년대 말의 '사회 비판적 리얼리즘' 영화들은 최근에 나온 영화
들(박찬욱의 '복수 시리즈' 등)보다 어쩌면 대사회적 효과는 물론 작품성
(주인공 성격의 다면적 묘사 등)도 뛰어나다는 생각을 했다. 비교의 대상이
될 수 있는가는 의문이지만.

---

39) 〈칠수와 만수〉: 고층건물에 광고그림을 그리는 두 청년을 통해 80년대 한국사회를 바라본 박광수 감
독의 데뷔작. 안성기, 박중훈 주연.

영화 〈칠수와 만수〉의 줄거리는 흥미롭다. 특히 재미있었던 부분은 칠수와 만수가 술을 마신 뒤 한탄하던 장면이다. 고층 건물 맨 꼭대기에서 술김에 세상에 대한 한탄을 쏟아놓던 칠수와 만수는 '농성자'로 오인받아 순식간에 '진압'의 대상이 된다. 굳이 '진압'하지 않아도 몇 시간 후에 조용히 내려갈 '생사람'을 놓고 권력자들이 하등의 필요성이 없는 '생쇼'를 벌이는 바람에 '블랙 코미디'가 연출된다. 당국자들은 만수 부친이 양심수라는 걸 파악하고는 확성기를 통해 자극적인 방법으로 그 이야기를 꺼낸다. 결국 과격한 행동을 할 것 같지 않던 만수가 밑으로 뛰어내리고 영화는 막을 내린다. 어떤 명시적인 '전복적' 의도를 갖지 않은 사람이 '과잉성의 폭력'을 휘두르는 권력자들에 의해서 '폭도'로 둔갑되어 '진압', 즉 위로부터의 폭력 행사의 대상이 되고 마는 것이다. 공권력 남용이라는 의미에서 '과잉성 폭력'이라 명명해도 되고, 권력의 의도가 체제 반대의 의사 표현 그 자체를 원천 봉쇄하려는 것이기에 '예방성 폭력'이라 명명할 수 있을 것 같기도 하다.

영화가 다루는 시대는 분명 전두환 말기이지만, '민주 인권 태평성세'인 지금도 권력의 이와 같은 속성은 바뀐 것 같지 않다. 강정구 교수 재판만 해도 그렇다. "6·25는 통일 전쟁, 우리는 신식민지!"라는 말을 듣고 성난 군중들이 죽창을 들고 청와대와 미군 기지를 공격할 것 같은가? 이와 같은 류의 주장들이 무수히 나왔던 1980년대조차 한국은 명실상부한 혁명의 문턱에 닿지 못했다. 김대중-노무현의 대북 포섭책을 적극적으로 지지하는 강정구 교수와 그 주장이 현 권력체계에 대해 하등의 위협이 될 리가 만무한 것이다. 그럼에도 한국 권력자들

우리를 넘어

은 '전복적 행동'의 그림자만 보여도 벌써 파리에 대고 칼을 휘두르기 시작한다. 사상 재판이라는 '생쇼'가 열리고 강 교수는 직장에서 마녀 사냥의 대상자가 되었다. 기껏 해봐야 수백 명이 될까 말까 한 농민과 학생, 시민운동가들을 '박살내려고' 약 1만 5,000명의 군경병력과 철거용역을 파견했던 '대추리 대첩'은 어떤가. '안보' 관련의 분야라면 함부로 덤빌 생각도 말라는 어떤 협박성(혹은 경고성)의 과잉 폭력 행사로 보인다. 정상적인 공권력으로서는 상상하기 힘든 행동이었다.

세계 12위의 통상대국을 통치하는 이들이 왜 이리도 겁에 잘 질리는 걸까? 신자유주의적 '양극화' 상황에서 저들의 지배에 대한 민중적 동의 기반이 점차 파괴돼 가고 있다는 사실을 알아차려 이러는 것인가? 아니면 식민지-권위주의 시대 권력자들에겐 아비투스를 성찰, 교정할 만한 능력이 결여된 것인가? 북한과 '친북세력'들이 더 이상 위협적인 존재로 보이지 않으면 비정상적으로 비대화된 육군, 안보기관에 대한 대수술이 불가피해질 것이라는 점을 감지하여 본인들도 믿지 않는 '북한 위협론'을 계속 붙드는 것인가? 정치적으로 봤을 때 북한은 이미 하나의 (하위) '파트너'로 취급 받고 있음에도 국가보안법이 건재하고 간헐적인 '사상 재판'들이 터지는 것으로 봐서는 '공안 관료들의 할 일 만들기' 차원에서 이루어지는 일들이 의외로(?) 많은가 보다. 희비극이다.

1960년 부정선거시의 발포, 1980년 광주 등의 사례에서 보듯 '과잉성 폭력'이 그들 스스로의 권력명분을 파괴시켰던 과거를 그들이 기억했으면 한다. 오늘날 한국 사회의 성숙도로는, 대추리에서 시민운동가와 학생들을 거의 '재미 삼아' 쓰러뜨려 집중 구타하는 경찰의 모습은 이미 '과거의 흉물' 이상으로 보이지 않을 터이니 말이다.

강정구 선생 유죄 판결,
혹은 절망의 시간

2006年 5月 26日

오늘 강정구 선생의 유죄 판결 소식을 읽고 거의 실의, 절망에 빠졌다. 나는 김일성과 그 일파에 대해 솔직히 상당한 반감을 갖고 있는데 김일성과 주체주의를 싫어하면 할수록 이와 같은 '사법적 폭력'에 대한 분노가 더 치밀어 오른다. 왜냐하면, 내가 김일성을 싫어하는 이유가 그의 '가족 국가', '유격대 국가'에서는 기본적인 표현의 자유가 처음부터 원칙상 부정됐기 때문이다. 북한 정권을 바로 보려는, 즉 그 정권에 별로 기대하지 않는 사람들이야말로 이번 판결의 철회를 위해 앞장서서 투쟁해야 할 것이다. 사법부의 이와 같은 '사상 재판'이 계속되는 한 북한에 대한 기대가 아직 남아 있는 좌파 민족주의자들과의 어떤 내실 있는 토론, 의견 교환도 불가능에 가깝기 때문이다.

이 판결의 폭력성은 '북한'과 '주체'의 문제를 벗어난 것 같다. 강 교수에게 징역 2년에 집행유예 3년, 자격정지 2년을 선고하며 재판부는 판결문을 통해 다음과 같이 말했다. "강 교수의 표현이 국가의 존립·안전과 자유민주적 기본 질서에 실질적 해악을 가할 수 있는 정도인가에 대해서는 고민이 많았다. 대한민국의 과거를 지나치게 부정적으로 평가한다는 점이 큰 문제라고 판단했다." 만약 일본에서 사법부가 일제의 만행을 파헤치고 일장기에 경례를 거부한 교사에게 이와 같은 취지의 판결을 내렸다면, 우리는 아마도 '일본 극우화 조짐'이라고 비난하고 나섰을 것이다. 미국에서 촘스키 교수가 이와 같은 취지로 집행유예를 받았다면 '미국의 파쇼화'라고 전세계 언론들이 들고일어났을 것이다. 그런데 대한민국의 지식인에게는 "너는 역사를 너무 부정적으로 보고 있다. 그래서 너는 자격 정지야!" 이래도 되는 모양이다. 대한민국의 과거를 어디까지 '긍정적으로' 봐야 집유(執猶, 집행유예)를 안 받고 동국대 교수를 계속할 수 있는 건가? 예컨대 조봉암|曺奉岩. 1898~1959 선생의 법살|法殺을 '법살'이라 부르는 것도 불법인가? '민족일보 사건' [40]을 언급해도 무방한가? '식칼 테러'나 삼성의 노조 탄압 정도는 연구대상인가, 아니면 사법부 판단대상인가?

---

40) 민족일보 사건: 1960년 4·19혁명 후 혁신세력이 민족일보를 통해 평화통일사상을 널리 알려냈는데, 이로 인해 그 주축인 조용수(趙鏞壽)·안신규(安新圭)·송지영(宋志英) 등 언론인 및 관련자가 박정희 군사독재에 의해 부당하게 사형당한 사건.

최근 터키 사법부가 국외에서의 국가 모독죄로 걸릴 뻔한 오르한 파묵 |Orhan Pamuk 선생에게 무죄를 선언했다. 그는 한 언론과의 인터뷰에서 터키 국가가 지금도 인정하려 하지 않는 1915년의 아르메니아인 '인종청소' [41]를 인정하고 사죄하는 발언을 했다. 그것이 터키 국내에서 '국가 모독죄'로 기소됐으나 결국 불발에 그치고 말았다. 터키 국가의 본질이 바뀐 것은 아니겠지만 유럽 연합 가입을 위해 나름대로 노력하는 모양이다. 대한민국의 지배자들에게는 그러한 노력을 하지 않아도 될 만한 국내외의 상황이 조성되기라도 한 것인가?

---

41) 1915년 오스만 제국은 정교를 믿던 아르메니아인들이 러시아에 동조해 반란을 일으킬 수 있다는 이유로 인종청소를 단행했다. 18~50세에 이르는 남자는 집단으로 처형했고 노약자와 부녀자는 메소포타미아 사막으로 추방, 굶어죽게 했다. 오르한 파묵은 2005년 스위스 주간지 아고스와의 인터뷰에서 "1915년 터키에서 쿠르드인 3만여 명, 아르메니아인 100만여 명이 살해됐다. 그러나 아무도 이 사실을 이야기하지 않는다"고 이야기했고 이로 인해 터키 정부에 의해 '국가모독죄'로 고발당했다.

우리가 도대체 그때 노무현에게
왜 기대를 걸었을까?

2006年 5月 12日

지나간 광란에 대한 부끄러운 기억이라 할까? 대개 사람은, 누구에게 화를 막 내거나 남 앞에서 주정을 부린 뒤에 평상심을 되찾으면 기왕에 저지른 잘못에 대한 부끄러움에 젖게 된다. 노무현이 이회창을 눌렀던 그 대선의 시절, 나부터 시작해서 주위 사람들의 행태는 마치 이성을 잃은 일종의 '도취'에 가까웠다. 지금 그 기억을 되살리면 얼마나 부끄러운지 이루 말할 수 없다. 그 시기 나는, "적어도 대북 정책이라도 합리적이겠지, 공안 사건은 더 이상 안 터지겠지" 싶어 안도의 숨을 내쉬었다. 심지어 그때 나와 이야기를 나누었던 매우 진보적이었던 한 지식

우리를 넘어

인은 "노무현을 안 찍겠다는 친구들에게 나는 절교의 뜻을 밝혔다. 이회창이 되면 난 이민갈 일이니 노무현을 찍지 않으면 우리는 친구가아니다"라고 하며 노무현이 뽑힌 데에 대해 거의 환희의 심정을 토로하기도 했다. 또 한 분은 권영길을 찍은 '원칙주의자'들에 대해 '때를모르는 바보들의 무리'라고 사석에서 이야기했다.

우리가 도대체 뭘 보고 그랬을까? 만취 상태에서 저지른 망동의 이유를 술이 깬 뒤에 생각하듯이, 그때 우리들의 정신 상태를 재구성해본다. 물론 '상대우위론'이 가장 강한 무기였다. 특히 언제 무슨 공안 사건에 휘말릴지 모르는 지식인의 입장에서는, 과거 민족일보의 조용수를 죽이는 데에 관련된 것으로 알려진 사람보다 '인권 변호사' 딱지가붙은 사람이 아무래도 '개인적으로' 좀 더 안정적으로 느껴졌겠다. 노무현이 '체제 내의 자유주의자', 즉 인권이 없는 체제에서 오랫동안 장관 등의 '벼슬'을 해온 '자유파'라는 사실을 알았음에도, 안보를 빙자한 인권 탄압을 필요로 하는 체제와 '기대가 모아지는 그'를 분리해서사고했다. 그게 우리가 얻어야 할 첫 교훈이 아닌가 싶다. 아무리 '과거'가 좋고 이미지가 마음에 들고, "반미가 어때서요?"라며 반미 제스처를 잘 취하여 '쇼'를 하는 사람이라 해도, 초과 이윤 수취를 위한 민중 탄압을 기축|機軸[42]으로 하는 이 체제에 일단 봉사한 사람이라면 이체제를 전복하기는커녕 제대로 고치지도 못할 것이라는 사실을 알아야 할 것이다.

42) 기축(機軸): 어떤 활동의 중심이 되는 중요한 부분.

2002년 말, 당시의 우리에게는 제대로 된 계급의식이 너무 부족했다. 김대중 정권이 노동자를 대량으로 비정규화시켜 한국 자본의 위기를 모면한 사실이야 알 사람은 다 알았지만 "그래도 자유주의자 아니냐, 그래도 통일 지향 아니냐"는 식의 반론이 가능했던 분위기였다. 어차피 한국적인 상황에서 구호로 남을 뿐인 '자유주의', 실제로 북한 관료 집단의 포섭에 불과한 '통일 사업'에 대한 집착이 너무 강한 나머지 한국 노동계급의 비극을 간과한 셈이었다. 지금 생각해보면 가련한 수준이었다.

한 번 사기를 당한 뒤에는 더 이상 같은 수법의 사기에 안 걸린다고 하는데, 요즘 김근태 등에 대한 '비판적 지지'가 일각에서 다시 거론되는 걸 보니 아무래도 한 번 더 속을 것 같다. 설마 이제는 본인들도 알면서 속는 것이겠지?

우리를 넘어

'바람직한 우익', 한국에서 가능할까?

2006年 1月 18日

나도 그렇지만 대개 좌파는 우파로 알려진 정치인들
에게 어떤 긍정성도 잘 부여하려 하지 않는다. 부여한
다 해도, '우익'이라는 말을 빼고 한다. 예컨대 '민족 영웅'의 반열에
오른 김구 같은 사람에 대해 긍정적으로 언급할 때(사실 한국 사회의 경우
김구에 대해 다른 방식으로 언급하기가 거의 불가능에 가깝기도 하다), '비타협
적 민족주의자', '해방 투사' 또는 '좌우합작의 주인공', '단정 수립
반대자'라고 하지 김구가 장개석 측근의 '남의사藍衣社'라는 극우 단체
와 긴밀히 연결돼 있는 전형적 (극)우파라는 말은 거의 사용하지 않는
다. 역시 김대중이나 노무현을 '비판적으로 지지'할 때도 '통일 지향

이나 '남북 공조' 등은 언급해도 김과 노의 우파적 본질은 잘 이야기
하려 하지 않는다. 한 마디로 우파 쪽에서도 건질 만한 게 있다고 말하
기가 참 어려운 것이다.

원칙적으로 봤을 때 기존의 이윤 착취체제를 옹호하는 우파가 좌파와
정반대의 길로 가는 것이야 당연한 일이다. 그런데 서구 우파의 대열
을 보다 미시적 차원에서 보면 여기에서 한 가지 뉘앙스가 발견된다.
물론 그들은 전체적으로 착취자의 편에 서지만, 그들 중에는 아주 희
박해진 형태긴 해도 17~19세기의 부르주아 혁명의 정통을 이어가는
일파도 있다. 그 혁명들 자체는 노동 대중에 대한 탄압과 압박을 포함
[43]했기에 '부르주아 혁명 전통' 과 '진보성' 은 전혀 다른 문제지만, 일
단 부르주아 혁명의 유산을 어느 정도 보유한 만큼 점차 '안보주의',
군사주의로 흘러가는 신자유주의 시대에 대해 가끔 – 아주 낮긴 해도 –
반대의 목소리를 높인다. 예컨대 지금 영국에서 '고전적 자유주의자'
라고 할 만한 자유민주당|Liberal Democrats은 그나마 이라크 침략 반대라도
해주고 있지 않은가? '진보' 여야 할 노동당이 이라크 침략을 당론으로
지지하고 있는 것과 매우 대조적으로 말이다. 그 덕분에 지난 총선에
자유민주당은 평화주의자로부터 표도 많이 얻었다. 역시 부르주아 자
유주의자인 독일의 신임 총리 메르켈이 미국에게 관타나모 수용소 운
영을 중지하라고 한 것은, 바로 이러한 자유주의적 정체성과도 관계

---

43) 일례로, 1640년대의 영국 부르주아 혁명 때 급진적 평등주의자였던 '수평주의자(leveller)' 들이 혁명
   의 '주류' 로부터 탄압을 받았고, 1793년 당시 프랑스 혁명의 주류인 로베스피에르 세력은 공상 사회
   주의적 성격의 '극단파' 를 탄압했다.

우리를 넘어

있어 보인다. 본인이 그걸 믿는지 아닌지, 그리고 독일 자본층이 미국의 중동 재식민화 계획에 이해관계상 반대하는 것과 관계있는지 없는지를 떠나서, 정치적 명분 유지상 초강대국의 깡패짓에 대해 쓴소리를 해야 하는 게 저쪽 분위기이다.

그런데 한국은 참 다르다. 부르주아 혁명 유산이 없어서 그런지 한국적 우파가 인권과 민주 이상을 위해 초강대국에 대고 쓴소리한다는 건 상상이 안 가는 일이다. 관타나모가 존재하든 존재하지 않든, 이라크 침략이 국제법상 위법이든 적법이든, 한국 우파에게 미국은 무조건 '자유세계의 보루'일 뿐이다. 여기에서는 혁명의 유산이 아니라 매판적 자본, '통역 정부', 원조 국가 지배층의 유산이 보인다. 우리가 제대로 된 정치적 판도를 만들자면 보수保守를 보수補修해야 하는데, 그게 우리 토양에서는 불가능에 가까울 듯하다.

•3부•

국가와 민족을 넘어

'의자'를 포용하는 방법 • 희망과 절망 사이, 북한 학자들과의 '만남' • 사회주의자가 '예수쟁이' 구출에 사활을 걸어야 할 이유 • 국기에 대한 쓴웃음 • 통일, 디스토피아의 그림자 • 한국 '일심회' 판결 유감 • 의사 폴러첸의 강의를 갔다와서 • 귀화인도 '한국인'인가? • '노무현'에 대한 가장 위험한 착각 • '국민', 해체되지 않는…… • 미국의 주요 일간지가 전하는 북한의 ○도 • 김일성대학 기숙사의 국제 사랑 이야기 • 황장엽의 회고록을 읽다가…… • '그들'의 '민족'을 받아들일 수 없는 이유 • 북한 인권 문제를 생각한다 • '반미' 보다 차라리 '반미제' • ○들이 파업을 벌인다면? • 극단주의는 왜 위험한가 • 남이 하면 '우경화', 우리가 하면? • 김영남, 그리고 '일본인 납치' 문제 • 월드컵, 스포츠, 그리고 국가 • 우리는 그들과 얼마나 다른 ○한은 과연 '깡패 국가'일까? • 불교는 평화의 종교? • 위안부 문제를 대하는 우리의 태도

'민족주의자'를 포용하는 방법

2007年 8月 27日

잘 알고 지내는 외국 학자 한 분이 있다. 고전 문학 등 전형적인 '국학'을 할 때에도 한국에서 나온 국역을 대충 보고 글을 쓰는 것이 요즘 해외학계의 태세態勢인데, 그분은 한국 고대, 중세의 고전 한문 텍스트를 꼬박꼬박 다 읽는다. 그 실력 또한 나보다 훨씬 좋다. 매우 존경하고 좋아하는 분인데 최근 그분의 말씀에 동의할 수 없었던 일이 있었다. 약 4년 전 국내에 들어가자마자 국정원의 '포로(?)'가 된 송두율 교수에 대한 이야기를 최근 나눈 적이 있는데, 그분은 그 당시 송두율 교수 석방 탄원서에 서명을 안 했다고 한다. 이유는, "송 교수가 민족주의자인데, 미국 민족주의든 한국 민족주의든 어느 나라 민족주의든 자신의 '민족'을 내세우는 사람을 긍정할 수가 없어서"였다. 이 부분에 대해서 나는 도저히 생각을 같이할 수가 없었다.

나 역시 송두율 교수의 모든 의견에 동의하는 것도 아니고, 송 교수의 '민족'관에도 동의 못하는 부분이 많다. 정확하게 이야기하자면 송 교수의 '분석'에는 동의해도 송 교수의 '시각'에는 동의를 못하는 경우가 꽤 있다. 예컨대 북한 정권의 '토착성(즉, 그 정권이 처음에 '밑'의 동의를 이끌 만한 역사 · 문화적 '계보'를 지니고 있었다는 사실)' 분석에 있어서는 의견을 같이할 수 있지만, '토착성'의 이면이 바로 '전근대성'이라는 차원에서 이를 무조건 긍정시하는 것은 어려운 일이다. 그리고 '한반도의 주민 공동체'라면 그 통합 방식을 모색하는 논리가 성립 가능하지만, '한민족'이라는 말은 일부 농촌에서 혼인 건수의 절반이 국제결혼이 되는 요즘 같은 시기에 아무래도 덜 쓰는 편이 낫지 않을까 싶다. 이 땅에 이제 '한민족'만이 사는 것이 아니고 '한민족' 그 자체도 본격적인 자본주의 후기적 '섞임' 과정에 들어갔기 때문이다. 그러나 이렇게 송 교수에 대한 '비판적 읽기'를 계속 해보아도, "그가 민족주의자라서 석방 탄원서에 사인 못한다"는 논리는 도저히 이해할 수 없다.

이해할 수 없는 가장 원칙적인 이유는, 민족주의자든 국수주의자든 비폭력적 자기 의견 개진 또는 그 외의 다른 비폭력적 행위(방북, 조선로동당 가입 등)에 대한 형사처벌 자체가 비인권적이기 때문이다. 군사적 폭력을 직접 선동하거나 과거의 특수한 흉악 국가 범죄(홀로코스트 등)를 미화하는 등의 발언이 형사처벌의 대상이 될 수 있을지 몰라도, '말'은 어디까지나 '말'로써 반박돼야 하지 않을까?

또 한 가지, '민족주의'를 믿을 필요는 없지만 적어도 1990년대 초반 이전의 한반도 정세 속에서는 무조건 부정시하기도 어려웠다는 것을 고려할 필요도 있다. 송 교수가 성장을 하고 독일로 건너간 시기의 남한을 생각해보자. 당시 남한 정부는 한일수교를 통해 징용 대상자들의 개인 청구권을 팔아 국가적으로 돈을 챙겼다. 과거에 대한 아무런 정리도 이루어지지 않았으며, 활짝 열어젖힌 문을 통해 일본자본이 대환영을 받으며 입성했다. 한국 젊은이들의 피가 베트남 전장에 팔린 것도 국가적으로 돈을 챙기기 위해서였다. 한국이 과연 '신식민지'였는지는 의문이지만, 외자 의존적 국가주의적 개발 노선은 대외 종속의 심화를 의미했으며, 많은 지식인들의 입장에서 이 종속 관계들은 바로 '식민지'의 연속선상에 있었다. 지식인은 그렇다 치고, 일부 증언에 의하면 독재자 전두환까지도 (자신의 집권을 가능하게 한) 주한 미 대사를 부하들과 함께 '총독'이라고 불렀단다. 종속성이 '식민성'으로 해석되는 상황에서는 '진보적 투쟁'의 성격도 식민지 시기의 독립투쟁의 연속으로 해석되곤 했다. 계급성이 결여된 이러한 접근법은 결국 엄청난 문제를 낳을 수 있지만, 한국 노동계급이 어느 정도 대자적 성격을 갖기 시작한 1980년대 중반까지는 불가피한 측면도 있지 않았나 싶다. 그러한 상황에서 1970년대 초반 독일로의 '탈출(?)'에 성공한 한국의 한 젊은 지성인이, 식민지 시기 독립운동의 정통을 이은 것으로 널리 선전된 한반도 북부 정권과의 '접속'을 시도했다. 그가 이 정권에 대해 다소 호의적인 학술적 접근을 계속 시도하는 것이 과연 이상하기만 한 일일까? 오늘날 노동계급적 시각으로 보면 북한 '정권'과 (아직도 대자

국가와 민족을 넘어

적 계급으로 성장하지 못하고 있는) 북한의 '민중'을 분리하지 못한 오류를 범한 접근법이고 따라서 더 이상 효율성이 없는 접근법이지만 '당대적' 시각으로 볼 때는 진보 운동의 선상에서 있을 수도 있는 일이었다. 사실 당시에는 독일 좌파를 포함한 전세계 '진보'가 응원했던 호치민 胡志明, 1890-1969에게 북한 정권도 원조를 하지 않았나? 지금은 달라졌지만 그 때는 평양 정권을 '우리 편'으로 보기가 쉬웠다.

이런 이야기를 하는 이유는 간단하다. 이미 하나의 아류 제국이 된 오늘날의 대한민국에서 '민족'과 '민족주의'는 계급적 해방 운동의 장애물밖에 안되지만, 적어도 1990년대 초반 이전의 상황에까지 이 시각을 무조건 적용시키는 것은 비역사적이다. '진보성과 반동성'이란 '상황'에 따라서 늘 바뀌는 것이니 말이다. 즉, 1970년대에 다소 '민족주의적' 색채가 강한 노선에 돌입한 송 교수를, 이 외국 학자분처럼 무조건 '단죄'하기가 나로서 불가능하다. 그 시기부터 운동을 전개해온 분들은 역시 '내재적 접근법'으로 접근해야 할 것 같다. 우리는 '민족주의'와 같은 그분들의 한계를 뛰어넘어야 하지만, 나중에 또 누군가가 우리의 한계를 넘어가는 것은 역사의 논리가 아닌가?

희망과 절망 사이,
북한 학자들과의 '만남'

2007年 8月 20日

8월 16일부터 18일까지, 3일간 런던에서 열린 국제 고려학회[44]의 회의에 참석했다. 북한지부가 존재하는 이 학회에는 다수의 북한 학자들도 참석한다. 이번에도 약 15명의 북한 분들이 참석했는데, 그 덕분인지 학회가 다소 '외교적' 모임의 면모를 띠게 됐다. 북한 학자 분들과 대화와 논쟁을 해보고, 그들이 발표하는 분과에서 사회도 맡아보고 나니 감정이 참 복잡하다.

한편으로는 '만남' 그 자체에 의미를 두고 희망을 찾고 싶기는 하다.

---

44) 국제고려학회 홈페이지 http://www.isks.org

국가와 민족을 넘어

한반도에서 폭력의 씨앗을 제거하기 위해서는 지속적인 '만남' 이외에 방법이 없다. 또한 서로를 인정하고 안다는 것은, 그 자체로 우리의 현대사 맥락 안에서 큰 의미를 지닌다. 남북 양쪽 모두 너무 오랫동안 폭력적으로 서로를 타자화해왔기 때문이다. 또 개인적인 입장에서 보자면 북한 학자들의 상당수가 소련 유학파 출신들이고 내 스승님들과 아는 사이라, 일종의 '구면 아닌 구면'인 셈이기도 하다. 북-소 '혈맹'은 깨진 지 오래지만 그분들은 여전히 러시아어를 잊지 않고 있고 러시아 쪽과의 학술교류를 열심히 하려 하고 있다. 자본화된 러시아라는 '시장'에서 그들이 지니는 '구매력'의 제한성 때문에 잘 안되는 부분도 있는 듯하지만, 어쨌거나 그들이 학술교류의 장에서 '합리적 파트너'가 될 수 있다는 것은 분명한 일이다.

그런데 이러한 희망의 한편에서 절망은 또 절망대로 찾아왔다. 그분들의 발표 때문에 '절망'을 느낀 것만은 아니다. 이런 학회에서 이루어지는 발표가 본인의 생각만으로 이루어지는 것이 아님은 알고 있다. 아무래도 '정치적 행위'의 측면이 존재할 수밖에 없기 때문에 종종 어느 정도 '국가적 선언'의 의미로 기능하기도 한다. 예컨대 북한에서 "발해는 우리 민족의 당당한 주권 국가였다"고 선언하거나 "우리나라의 정보 기술은 도약적으로 발전하고 있다"고 주장한다면 학자인 나로서는 이를 그대로 믿거나 받아들일 수 없지만,[45] 이러한 선언을 낭독한

---

45) 발해의 종족적 구성은 대단히 복잡했으며, 당시에는 '민족'과 '주권'의 개념이 없었다. 북한에서 '광명망'이 아닌 국제적 인터넷의 이용자수는 약 1,500명으로 추산되기에 '도약적 발전'이라는 말은 좀 적합하지 못한 부분이 있다.

북한 학자 분들을 탓할 일만도 아니다. 낭독을 거부할 위치에 있는 것도 아니고, 낭독과 별도의 다른 생각을 품을 수도 있기 때문이다.

절망에 가까운 실망을 느낀 부분은, 다른 발표들에 대한 코멘트 같은, '개인 생각'의 일면을 보여주는 일련의 '개체화된 발화'들이었다. 나는 그분들의 '개체화된 이야기'에서 남한의 '왕당파' 사학자들과 비교할 수 있는, 매우 공고한 국가 · 인종 본위적 민족주의의 짙은 냄새를 맡을 수 있었다. 이건 '국가적 텍스트 낭독'의 차원을 떠나 어디까지나 내면화, 개인화된 것이다.

지금도 눈에 선한 것은, 북한의 한 원로 분께서 한 외국 학자를 세워놓고 큰소리로 "아니, 똑똑히 답해주시오, 발해사는 우리 역사입니까, 중국 역사입니까?"라며 '신앙 고백(?)'을 요구하던 모습이다. 많이 놀란 듯한 그 외국 학자는 "네, 나는 잘 모르지만 조선사의 일부분으로 가르칩니다"라고 약간 우회적으로 말하고 바로 그 자리를 떠났다. 정말이지 옆에서 이 장면을 목격했던 나는 거의 분노 비슷한 감정을 느꼈다. 만에 하나 북한의 원로 분께서 나에게 그러한 질문을 던졌다면, 나는 아마도 "오늘과 같은 '우리'의 개념은 근대사의 산물입니다. 이 개념을 고대사, 중세사에 투영시키는 것은 마르크스주의적 역사주의 원칙을 위반하는 행위 아닙니까? 발해사는 어디까지나 복잡다단한 유산을 가졌던 발해인들의 것이지 꼭 '우리'가 이걸 이러한 방식으로 전유해야 하는 겁니까?"라고 답했을 것이다. 그분이 이러한 답을 들으셨다면 과연 반응이 어땠을 것이며 나아가 그 다음의 대화가 가능하기나 했을까?

문제는 바로 여기에 있다. 나는 미 제국주의를 아주 싫어하는 마르크스주의자이고 그 무슨 '반북주의'에 젖은 적이 없는, 게다가 북한 분들과 계통적으로 많은 것을 공유하는 사람이다. 하지만 바로 그 마르크스주의를 따르는 이상 그분들의 '민족 본위주의'와 어디에선가 꼭 부딪치고 만다. 내게 마르크스주의가 많이 내면화된 만큼 그분들에게는 '우리 민족의 유구한 역사, 당나라의 등주登州를 732년에 성공적으로 친 군사대국 발해에 대한 자긍심'이 잘 내면화돼 있기에 우리가 서로에게 '타자' 그 이상이 되기란 아무래도 좀 힘들 것 같다. '국가'를 떠나서 '낭독'이 아닌 '개인과 개인'으로서 만남을 갖는다 해도 말이다. 외면적인 '통일'뿐만 아니라 남한과 북한 사이의 마음의 소통, 내면의 소통을 원하는 입장에서 이 글을 읽는 분들에게 여쭈어보고 싶다. "노동자들에게는 어떤 조국도 없다(Die Arbeiter haben kein Vaterland)"는 『공산당선언』의 말을 지금도 믿는 사람은, 과연 "조국이 없는 자는 노동자도 사람도 아니다"라는 것을 마음 깊이 믿으시는 분들과의 '통일 사업'에 어떤 내면적 자세로 임해야 할까? 이 모순을 극복, 지양할 길은 없을까? 솔직히 말해 나는 '없을 것 같다'는 절망을 느끼고 있다. 북한의 노동계급과 직접 소통할 수 있다면 다를 수도 있겠지만, 한편으로는 북한의 노동자들도 지배적인 국가주의적 이데올로기에 깊이 포섭된 것은 아닌가 하는 걱정이 들기 때문이다.

사회주의자가 '예수쟁이' 구출에
사활을 걸어야 할 이유

2007年 7月 28日

얼마 전 한겨레에 아프간에서 피랍된 분들을 비아냥
거리고, 철군을 전제로 하는 구출 노력보다 '국가 위
신'을 먼저 생각하는 일부 몰지각한 네티즌들을 문
제 삼은 글[46]을 실었다. 이 글에 대해 누군가 흥미로운 댓글을
달았기에 그에 대한 생각을 적어볼까 한다.

"Basically what kind of solidarity that you're talking about here.

---

46) "서울은 눈물을 믿지 않는다?", 한겨레, 2007년 7월 25일. http://www.hani.co.kr/arti/
opinion/column/224752.html

국가와 민족을 넘어

Simply couldn't get that……. According to your own logic, I should have more sympathy towards Palestinians and other oppressed people in the world than this pathetic Korean Christiianity missionary group whose actions were so inconsiderate and arrogant towards other cultures and who were totally oblivious about the ongoing imperialistic politics around the area. I do pity on them but don't believe that I have obligation to support them only because they are just happened to be my fellow Korean citizens. My heart and solidarity will be always with the people who are oppressed."

"남의 문화를 이해하려 하지도 않고 아프간에서 벌어지고 있는 제국주의 침략 전쟁에 대해 인식도 없었던 한국 기독교 선교 단체를 단지 '한국인'이라는 이유로 동감하여 연대하느니 차라리 팔레스타인처럼 억압받는 이들과 연대하는 것이 바로 당신의 원래 논리가 아니냐"라는 논지의 글이다. 즉, "단지 '한국인'이기 때문에 우리와 너무나 다른 의식을 가지고 우리가 보기에 참 탐탁지 않은 행동을 하는 이들 얼치기 선교사들에게 그렇게까지 신경 쓸 일이 있느냐"는 이야기로 이해할 수 있을 것 같다.

글쎄, 과연 그런가? 사실, 사회주의자에게 있어서 '단지 우리 민족이라서' 하는 일은 없다. 국제주의적 사회주의자의 입장에서, 나토[47]가

----

47) NATO : North Atlantic Treaty Organization, 북대서양조약기구.

아프간에 폭격을 했는데 수십 명의 아프간인들(거의 다 민간인이라고 봐야 한다)이 '오폭'으로 인해 죽었다면 분명 누구보다도 먼저 들고일어나야 할 것이다. 물론 사회주의자의 입장에서 탈레반의 종교적 이데올로기나 여성관, 그리고 인질극과 같은 행동 방법들은 절대 지지할 수 없다. 그러나 탈레반이 하든 누가 하든 간에 아프간 민중의 반외세 투쟁에는 원칙적으로 공감할 수밖에 없다. 종종 전통적 사회관계와 보수적 이데올로기가 지배하는 주변부 사회에서 이 투쟁이 가끔 매우 바람직하지 않은 양상을 띠기도 하지만, 그것을 이유로 이들의 반외세 투쟁까지 외면할 수는 없는 노릇이다.

사회주의적 관점에서 보자면, 한국인이든 누구든 간에 인간을 좋게든 나쁘게든 차별하는 일은 없어야 한다. 그런데 우리는 아직 사회주의적 '지구 공화국'에 사는 것이 아니다. 개개인이 '소속' 국민국가에 그대로 종속돼 있는 현실 세계에서 살지 않는가? 내가 아무리 마음속 깊이 국제주의적 사회주의자라 생각하고 있어도, 오늘 저녁에 휴가차 프랑스 남부로 비행기를 타고 갈 때 비행장에서 혹시나 누군가 여권을 검사한다면 나는 그 순간 어쩔 수 없이 '한국인'이 된다. '한국인'이기 때문에 보통 유럽의 여권 검사장에서 아주 나쁘지 않은 대우를 받는다. 그러나 만에 하나 예컨대 '중국인'이었다면 그 '대우'가 그대로 달라진다. 개인적으로 한국과 중국을 차별할 마음은 추호도 없다. 하지만 우리는 자신도 모르는 사이 이 세계의 구조화된 차별 시스템 안에서 살아가고 있다. 즉, 이번에 인질들이 탈레반에 잡힌 것도 단지 '기독교인'이라서 그렇게 된 것만은 아니라는 이야기다. 만약 그들이 극

국가와 민족을 넘어

소수의 군인 외에는 파병하지 않은 핀란드의 여권을 가지고 있었다면 과연 '인질'로서의 가치가 높았겠는가? 탈레반이 중립국 스위스나 스웨덴의 '국민'을 인질로 잡은 경우를 한 번이라도 본 적이 있는가? 샘물교회 신도가 곤란에 처한 이유는, 무엇보다도 '미국의 동맹국인 데다 파병까지 한 대한민국의 국민'이기 때문이다. 그렇다면, 싫든 좋든 대한민국의 '국적'을 갖고 있는 사회주의자는 어떻게 반응을 해야 할까? 모든 힘을 다 쏟아 파병의 조속한 철회, 철군, 그리고 궁극적으로 한-미 동맹 관계의 점차적 해체, 즉 중립화를 요구하는 것이 당연한 게 아닌가? 자신이 '소속'돼 있는 국가의 잘못된 외교 안보 정책 때문에 같은 국가에 '소속'돼 있는 다른 중생들이 고통에 처하게 됐다면, 당연히 잘못된 정책을 일삼는 국가에 계속 세금을 내고 있는 '나'를 포함한 모든 사람들에게 책임이 있다. 이것은 민족주의도 국민주의도 아니고 현실에서 오는 책임감의 문제이다. 한 국가에 '속'하게 돼 있는 이들이 서로에 대해 책임을 지게 돼 있는 현실을 떠나 '국제 연대'를 추상적으로 이야기한다면 좀 곤란하다.

또 다른 측면도 있다. 이 세상이 고통에 충만한 것이라면, 원칙상 이 고통이 어디에서 일어나든 간에 이 모든 고통에 대한 '관심'을 골고루 가져야 한다. 이를 불교에서는 '평등관'[48]이라고 부른다. 그런데 현실적으로는 '내'가 어느 언어를 구사하는가에 따라서, 그리고 어디에 사는가에 따라서 내가 얻을 수 있는 고통에 대한 앎, 그리고 '내'가 직접

---

48) 평등관(平等觀): 모든 사물은 본디 공(空)이어서 평등하다고 보는 관법(觀法).

접할 수 있는 고통의 현실이 좀 달라진다. 즉, '한국인이라서' 무조건 동감하고 동정할 일은 없다 해도, 일단 '내'가 내 인연대로 '한국'에서 태어나거나 '한국'과 어떤 과정을 거쳐서 '결연結緣'하게 됐다면 아무래도 현실적으로 '한국인'이 당하는 고통에 일차적으로 임할 수밖에 없는 부분이 있다. '우리 민족·국민부터 먼저'라서가 아니고, '내가 처하는 시공간·상황'의 논리 때문이다. 즉 "동포들을 무조건 사랑하자"는 논리를 설파할 일이야 적어도 나에게는 없지만, 같은 언어적·사회적 공간에서 같이 사는 이들에 대한 일차적 관심과 책임, 그들의 멸고득락減苦得樂을 도우려는 마음이 좀 있다는 이야기다. 나는 그것이 지극히 자연스럽다고 본다. 그렇다고 팔레스타인 민중의 투쟁을 괄시해도 된다는 말은 절대 아니다. 투쟁하는 민중이 있으면 그 민중이 어디에 있고 무슨 언어를 쓰든 간에 연대를 해야 한다. 그런데 현실적으로 '한국인으로서의 나'는 대개 같은 한국인들에게 도움을 더 많이 줄 수 있다는 부분도 부정할 수는 없다.

'동감·연대'에 있어서 '한국인'과 '비한국인'을 차별할 일은 없다. 그런데 제발 언젠가 없어졌으면 하는 국민국가가 아직 존재하고, 우리가 '한국'이라는 국민국가의 테두리 안에서 살기에 일단 이 공간이 서로에 대한 배려가 충만한, 따뜻한 공간이었으면 좋겠다. 오늘날의 '무한경쟁' 사회는 따뜻하기는커녕 가면 갈수록 살벌해지고 있다. '구체적인 인간'들도 한 명 한 명이 이러한 시공간에서 살면서 '따뜻함'을 많이 잃어가는 것 같다. 안타까운 일이다.

국가와 민족을 넘어

국기에 대한 쓴웃음

2007年 6月 21日

요즘 듣자니 '국기에 대한 맹세'를 텍스트만 약간 고
칠 뿐 그대로 두기로 했다고 한다. 그 이야기를 들으
니 쓴웃음이 나온다.

소련에서 태어난 죄(?)로, 나는 아주 어렸을 때부터 국기에 대한 온갖
맹세들을 급우들과 함께 수도 없이 하곤 했다. 그런데, 소련이 막상 망
하니 이 급우들 중에서 할복이나 거병擧兵은 물론, 약간이나마 신경을
썼던 사람은 별로 없었다. 강요되는 맹세들을 달달 외우면 외울수록
냉소만 강화될 뿐이다. 맹세를 통해 마음속의 진정한 사랑을 키운 경
우를 어디에서든 본 분 있으신가?

초등학교 3학년, 내 나이 9살. 그때 나는 소년공산당(피오네르) 입단식을 치르면서 빨간 깃발 앞에서 "심신을 바쳐 모든 힘을 쏟아 공산당의 사업에 복무하도록 할 것"을 엄숙히 맹세했다. 나중에는 거의 다달이, 무슨 행사할 때마다 역시 "공산당 사업을 위한 투쟁에 준비돼 있으라!"는 구령에 따라 "네, 항상 준비돼 있습니다!"라고 외치면서 거수경례를 했다. 아마 지금이라도 그 구령을 듣는다면 거의 자동적으로 거수경례를 하게 될 것이다. 그런데 어른들 앞에서 그렇게도 엄숙한 표정으로 '맹세'를 외쳤던 급우들은, 나중에 화장실에서 담배를 피우면서 무슨 이야기를 해댔을까? "아, 저 대머리 발로댜를 보기만 하면 정말 웃겨 못 참겠구먼. 아까 식을 치르면서 겨우 참았잖아." '대머리 발로댜'는 바로 그 깃발에 얼굴을 나타냈던 블라디미르 레닌이었다('발로댜'는 '블라디미르'의 애칭). 강요된 맹세를 하면서 국가의 의례에 대한 염증만 키운 것이다.

개인과 국가의 관계는 어쩔 수 없이 거래의 관계인데, 이 관계에서 국가가 제시할 만한 것이 별로 없다면 아무리 많은 애국 의식들을 강제해봐야 쓸모가 없다. 구 소련은 지식 청소년들에게 살아 숨 쉬는 혁명적 정신도, 진정한 자유도 제시하지 못했다. 노동계급 청소년들이 보기에는 간부들만 외국에 왔다갔다하면서 부럽도록 잘사는 불평등한 국가였다. 국가로부터 충성에 대한 어떤 가치 있어 보이는 보상도 얻을 수 없다고 판단한 그들은, 결국 국가에 대한 충성에 냉소하게 된 것이다. 그런데 재미있게도 어차피 실생활에서는 지켜지지도 않는 공산주의 이상들이 냉소와 조소의 대상이 된 상황에서조차, '맹세의 문화'

국가와 민족을 넘어

가 강요했던 일상적인 군사주의는 뿌리를 잘 내렸다. 내 급우들의 절대 다수는, 아프간에 가서 '야수와 같은 폭도(무자혜딘)'들을 잡아 죽이는 것을 '진짜 남자다운 일'로 생각했으며, 학교를 방문하여 '애국 애군 미담'을 나누었던 아프간 침략의 상이병들에게 영웅대접을 해주었다. 이들은 국가를 별로 정의롭고 평등한 것으로 보지 않았지만, 전우애로 꽁꽁 묶여진 '진짜 사나이의 집단', 즉 군부대를 '남성의 마음의 고향'으로 여겼다. '맹세의 문화'는 애국 시민을 키울 수 없어도, 살인 훈련에 무신경이 된 꼴통 마초 만들기에는 안성맞춤이다. 그래서인지 대한민국의 지배자들은 이 '맹세의 문화'를 사랑한다.

한국 대학생들에게 여론조사를 해보면 대다수가 "다시 태어나게 된다면 북유럽, 일본, 스위스에서 태어나겠다"고 답한다. 예컨대, 2006년 9월 초의 한 조사에 의하면 67%가 한국이 아닌 다른 나라에서 태어나기를 원했으며, 주요 선망 국가는 스위스, 덴마크, 독일, 캐나다 순이었다.[49] 그 무슨 주문을 외우게 해도, '자랑스러운 태극기'의 그늘 아래서 다시 태어나고 싶지 않다는 태도는 바뀌지 않을 것이다. 국민연금이라고는 용돈 정도 주고, 제대로 된 실업수당이나 교육·의료 혜택도 주지 않으면서, 남성들에게 유럽에 비해 두 배 긴 기간을 여건이 아주 열악한 군에서 보내게 하는 국가에 대해서, "이것이 공정한 거래다"라고 생각하는 사람들은 어차피 소수일 것이다. '자랑스러운' 주문을 외

---

49) "다시 태어난다면 한국 싫어", 문화일보, 2006년 9월 1일. http://news.naver.com/news/read.php?mode=LSD&office_id=021&article_id=0000162890&section_id=001&menu_id=001

우게 하는 대신에 사립재단이라도 제대로 감시하여 재단 이월금을 교육 사업에 쓰게 하고 이를 통해 등록금 인상이라도 잡아주었으면 나라에 대한 애착이 강한 시민 키우기에 훨씬 더 주효했을 것이다.

한 가지 확실한 것은, '국기 앞에서의 맹세'의 문화는 양심적 병역 거부자와 같은 소수자들을 집단적으로 괴롭히는 분위기 만들기에 크게 기여할 것이라는 사실이다. 다들 하나같이 맹세를 외우는 데 혼자 외우지 않는 사람은 늘 배제당하고 만다. '맹세의 문화'는 자신의 판단에 따라 행동하는 사람, 혼자 생각하기를 좋아하는 사람들에게는 최악이다. 맹세는 같이하는 것이고 여기에서 개인의 판단이란 이미 불필요하기 때문이다. 결국, '맹세의 문화'는 자신만의 얼굴이 없는, 사람이 아닌 사람들을 키운다. 그게 한국 자본주의의 역사적인 사명일지도 모르겠다.

통일, 디스토피아의 그림자

2007年 5月 26日

옛날에 김산(장지락, 1905~1938)이라는 조선의 발군의
혁명가에 대한 다큐멘터리 소설 『아리랑』을 읽었을
때 가슴에 아주 잘 와 닿는 말이 있었다. 식민지 조선에서
'일본인'이라는 존재가 '조센징'들을 등쳐먹고 모욕하고 탄압하는 악
질적 존재라는 것을 배워온 김산은, 유학차 도항(渡航)하여 '내지(内地, 일
본)'에서 살게 됐을 때 "착한 일본인들도 존재하는구나!"라는 '발견'을
했다. 돈을 벌기 위해, 그리고 관료로서의 경력을 쌓기 위해 '외지(外
地, 조선)'로 건너간 일본인들은 설령 본심은 착하다 하더라도 '외지인'
과의 지배-피지배 관계라는 '거리'를 쉽게 좁힐 줄 몰랐는데, '식민지

피지배인'이라는 신분을 잠시 잊을 수도 있는 '도일 유학생'의 입장에서는 일본인을 '지배자'가 아닌 '인간'으로 만날 수 있었던 것이다. 물론 '인간'으로 만난다 해도, '동등한 인간'으로 만난다는 것은 혁명 사업의 동지가 아니라면 힘들었을 것이다(사실 '혁명 사업의 동지'라 해도 문제는 많았다). 그래도 '외지'와 '내지'에서의 '지배자'와의 관계 유형의 차이는 매우 정확하게 관찰된 모양이었다.

그 말이 왜 와 닿았느냐고? 나도 순서가 달랐을 뿐, 내용상 똑같은 경험을 했기 때문이다. 1991년 가을 서울에서 잠깐 유학했을 때, 한국인들을 말 그대로 매우 즐겁게 '인간 대 인간'으로 만날 수 있었다. 한국 사회가 배타성이 강하다 하지만, 안암골에서 몇 달 살다 보니 나도 '고대생'과 비슷한 자아의식을 갖기 시작했다. 나중에 서울에 다시 왔을 때 안암동 로터리 근방에서 학생 시절에 다녔던 막걸리집들을 열심히 찾아 향수를 달래기까지 할 정도였다(지금은 그 집들 중에 남은 게 하나 없다). 국내에서의 '인간적 대화'는 그렇게 쉬웠지만, 1990년대 초반에 러시아에서 만났던 한국인(유학생을 제외하고)에 대해서는 별로 유쾌한 기억이 없다. 유쾌하기는커녕 꼭 점령지의 주민이 점령군을 만난 듯한 느낌이 아주 강했다. 물론 대한민국이 러시아를 문자 그대로 '점령'한 것은 아니었지만 소련의 망국 직후 러시아와 한국의 자본주의 발달의 차이는, 자본의 한국을 대표하는 이들이 거의 '점령자' 정도의 위상을 가질 만큼 너무나 압도적이었다. 나같이 학생들을 가르치는 교수가 한 달에 50달러를 받았던 1992~1993년에, 그 돈을 약 30분 간의 술값으로 낼 수 있었던 재在러시아 한국 사업가나 선교사는 '다른 세계에서

국가와 민족을 넘어

온 사람'으로 보이기도 했고, 또 그들 스스로 '우월한 자'로서의 포즈를 꽤나 심하게 취하기도 했다.

차라리 일확천금을 꿈꾸었던 그 당시의 재레닌그라드 한국 사업가들은 좀 나은 편이었다. 스스로 "나는 장사꾼밖에 안 된다"는 생각에 그 나름의 겸손의 미덕까지 갖춘 그들은, 아무리 사행성이나 사기성이 심해도 그 당시 러시아의 마피아성 자본에 비해 그나마 '차악(次惡)'으로 보였다. 물론 그들에게 임금체불이나 사기를 당한 사람의 입장에서는 또 다를 수 있지만, 체불이나 사기가 다반사였던 그때 같아서는 그들의 행동이 그렇게까지 '부자연스럽게' 느껴지지도 않았다.

단연 최악은 목사들이었다. 돈이 주는 오만에 종교적인 배타성까지 갖춘 그들은 "공산주의가 버린 이 저주의 땅에 영혼을 구하러 왔다"는 말을 웃음도 없이, 매우 진지하게 했다. 그들이 오기 전에 러시아에 기독교가 없었다는 것도 그들이 가진 상식(?) 중의 하나였다.

러시아인은 물론 상당수의 한국인 유학생들까지도 안하무인으로 대했던 대사관 직원들은, 미국에게 냉전이라는 싸움에서 패배를 당한 것과 다를 바 없었던 러시아에서 거의 '미국인 행세'를 했다. 늘 미국 유학 경력이나 영어 발음의 정확성(?)을 과시하느라 진땀을 빼면서 말이다. 글쎄, 새로 들어온 '신참' 노비에게 "나는 이 집에서 오랫동안 주인님을 모시면서 살았지"라고 텃세를 부리는 수노(首奴, 우두머리되는 노비)의 태도라 할까? 지금이야 웃음이 나오지만, 그때는 거의 분개를 느낄 정도였다.

1990년대 초반의 러시아는 미국에게 패배를 당하기는 했어도 그 나름의 여력이 남아 있는 상태였다. 그럼에도 그곳에서 돈이 있는 한국인의 태도는 거의 '외지'를 호령하는 '내지인'의 태도에 버금갔다. 그렇다면, 만에 하나 북한의 체제가 붕괴되거나 북한 관료 집단이 어느 정도의 기득권 보장을 조건으로 해서 북한 영토를 어떤 형태로든 간에 남한의 지배자들에게 관리하도록 할 경우 어떻게 될까? 실제적 '흡수'를 의미하는 '통일'이 될 경우 과연 이 사업가들과 목사, 국가 관료들은 북한의 민중들에게 어떤 태도를 취할 것인가? 지금도 '중국보다 저렴한 인건비'와 '철저한 노동력 관리'를 북한에서 공장을 지어야 할 주된 이유로 내세우는 이들은, 형식적인 통일이 돼도 과연 이 '저렴한 노동력'의 자유로운 남한으로의 이동을 허락해줄 것인가? 남아 있는 북한 지배집단의 협조를 받아 어떤 방식으로든 북한인들을 '신흥 개발 지역'인 북한에다가 묶어두는 방법을 또 개발하지는 않을까? 또한 남한 교수 집단이 김일성종합대학을 접수한다면 과연 북한 동료들을 동등한 지성인으로 대할 것인가? 남한 목사들이 평양의 중심 지역에서 큰돈을 들여 초(超)거대 교회를 짓게 된다면 과연 김일성과 김정일 이상으로 폼을 잡아 '위대한 영혼의 구원자' 포즈를 취하지 않겠는가? 여태까지 모든 것을 다 잃어도 자존심만큼은 간직해온 북한 동포들이, 과연 남한의 '나리긴(成金, 벼락부자, 대자본)' 앞에서 굴복하게 된다면 어떤 마음의 상태가 될 것인가?

제발 오해는 하지 않길 바란다. 나는 통일을 반대하는 것이 아니라 남북 민중 모두에게 좋은 통일을 바라는 것이다. 통일이 '북한 땅의 수복' 즉, 식민화가 아닌 북한 민중의 생활수준과 인권 향상을 의미하자

국가와 민족을 넘어

면, 몇 가지 조건이 충족돼야 될 듯하다. 지금과 같은 현실적 비대칭성을 고려한다면 준비 기간도 꽤 길어야 되고, 또 우리 모두가 통일 조약에 대한 몇 가지 인권적인 요구를 해야 할 것이다. 예컨대 북한 주민들의 자유 이동의 권리라든가, 노조 조직과 파업권을 포함한 노동자로서의 권리, 그리고 토지와 아파트 등에 대한 집단적·개인적 재산의 권리가 충분히 보장돼야 할 것이다. 많은 북한 민중들에게 밖에 나가 자본주의를 몸으로 익혀 당당히 '완전한 통일'을 개인적 차원에서 준비할 기회도 주어져야 할 것이다. 내가 오늘과 같은 북한 정권을 좋아할 일은 추호도 없지만, 북한이 중국 자본이나 남한 자본의 (유사) 식민지화 되는 것은 어쩌면 더 끔찍한 악몽으로 느껴진다. 감상적 민족주의에 기반을 둔 맹목적인 통일이 아니라 민중에게 유리한 통일을 바라는 것이 남한 '진보'의 의무가 아닐까?

한국 사랑?

2007年 5月 17日

요즘은 좀 덜해졌지만 몇 년 전까지만 해도 매체와
접촉할 때라든가 구면이 아닌 한국인들과 처음 만나
서 이야기할 때면 반드시 듣는 질문이 하나 있었다.
이 질문은 "어떻게 해서 한국을 사랑하게 됐느냐"는 형태로 표현되는
경우도 있었고, "아니, 그런데 정말로 한국을 사랑하는 것이지요?"와
같은 재확인형인 경우도 있었지만, 결국 요지는 '한국 사랑'이었다. 그
러한 이야기를 들을 때마다 사실 끝없이 당황하곤 했다. 어떤 질문에
답하자면 개념 정리부터 하는 것이 순서인데, '사랑'은 어느 정도 알
지만 '한국'이라는 개념은 정리하기가 정말로 쉽지 않기 때문이다.

국가와 민족을 넘어

삼성에 대한 비판이 '명예훼손'이 되어 '재벌제'製 양심수 제1호'가 된 삼성일반노조의 김성환 위원장도 한국인이지만, 그와 같은 활동가들에 의한 노조 설립을 막는 데 온 힘을 쏟는 이건희 씨도 적어도 국적은 '한국'인 것으로 알려져 있다(다른 국적은 없나?). 아무래도 그 두 사람 중 한 사람을 사랑하자면 다른 한 사람에게 개과천선부터 바라야 하지 않을까? 늘 적대적인 계급들의 대립과 대치로 이루어져 있는 사회에서는, 그 대립 관계를 무시하고 '사회 전체'에 대해 어떤 이야기를 한다는 것이 기본적인 사회과학적 의식의 결여를 뜻할 수 있다. 예컨대 한국에서 일하면서 힘든 투쟁을 하고 있는 외국인 노동자 활동가 입장에서는, 평등노조에서 일하는 동지들과 출입국관리사무소의 소장이, 비록 국적은 같을지라도 완전히 다르게 인식되는 대상이 될 수밖에 없지 않겠는가 말이다.

물론 김문수나 이재오, 손학규, 배일도, 이목희 등 흔하디흔한 전향자의 예를 들어 "한때 계급투사였던 사람이 이렇게 쉽게 지배계급의 일원이 될 수 있는 곳이 한국이다. 계급 따위를 들먹이는 것은 우리 현실에 맞지 않다"라고 일축하실 분들도 많을 것이다. 물론 맞는 구석이 있는 이야기이다. 한국이나 일본처럼 초고속 개발을 거쳐온 신흥 자본주의 사회는 계급의식의 성장이 많이 저해되었다. 게다가 피지배자들의 지도자들을 포섭해서 '귀족화' 시키는 이쪽 지배자들의 솜씨 역시 탁월하다. 지배와 피지배 관계가 매우 명확한 곳에서 자라온 사람들의 경우, 비록 표피적인 이념은 '반체제'라 해도, 본인도 언젠가 한번 지배자의 안락의자에 앉아보고 싶어 하는 것은 거의 자제하기 어려운 '체질화된 욕망'이다. 절하면서 존경을 나타냈던 부하들 앞에서 '높은 사람'의 자세를 취하곤 했던 한총련의 과거 '의장님'들을 한번 되새겨 보시기를. 그러한 장면들을 보면서, 노예 입장에 자족하면서도 주인이 되기를 은근히 꿈꾸는 인간이라는 이상한 존재를 본질적으로 사랑할 수 있느냐는 의심을 품은 적도 있었다.

권력과 지배, 돈이라는 일차적인 맥락을 무시한 '한국 전체에 대한 사랑'은 아마도 성립이 될 수 없는 개념인 듯하다. 모든 것이 다 왜곡돼 버린 곳에서는 대다수가 '존재'보다 차라리 '지배-소유'를 택한다. 그러나 어차피 실제 '지배-소유' 관계에 있어 우위에 서는 이들과 그렇지 못한 이들은 상당한 차이를 보일 수밖에 없다. 자신을 우주의 중심쯤으로 인식하는 '높으신 분'은 아무리 노력해도 사랑하기가 매우 어렵다. 그러나 지칠 대로 지쳤으면서도 벌이가 시원치 않은 탓에 일을 그만두고 집에 가 누워 잘 수도 없는 과로한 택시 운전기사를 보면 정이 절로 든다. 그분도 "부자 되세요" 식의 꿈을 갖고 있는지 모르지만, 어쨌든 그 꿈이 실현되기 전에는 사랑할 수 있는 대상으로 남아 있다.

외국인-외국 출신자에게 "한국을 사랑하느냐?"고 묻는 것은 '계급'이라는 사회의 기본적인 현상에 대한 무지 혹은 의도적 무시를 담은 행동이라고 봐야 하지 않을까? '귀부자歸附者 50)를 가르는 행위에는 사회에 깊이 뿌리내린 순혈주의적 의식이 엿보인다. 아무리 한국 국적을

---

50) 귀부자(歸附者): '귀화인'이라는 뜻의 법적 용어. 직역하자면 '우리에게 돌아와서 붙은 사람'이라는 뜻이다.

국가와 민족을 넘어

지닌다 해도 그들은 어차피 '태생적인 한국인'과 완전히 같아질 수 없다. 귀부자는 늘 한국을 사랑하거나 사랑하지 않을 수 있는 '대상'으로 취급되기 때문이다. 아무리 외국에서 오랫동안 살다가 돌아온 사람이라 해도, 그가 '태생적' 한국인이라면 "정말 한국을 사랑하느냐"고 따져 묻는 경우가 있던가? 약간 허위적 의식이지만, 우리는 대개 '태생적 한국인'의 '조국 사랑'을 당위적 사항 내지 당연지사로 보는 셈이다. 그런데 '틈입한 자'에게는 이 부분을 늘 확인해야 직성이 풀리나 보다. "정말 우리 편인가요? 아니면 당신이 태어난 데에 대한 애착을 그래도 계속 지니고 있는 것인가요?"

내가 "소련을 성립시켰던 초기의 근본적인 이념인 공산주의에 대한 애착을 늘 지니고 있지만 이 이념을 배반한 스탈린주의 정권이나 오늘날의 파쇼화돼 가는 러시아라는 국가에 대해서는 하등의 정이 없다"고 말할 때 이를 그대로 믿는 사람들은 별로 없다. 대체로 한국에서 '국가'라는 것은 '이념'보다 훨씬 일차적인, '가족' '부모'와 같은 의미에 더 가까운 탓이다. 현실적인 국가에는 세금을 한 푼이라도 안 내려고 난리지만, 당위론적 '국가'에 대한 귀속 의식은 매우 강한 곳이 이곳 한국이다. 그래서 더 이상 마르크스나 레닌의 사상과 인연이 (적어도 당분간) 단절된 러시아라는 국가에 대해서 아무리 그곳에서 태어났다고 해도 일단 별 관심이 없다고 하면, 거짓말쟁이로 보기도 하고, 비양심적 분자로 보기도 한다. 아예 "국가 없는 세상에서 살고 싶다"고 하면, 공상가로 취급받아 더 이상의 대화가 이루어지지 않으니 그나마 다행스러운 일이다.

한국을 사랑하느냐고? 글쎄, 나는 관악산의 숲 냄새, 연주암 쪽에서 내려다볼 때 사위에 다 보이는 청구의 신록을 무척 사랑한다. 곳곳에 보이는 군사 시설, 철책은 아주 혐오하지만.

그런데, 사랑이나 혐오를 어찌 말로 다 표현할 수 있는가? 그러한 부분에 대해서 말을 요구한다는 것은 인간에 대한 예의는 아닌 듯하다.

'일심회' 판결 유감

2007年 5月 10日

'일심회'로 묶인 몇 명의 소위 민족해방파(속칭 NL파) 정치인들에게 지난 4월 16일 5~9년의 실형이 내려진 지 어언 한 달이 지났다. 본인들은 지금도 너무나 무거운 판결에 항소를 하느라 어려운 법정 투쟁을 계속하고 있는데, 소위 '진보'를 포함해 사회는 이미 '일심회' 사건을 거의 잊은 듯하다. 민노당 안에서 알 만한 사람이면 다 알았음 직한 문건을 북한 측에 넘긴 '죄(?)'로 보통 중범죄인(예컨대 강간범)에게만 해당되는 9년 형을 받은 사람은 분명히 억울할 텐데, 그럼에도 '저쪽 파'의 문제들은 또 다른 '진보운동'의 계파들에게는 큰 관심사가 되지 않는 모양이다. 우리가 늘 비판하고 있는 일본의 경우, 몇 년 전 '사교'라 부를 수밖에 없는 살인적인 옴진리교에 대해 당국의 강력 조치(용의자에 대한 재판 전 장기 구속, 남은 '진성교인'에 대한 사찰 등)가 내려졌을 때, 일본 진보사회에서는 이를 '인권유린'이라고 강력하게 비판했다. 그러나 사회에 대해 끼치고 있거나 끼칠 수 있는 해악의 정도로 볼 때 옴진리교와 비교될 수도 없는, 상대적으로 무력한 소수의 광신적 민족주의자 정파에 대한 대한민국 사법당국의 반인권적인 탄압은, 대한민국 사회 안에서 별다른 거부 반응을 불러일으키는 것 같지 않다. 우리가 이미 그 정도로 야만에 익숙해진 것인가?

민족해방파에 대한 솔직한 의견을 묻는다면 나는 한국의 진보운동이 앓고 있는 일종의 '소아병적 질환의 산물'이라 답하겠다. 남한과 북한 지배자들의 협력 정도로 이해되는 '남북 화해'와 세계성이 결여된 국수주의적 '반미'만이 강조되다 보니 진보운동 전체에서 '국가'와 '지배자'에 대한 분명한 시각이 흐려지고 '계급투쟁'에 대한 관념이 제대로 잡히지 않는 것이다. 예컨대 동아시아 지역 내의 노동계급 연대와 같은 문제에 대한 관심이 그토록 약한 이유 중의 하나가 바로 민족해방파 같은 유사 진보운동가들이 갖고 있는 '국가(민족)'에 대한 무한한 집착이다. 게다가 특히 북한 지배자들을 마치 '반미 투쟁을 하고 있는 우리 민족의 대표자(또는 지도자)'쯤으로 오인을 하고 있으니, 평양 주인네들의 실체를 어느 정도 아는 사람이라면 자칫 '진보운동' 자체를 외면하고 싶어질 소지가 다분하다. 실제로 나는 "민노당에 표를 주고 싶어도 거기에 주사파가 너무 많아 주저한다"는 사람들을 수도 없이

국가와 민족을 넘어

많이 봤다. 그러니까 운동 담론의 차원에서도 당의 차원에서도 북한의 국가주의적 지배이데올로기를 무슨 '민족해방 이념' 쯤으로 착각하는 분들에 대한 정리가 필요하지 않을까 싶다.

그러나 이런 정치적 문제들은 반드시 인권 문제와는 별도로 취급돼야 한다. 우리 주변에 존재하는 정치적인 광신도가 과연 주사파뿐일까? 대형 교회에서 성조기를 들고 나와 난무|亂舞를 추고, 일부 대학교 연구실에서는 "일제시대가 우리에게 자본주의적 문명의 세례를 선사해주었으니 우리가 중국이나 러시아처럼 공산화|共産化 안된 게 일본 덕이다" 하면서 일본 극우파를 추종하고 있다. 또 일각에서는 안두희를 죽임으로써 김구 암살의 비밀을 풀 수 있는 마지막 단서를 인멸|湮滅시킨 사람을 영웅시하기도 한다. 우리에게 늘 부족하지 않은 것이 바로 온갖 정치적인 광신이다.

장민호 등이 북 측에 넘겼다는 문건을 골수 숭미주의자들이 미국 측에 넘기거나 골수 친일 분자들이 일본 극우 신문에 넘겼다면 과연 그게 사법 처리의 대상이라도 됐을까? 심지어 누군가가 중국이나 러시아의 관련 기관에 넘겼다면 대한민국의 안보기관에서 상관이나 했을까? 그럼에도 우리 주위에서 가장 약한 국가인 북한에 문건을 넘긴 행위가 중대한 폭력을 저지른 범죄자나 받아야 할 9년형으로 이어졌다. 이걸 가지고 '인권'이나 '사법적 정의'를 논할 수 있나? 나는 장민호 씨 등 피고인들이 갖고 있는 정치적 신념이 국내 무산계급 운동에 있어서의 장애물이자 해악이라고 생각하지만, 유독 그들만이 자신의 정치적 신념을 살릴 권리를 박탈당한다면 대한민국은 더 이상 정치적 자유가 존재하는 나라가 아니라고 생각한다. 만인에게 평등한 것이 진정한 의미의 자유이고 권리이다. 특정 신념의 소유자들은 차별하여 자유와 권리를 박탈한다면 이것은 권위주의의 다른 이름일 뿐이다.

과연 피고인들에게 가혹한 형량을 준 당국이 민노당의 당내 비밀폭로를 문제삼아 이렇게 처리한 것일까? 천만의 말씀이다. '사건'을 떨어뜨려 국내 분위기를 냉동시키려는 것이 저들의 '혼네(本音, 본심)'였을 것이다. 이 '사건'을 다루면서 전두환 시대를 방불케 하는 마녀재판을 벌였던 보수 신문들의 태도를 한번 음미해보시기를. 아직 이 나라의 지배자들은 지배도구로써의 사법적인 공포를 포기하지 않고 있다. 김승연 회장 류들이 '직접적 폭력'을 포기하지 않고 있듯이…….

의사 폴러첸의 강의를 갔다 와서

2007年 4月 26日

지난 23일 월요일에, 소위 '왕립 아시아학회의 한국 지부(주로 주한 외국인 학자들이 참여하는 한국학 학회)'의 강의에 갔다 왔다. 이번 강사는 독일인 의사 폴러첸 |Norbert Vollertsen 이었다. 알겠지만 1999년부터 2001년까지 3년간 북한에서 구호 활동을 벌이다가 추방을 당한 뒤 '북한 인권 활동가'가 된 인물이다. 그는 북한에 머물던 초기에는 국가로부터 인본주의적 활동을 인정받아 거의 방해 없이 지방을 돌아다니면서 비디오를 찍을 수 있었다고 한다. 그 비디오 중 하나를 월요일에 공개했는데, 보는 동안 눈물이 날 지경이었다. 화면에 담긴 것은 개성 부근의 한 시골 아동 병

원이었다. 북한 의사들은 상당수 구 동독에서 교육을 받아 폴러첸과 자유자재로 독일어로 이야기가 가능했고, 전문가로서의 수준도 높은 사람들이었다. 문제는 시설, 음식, 의약품 제공 등이었다. 형편이 나쁜 수준을 넘어 아예 없다시피 했다. 수술실에 마취제가 모자라 어린아이들을 수술할 때 마취조차 못하고 시술을 하는가 하면, '깨끗이 씻은' 빈 맥주병을 약통으로 쓴다는 이야기를 들었을 때는 차라리 안 믿고 싶었다. 무엇보다 무서운 것은 폴러첸이 무자비하게도 비디오에 그대로 담은 수술실에서 죽어가는 아이들의 눈, 눈빛, 그 표정들이었다. 아니, 표정이라기보다는 무표정이라고 해야 옳겠다. 곧 이 고통의 바다를 떠날 것 같은 사람에게 더 이상 무슨 표정을 지을 필요성이 있었을까. 나는 차마 끝까지 못 보고 눈을 감고 염불을 했다.

글쎄, 폴러첸의 증언은 반박할 수 없는 사실이기는 하다. "모든 자원을 극소수의 지배계층의 손에 집중시키고 오로지 군비 수준의 유지만을 우선시하는 체제야말로 이 아이들을 죽이는 주범"이라는 그의 말에도 일말의 진리가 없지 않다. 그러나 그렇게 말하기 전에 북한의 주적|主敵 인 미국의 군비 수준부터 좀 따져보고 과연 미국이 북한 정권의 '러브콜'에 여태까지(클린턴 때의 잠깐의 기간을 빼고) 묵묵부답해왔던 이유부터 따져봐야 할 것 같다. 미군의 군비 중에서 0.01%만이라도 삭감하여 인본주의적 구호품으로 바꾸어 북한으로 보낸다면 죽어가는 아이들 중 상당수를 살릴 수 있었을 것이다. 하지만 아이들은 자국의 정권은 물론 미국과 같은 자칭 '문명국가'로부터는 더욱 철저하게 버림받았다. 폴러첸이 제시하는 증거나 그가 이야기하는 북한 지방 의료체계 파탄

국가와 민족을 넘어

의 구조적인 원인 등이 맞는다 해도, 그가 제안하는 '행동 방안'에는 찬동하기 어렵다. 그는 북한 정권에 대한 '외부로부터의 압력'만이 그쪽 민중을 살릴 길이라고 내다보고, 북한 정권의 '교체'에 그 나름의 기대를 거는 모양인데, 나는 그것이 '서구만능주의'를 전제로 하는 참으로 오만한 상상이라고 생각한다. 서구 등 '바깥세상'과의 교역에 의존하는 대한민국 같으면, '외부로부터의 압력'이 효과적일 수도 있다. 예컨대 우리가 만약 수감 중인 김성환 삼성일반노조 위원장의 석방을 위해 스칸디나비아 4개국(노르웨이, 스웨덴, 핀란드, 덴마크)에서 동시다발적인 시위를 조직한다면 이것이 국내 신문에도 반영이 될 것이고, 결국 양심수를 다루는 국가의 결정에 영향을 줄 것이라 기대할 수도 있다. 물론 아직 스칸디나비아 쪽의 노조 활동가들이 한국 쪽 노동탄압 사태의 심각성을 잘 깨닫지 못한다는 것이 문제이긴 하지만.

그런데 '교역'으로 먹고사는 대한민국과 달리, 북한은 그 국가의 성격상 '이데올로기적' 국가이며, 그 이데올로기의 골자는 '조선민족제일주의', 즉 초강경의 국가주의적 민족주의다. 외부압력이란 그 이데올로기의 입장에서는 '외세 간섭'에 불과할 것이고, 더구나 폴러첸이 고지식하게 계속 관계를 맺고 있는 미국 쪽으로부터의 압력은 더욱더 그럴 것이다. 게다가 모든 결정권이 한 사람에게 집중된 체제에 '압력'을 넣고자 한다면, 그 사람과 동격이 되는 사람, 예컨대 중국의 후진타오(胡錦濤, 국가 주석) 정도 되는 사람이 밀실에서 요담要談51)을 할 때에 시도할 일이지, 서방 매체에서 떠드는 것은 별다른 효과가 없을 수 있다. 폴러첸의 '북한 인권 활동'에 대해서 상당히 의심스럽게 생각하는 것도 그 때문이다. 아니, 경험이 이렇게 풍부하신 양반이 북한 아이들을 살리는 데는 별다른 쓸모가 없는 일들에 왜 에너지를 쏟는지 모르겠다. 차라리 보살도의 차원에서 이를 악물고 참으며 그냥 묵묵히 독일 구호품을 그쪽에 계속 운반해주는 것이 효과가 더 좋지 않았을까? 물론, 폴러첸의 말대로 상당 부분은 간부들에게 돌아갔겠지만 남은 부분이라도 민초들에게 돌아갔다면 그래도 그나마 다행이 아닐까?

인욕|忍辱 바라밀|波羅蜜 52), 인내심의 실천 없이 중생들을 어떻게 이롭게 하겠는가? 폴러첸이야 북한에 대해 '할 말 다한다'고 시원하게 느끼겠지만 과연 그것이 요익중생|饒益衆生의 방편이 될 수 있을지는 의문이다.

---

51) 요담(要談): 긴요한 이야기.
52) 바라밀(波羅蜜): 현실의 괴로움에서 벗어나 열반에 이르고자 하는 수행을 뜻하는 말.

귀화인도 '한국인'인가?

2007年 4月 10日

며칠 전의 일이다. 내가 묵고 있는 서울의 한 대학에
서 나와 언어교환을 하고 있는 일본 여학생을 데리고
교수 식당에 점심을 먹으러 갔다. 식권을 파는 부산 '아지
매'가 내게 "한국어도 잘하시네"라고 하시기에 내가 곧바로 "아주머
니, 저도 한국인입니다"라고 답했다. 그런데 아주머니가 그 말을 듣고
좀 불쾌한 듯한 표정을 지으시는 바람에 더 이상 말을 주고받을 수 없
었다. 무슨 오해가 있었나 싶어서 점심을 다 먹고 커피 마실 시간이 되
었을 때 다시 식권 판매소에 가서 아주머니에게 내가 귀화인이라는 이
야기를 했다. 그러자 아주머니가 마음이 가벼워진 듯한 표정으로 "아,

그럼 처음부터 귀화인이라캐야죠. 한국인이라카니까네 나하고 뭔 장난하노 싶었제. 그러니까 다음부터는 '나는 귀화인이다' 이렇게만 하믄 오해가 없거든."

아, 아주머니가 나를 예의 없는 장난꾼으로 본 것이구나 싶었다. 그래도 '한국인'으로 인정 안 되는 것이 마음에 좀 걸려서 아주머니에게 마산에 있는 내 처가 이야기를 했다. 마산 사투리를 약간 써서 동향을 강조하며 '같은 한국인'으로 인정해주기를 간청해봤다. 코쟁이 놈이 사투리를 쓰는 광경이 웃겨서인지 아주머니가 파안대소하며 "그래, 한국인으로 인정한다, 탕 탕 탕!" 하며 손으로 탁자를 쳤다.

옆에 있던 일본 여학생은 이 광경을 지켜보며 그저 가만히 있었는데, 나중에 내게 일본에서 자기 친구인 재일조선인들이 그렇게 많이 당하고 있다고 이야기했다. 일본에서 태어나 조선말을 별로 못하는 사람에게도 조선식 이름을 보자마자, "니홍고 쵸주니 나리마시따("일본어 잘하십니다"라는 뜻의 상투적인 칭찬)" 같은 절찬(?)을 하는 것이 일본사회의 분위기란다. 니홍고|日本語 빼고 할 줄 아는 언어가 별로 없는 사람인데도, 김씨나 박씨 성을 가진 이상 일본사회에서는 "우리 것을 잘 익힌 타자"에 불과하다는 것이다. 그 일본 학생이 보기에는, 조선의 나나 일본의 교포들이 똑같은 입장인 셈이었다.

그런데 나중에 이 일을 가만히 생각해보니 약간 불쾌하긴 해도 별로 위기감을 느끼거나 화가 나지는 않았다. 마음이 초월의 경지에 이르러서 그런 것이 아니라 일단 생활기반이 여기가 아니기에 굳이 여기에서 '우리'로서 인정이 안 되어도 당장의 위협을 느낄 일이 없어서 그랬던

국가와 민족을 넘어

것 같다. 아들아이가 오슬로에서 유치원에 다니니까 오슬로의 그 동네에서 '동네 주민'으로 인정이 안 되면 큰일이지만 서울에서는 무슨 소리를 들어도 그냥 '웃기는 이야기'로 전환시킬 마음의 준비가 돼 있는 것이다. 그런데 나의 입장에서는 아주머니와의 '한국인 자격 논쟁'을 웃어젖히는 일로 마무리할 수 있어도, 서울에 생존 기반을 갖고 있는 귀화인이나 혼혈인의 경우는 과연 어떠할까?

매일매일 "네가 무슨 한국인이냐"는 식의 대우를 받으며, 자기가 사는 동네에서조차 때로는 은근히 때로는 노골적으로 소외를 당하면서 산다는 것, 이것이 과연 인간으로서 견뎌내기 쉬운 일일까? 늘 '다이산고꾸징(제삼국인)'이라는 멍에를 안고 사는 재일교포들에게는 그래도 가까이는 조총련이나 민단이라는 조직체가 있고 약간 멀리는 남한과 공화국이 있지만, 서울에서 한국인 아내와 함께 사는 나이지리아나 이란 출신의 귀화인에게는 이러한 식의 보호막이 거의 없다. 설령 있다 해도 아주 얇을 뿐이다. 글쎄, 인종주의적 배척이라는 이야기를 들으면 맨 먼저 떠오르는 것이 우리와 크게 상관이 없는 독일 파쇼 시대의 수용소나 유럽의 네오나치지만, 사실 강약의 차이는 있어도 같은 동네에서 몇 년 동안 같이 살아온 사람을 피부색이 다르다는 이유만으로 '남' 대접하는 것부터가 인종주의적 배척의 시작이다.

미디어와 학교의 교과가 사람의 생각을 지배하는 이 시대에, 〈불멸의 이순신〉과 같은 사극과 함께 임진왜란 때 조선에 귀화한 일본인 사야카|沙也可의 이야기가 전파를 탔다면 어땠을까? 일본 장수인 그가 귀순, 귀화하여 결국 조선의 무신 김충선|金忠善이 된 이야기가 극화·방송됐

다면 그래도 '귀화인'에 대한 의식이 조금 호전되지 않았을까? 영상 미디어들이 민족주의를 부추기는 일에는 관심이 많아도 '피부색이 다른 이들끼리의 공존'에는 별 관심이 없어 보인다는 점에서는 가능성 없는 이야기이긴 하지만 말이다.

지금도 한국에 귀화해 살고 있는 외국인 출신 노동자는 극소수에 불과하다. 매우 까다로운 국적 취득 절차 때문이다. 아시아, 아프리카 노동자들이 이 땅에 와서 보다 쉽게 한국인이 될 수 있는 시대가 언제 오려나? 민노당마저도 이와 같은 문제에 상대적으로 무관심한 걸 보니 이젠 거의 절망감이 들 지경이다.

국가와 민족을 넘어

'노무현'에 대한 가장 위험한 착각

2007年 4月 8日

내 주위에는 2002~03년, 아니면 탄핵 반대 시절의 열정을 지니고 있는 '노빠' 들이 이제 거의 남지 않았다. 일부는 약간 급진화하여 더 '왼쪽' 으로 옮겼고, 일부는 아예 정치에 무관심해졌다. 그래도 간혹 애매모호한 '진보' 를 들먹이기 좋아하는 분들과 어울려 이야기하게 되면 "FTA도 잘못됐고 민생의 파탄도 아쉽지만, 일단 햇볕정책을 유지하고 개성공단을 계속 추진하는 것만 해도 노무현을 좋게 평가해주어야 하지 않나? FTA와 개성공단을 분리해서 이야기하자"라는 소리를 듣게 된다. 내가 보기에는 이것이야말로 노무현과 그가 대표하는 정치 노선에 대한 가장 위험한 착각이 아닌가 싶다.

FTA의 본질이 무엇인가? 구체적인 이야기에 들어가자면 한-미 양쪽 자본의 상호 이익을, 민중 사회에 희생을 강요하면서 '시장 개방'을 통해 관철시키는 것이지만, 총론적으로 봤을 때에는 국내 생활의 총체적인 시장화 · 신자유주의화에 있다. 국내 시장과 미국 시장의 상당 부분이 통합돼가는 상황에서, 정부가 더 이상 '시장논리'에 위배된다 싶은 정책을 펼 수 있는 여지는 거의 사라질 것이다. 예컨대 망해가는 농민들을 위한 일회성의 소득 보전 정책(즉, 가격 인하로 발생한 소득 상실에 대한 현금 보상)이 있을지는 몰라도 FTA적인 분위기 안에서는 농가 빚의 전체적인 탕감이라든가, 국민의료보험의 자기 부담 비율(지금은 거의 50%에 가까운)을 크게 감소시키는 공공 의료 재정의 확충이라든가, 사립대학들의 공공화를 위한 정책 등은 아예 기대하기 힘들 것이다. 지금도 한국 민초들의 생활이란 경쟁지옥 그대로지만, FTA 이후는 아예 무간지옥_{無間地獄}일 듯하다. 그러한 질서 하에서 계속 산아_{産兒} 욕망을 가질 분이 계실지는 모르겠으나 아이가 태어나기도 전에 그 부모들은 아이의 사교육비, 필수화돼가는 1년 이상의 어학연수비 등을 미리 버느라 '투잡족'인지 '쓰리잡족'인지 공중 줄타기와 같은 나날을 보내야 할 것이다. 또한 아이가 태어나고 나서는 3살부터 영어유치원 공부를 시키는 데에 여념이 없을 것이다. 아이가 초등학교 고학년쯤 되면 스스로도 "완벽한 인간 상품이 안되면 이 사회에서 인간 대접 못 받는다"는 걸 깨달아 점수 관리, 인맥 관리, 영어 발음 관리에 모든 열정을 쏟을 것이고, 대학을 졸업할 나이가 되면 세상이 허무해서 자살하지 않

국가와 민족을 넘어

는 한 자신만의 브랜드를 가꾸는·일을 자신의 역사적인 사명으로 알 것이다. 글쎄, 이것이 인간의 삶이라면 나는 차라리 동물로 살고 싶다. 햇볕정책의 핵심이란 무엇인가? 결국 개성공단과 같은 대형 프로젝트를 통해 북한까지도 시장화시켜 북한의 유일하다 싶은 자원인 저임금의 순치된 노동력을 초과착취하여 1960~70년대 '한강의 기적'의 연장선상에서 '대동강의 기적'을 일으켜 자본한국의 '웅비 雄飛'에 보탠다는 것이 아닌가?

FTA 이후 한반도적 자본체제의 중심인 남한은 거의 대다수 인구가 자신의 '몸값'을 높이는 데에 여념이 없는 '작은 자본가'가 되어 불안정화된 사회 안에서 자신을 부단히 팔아야 할 것이다. 그러나 주변부인 북한에서는 관료계층이 남한의 영향 하에서 일정 부분 '자본화'되는 반면 일반 대중들은 여전히 김일성주의의 주사를 받아가면서 지금과 같은 농노 생활을 해야 할 것이다. 농노 생활을 접고 지역의 중심부인 남한으로 도망이라도 치고자 한다면 남한의 '일반 시민'들은 "거지 떼가 몰려온다"고 난리칠 것이고 고매하신 주사파 분들께서는 "선군정치에 봉사하지 않고 사리사욕을 챙기려는 비열한 짓"이라며 준엄한 도덕적 재판을 하실 것이다.

물론, 북한 통치 계층의 포섭과 비非자유 저임금 북한 노동력의 효과적인 초과착취의 계획은, 미국의 대북 압살 정책이 지속될 경우 거의 실행 불가능할 터인데, 지금처럼 미국이 "북한과 좀 친해지고 중국을 압박해보겠다"는 식으로 나선다면 성공 확률이 결코 낮지 않다. 약간 상상의 비약이 있긴 하지만, 약 10년 후에 LG전자나 삼성전자가 평양에 세운 공장에서 북한의 인민근로대중들이 저녁 7시까지 '민족 자본에의 노동 봉사'를 하고, 7시부터 9시까지 '위대한 지도자들의 조선 민족 우월주의 사상'을 배워 조선 민족의 우월성을 입증하신 이병철-이건희 일가를 왜 사모해야 하는지 익히고, 김일성어록과 이건희어록을 동시 암송하는 풍경을 하나의 '충분히 가능한 미래'로 생각해볼 수 있다. 결과적으로 햇볕정책은 궁극적인 차원에서는 FTA와 둘이 아닌 하나일 것이다.

햇볕정책을 반대하자는 것이 아니다. 나는 지금과 같은 폭력적인 대치보다 더 나쁜 상황은 없다고 생각하며, 휴전선이 사라지는 것이 그래도 역사의 진보라고 믿는다. 그러나 그렇다 해도 사실은 사실이다. 노무현 정부는 남한이든 북한이든 이 한반도의 민초들을 자본의 영원한 예속민으로 만들려고 노력하고 있다. 원칙상 이를 원하지도 않는 사람들의 상당수가 지금 그들의 속임수에 놀아나고 있으니, 문제라 하지 않을 수 없다.

국가와 민족을 넘어

'국민', 해체되지 않는……

2007年 3月 1日

어제 아내하고 이야기를 나누다가 아주 슬픈 기분이
됐다. 아내의 말에 의하면 우리 아이가 다니는 유치원에서는 이슬람
이나 인도, 아프리카 계통의 아동에 대한 '공적인' 차별은 없어도 '사
적으로' 노르웨이인 부모들이 그러한 아이들에게 자기 자녀의 생일잔
치에 초대하지 않는 등 개별적 배제를 한다고 한다. 물론 그러한 배제
는 말로는 거의 표현되지 않지만 행동으로 표현되곤 한다. 내가 관찰
하기에도 유치원에서 4~5살 아이들이 놀 때 '비유럽계' 아이들이 좀
따로 노는 추세가 있는 것 같고, 그건 꼭 본인들이 원해서 그렇게 된
것도 아닌 것 같다. 이 나이부터 이렇게 '우리'와 '남'을 구별하기 시

작하면 나중에 다 큰 뒤에는 과연 어떻게 되는 것인가?

그렇다면 이곳에서 '우리'의 기준은 무엇인가? 국내에 계시는 분들은 한국의 '순혈 신화' 등을 참작하여 "백인이냐 아니냐"라고 생각하시겠지만 꼭 그렇지도 않은 것 같다. 사실 19세기 말~20세기 초의 독일형 '혈통적 민족주의'는 일본이나 남북한에 강력하게 남아 있어도 그 본고장에서는 상당히 약화됐다. 아니, 거의 없어진 듯 보인다. 즉, 한국계 입양인이나 한국 내지 중국인을 어머니로 하는 아이 등 그 얼굴이 아무리 '다르게' 생겼을지라도 '본토인' 아이들과 이렇다 할 만한 '구별' 없이 어울리는 것을 쉽게 볼 수 있다. 왜냐하면 아이들의 놀이터와 같은 사회화 과정의 출발점에서 관찰되는 '구별'의 기준은 '혈통'이라기보다는 부르디외가 이야기했던 '문화·사회적 자본'에 있기 때문이다. 즉, 언어 구사력과 집에서 배우는 매너, 행동 양식 등이 이 보이지 않는 집단의 소속 기준이 되는 것이다. 어떻게 보면 남한의 '단군 자손' 이야기보다 조금 더 '고급스러운' 구별(실제로는 차별)의 구조지만, 또 다른 면에서 '혈통주의'만큼이나 가혹할 수도 있다. 왜냐하면 어릴 때부터 노르웨이 중산층의 언어와 매너, 행동방법, 취미 등이 완벽하게 몸에 배지 않은 경우에는 사실상 '주류 집단'으로부터 평생 소외를 당하고 말기 때문이다. 이미 '다르게 생긴' 얼굴들을 꽤나 많이 받아들인 이 '주류 집단'은 '민족'이라기보다는 '국민'이라 해야 하겠다.

물론 한국에 아직 남아 있는 19세기 식 '국민주의'는 이곳 노르웨이에서는 발견되지 않는다. '신성한 병역의무'를 이야기하다가는 미친 사람 취급을 받을 것이고(징병제이긴 하지만 '신성'의 문제가 아니고 병역이나 대체 복무를 택할 수 있는 사회적 합의의 문제이다), 학교 신문에서 "아프간 침략을 하고 있는 노르웨이 군대에 대해 일체 비협조적 자세로 사보타주(태업) 캠페인을 하자" 해도 '비국민'이 되지 않는다. 대다수의 '국민'이 온건 우파나 온건 좌파에 속하지만 극우나 극좌가 돼도 그 대열에서 탈락당하지는 않는다.

내가 보기에 '국민'으로부터 배제를 당하는 그 내부의 개인들은 두 가지 종류에 속하는 것 같다. 하나는 장기적으로 생산과 소비의 순환에서 탈락되는 경우(장기 실업자들은 굶어죽을 일은 없어도 동네 안에서 보이지 않는 멸시를 많이 당한다), 또 하나는 미시적 차원의 순응주의적 태도가 결여되는 경우다. 예절을 상습적으로 어기거나 직장에서 (보이고 보이지 않는) '규율'을 어길 경우가 여기에 해당된다. 즉, 푸코가 이야기했던 '근대적 자기 관리'가 철저하지 못한 경우에는, '국민' 집단으로부터 비공식적으로 탈락되고 만다. 이 사회에서 주변적인 존재가 되어 뭘 '즐길' 수가 없다는 것이다.

자본주의가 살아남는 이상 집단적 차별과 배제의 메커니즘들은 그대로 기능할 것이다. '민족'은 해체되어도 잘 다듬어진 중산층 중심의 생산·소비 집단이라는 의미의 유럽적 '국민'은 그대로 남아 있을 것이다. 즉, 자본주의는 그 본질상 '국민국가'라는 행정적 단위를 필요로 하고, 자본주의 세계체제가 결국 '국민국가'들을 그 기본 단위로 하고 있다고 할 때, '민족주의'가 약화되어도 '국민주의' 정도는 자본주의가 본격적으로 변혁되기 전까지 계속 남아 있을 것이라는 이야기다.

한때 한국에서 '탈근대' 이야기가 유행했던 때가 있었지만 자본주의적 생산양식의 범위 안에서는 '밑에 사람'을 발로 차는 '우리 식 근대'를 조금은 극복할 수 있다고 해도 근대 그 자체를 벗어날 수는 없다. 글쎄, '말 잘 듣는 아이' 보고 "착하다"고 하는 '우리 식 근대' 보다는, 아이들에게도 명령하지 않고 "점심 먹고 싶지 않으세요?" 식으로 이야기하는 노르웨이 유치원의 보모들이 좀 나아보이는 면이 있기는 하다. 그러나 결국 이곳도 또 다른 의미에서 차별과 배제, 소속과 탈락의 정글사회이다. 자본주의 세계에는 유토피아가 없는 법이다.

미국 주요 일간지가 전하는
북한의 '진짜 의도'

2007年 2月 1日

대체로 미국의 일간지에 나오는 북한 관련 이야기들
은 거의 '선전, 선동'에 가까운 것이라 정보 가치가
많이 떨어지지만 가끔 예외도 있다. 예컨대 2007년 1월 27
일자 워싱턴 포스트에 실린 칼럼이 그렇다. 그 글은 지난 10여 년 동안
대북 협상의 현장에서 꽤나 경험을 많이 쌓은 두 명의 국무성 '지북파'
가 쓴 것인데, '선전, 선동'의 요소가 별로 없고 북한의 '본심'에 대한
놀라운 통찰력을 보여준다는 면에서 주목을 끈다. 부시가 아무리 '악
의 축'과 같은 망언을 퍼부어도 국무성의 실무파 관료들은 북한 상황
과 북한 지도부가 지닌 의도의 '진실'을 잘 파악하고 있는 셈이다.

그렇다면 '진실'이란 무엇인가? 1987년만 해도 북한 대외 무역의 거의 90%가 대소, 대동구 '특혜 가격' 무역이었는데, 그 버팀목이 1991년 무너진 뒤에 남은 것은 중국과 남한의 지원이다. 문제는, 과거 소련 등 동구로부터의 지원과 오늘날의 중·한 지원의 성격이 다르다는 점이다. 소련이 원했던 것은 미-소의 군사적 대결에서 북한의 군사적 자원을 이용하는 것뿐이었다. 즉, 김씨 부자와 그 측근들의 통치 방법에 간섭하거나 북한 영토의 승계를 꿈꾸거나 북한 경제에의 침투를 계획하거나 하는 일은 별로 없었다. 소련에게 진짜로 필요한 것은, 전쟁이 났을 때 북한군과의 대남·대일본 전선에서의 공동보조였다. 그런데, 지금 중국의 경우에는 이미 북한 시장을 상당 부분 장악했고, 또 '동북공정'이니 '장백산공정'이니 하며 북한 영토에 대한 잠재적인 승계권의 역사적 근거를 만들고 있다. 남한의 경우, 햇볕정책을 통해 북한 통치 집단에 유화적 제스처를 취하긴 하지만, 남한의 군과 보안기관 등에는 북한 통치집단의 해체를 궁극적 목적으로 생각하는 사람들이 아직도 적지 않게 남아 있다. 현재 남한의 포섭 정책은 남한 자체 지배집단의 복합적인 성격으로 인해 한계선이 있다. 중국, 남한 양쪽이 이처럼 북한의 궁극적인 주권, 영토 보전을 책임지려 하지 않는 상황에서, 북한 지배 집단으로서 쉽게 생각할 수 있는 것은 무엇일까? 구한말의 표현 대로 '인아책(引俄策, 러시아의 개입 유도)' 아니면 '인미책(引美策, 미국 끌어들이기)'이다. 영토적으로 가깝기는 하지만 러시아가 크게 약해진 상황에서, 백악관이 친화적으로 나올 경우 최적의 카드는 역시 미국으로 보인다. 평양, 남포, 신의주 등지에 코카콜라와 필립모리스 공장이 세워지고 북한이 미국으로부터 돈을 빌리고 백악관의 주인과 주석궁의 주인이 함께 웃으면서 사진을 찍으면, 조선일보와 같은 남한의 극우도 중국의 그 무슨 '공정'들도 더 이상 무서울 일이 없지 않을까? 사실, 클린턴 말기에 그렇게 될 것 같은 분위기가 거의 조성되었으나 결국 클린턴은 평양에 가지 않았고 부시가 들어서자마자 평양을 군사 예산 증강의 핑계로 써먹기 시작했다. 그러한 측면에서 '북한 문제'라는 것은 실상 북한의 러브콜을 계속 무시해온 미국의 문제일 뿐이다.

지금은 꿈처럼 생각되지만, 만에 하나 백악관과 주석궁 관계가 잘 트여 주석궁 주인이 '미제놈'들의 나라에 자주 나들이를 하고 가족도 그쪽에 공부하러 가게 되면, 저들은 자신의 백성과 남한의 주사파에게 그걸 무슨 말로 설명할까? "미제놈들이 우리의 자주성 앞에 굴복했다"고 할까? 우스운 일이긴 하지만, 왠지 웃고 싶지도 않다.

김일성대학 기숙사의
국제 사랑 이야기

2007年 1月 9日

지난해 11월 서울에 갔을 때, 방한 중인 한 선배를 만나게 됐다. 그 선배는 현재 러시아의 한 지방대학에서 한국학과 학과장으로 있는데, 1980년대 중반 1년간 평양의 김일성종합대학(김대)에서 조선어 실습을 한 적이 있다. 그 뒤에도 북한을 자주 왕래했다는데, 이분과의 식사 자리에서 들은 이야기가 하나 있다.

이분이 김대 기숙사에서 살던 시절, 그곳에는 소련 이외에도 동구권여러 곳에서 온 학생들이 꽤 있었는데, 가끔 동구권 여학생들과 북한남학생 사이에 로맨스의 꽃이 피는 것을 볼 수 있었다고 한다. 그중에서도 나중에 나를 가르친 분과 동숙하던 북한의 최모 동무와 한 동구

국가와 민족을 넘어

권 국가에서 온 여학생 사이의 연애는 비상히 치열했던 듯 싶다. 그 선배가 보기에 이 로맨스에서 가장 흥미로웠던 것은 다른 북한 학생들과 하급 당국자들의 태도였다고 한다. 원칙상 국제결혼이 불허되던 그 당시 북한에서 이와 같은 로맨스들은 처벌 대상이 돼야 했는데, 최모 등이 속했던 집단은 오히려 이 비극적인 연인들을 은근히 불쌍히 여기며 이해해주고 보호해주었다는 것이다. 그들은 아무리 서로 사랑을 해도 결혼을 할 수 없는 사이였기 때문이다.

선배가 이 이야기를 들려준 이유는, "그곳도 사람 사는 세상이니까 그쪽에 대해 미국 매체가 퍼붓는 프로파간다를 굳이 믿을 필요는 없다"는 의미였다. 그럼에도 나는 좀 슬펐다. 물론, 선배 못지않게 나도 북한 주민들을 우리와 똑같은, 측은지심|博隱之心을 비롯해 인간의 모든 상정|常情을 다 구비한 정상적인 '사람'으로 본다. 어쩌면 의지력이라든가 많은 면에서 우리를 능가할지도 모른다고 생각한다. '국제적 사랑'을 대하는 그들의 태도는 그저 기존의 내 생각을 재확인시켜주었을 뿐이다. 그러나 1962년 이후에 '국제 사랑'을 불허하기 시작한 북한 정권의 태도, 그리고 이처럼 인간의 당연한 연애 감정을 무시해온 정권을 이상시하는 일부 남한 민족좌파의 태도는 도대체 어찌 봐야 되는 걸까? 물론 현존하는 불평등한 세계체제에서 '국제적 사랑'은 자본주의의 논리에 따라 많이 왜곡되는 게 사실이다. 노르웨이나 대한민국 남성이 돈과 국적을 무기 삼아 베트남 여성과 사랑이 전제되지 않는 결혼을 한 뒤에 가정 폭력이나 일삼는다면, 이건 분명히 이주여성 인권에 대한 보호책을 통해 공동체가 해결해야 할 아주 어려운 문제가 될 것이다.

그런데 거시적으로 봤을 때 국제결혼의 증가에 따르는 지구 주민들의 '혈통적 혼합화'야말로 결국 통합된 '지구 문화'의 창달을 향한 첩경捷徑이 아닌가? 좀 이상주의적 접근인지 모르지만 나는 국제결혼이 진정한 '밑으로부터'의 지구화를 위한 초석이라 생각한다. 그걸 거부하는 정권이 있다면 그것이야말로 반역사적인 정권이다. 우리가 우선 북한 쪽과의 교류를 활성화시켜 북한 정권의 이와 같은 태도에 변화가 오도록 노력을 해야 할 것 같다.

국가와 민족을 넘어

황장엽의 회고록을 읽다가……

2006年 12月 17日

한국에서 사놓은 시대정신사 간행의 황장엽 회고록 (2006년 발행의 최신판)을 며칠간 거의 탐독하다시피 했다. 물론 어디까지나 '지금 여기'에서의 자신의 위치를 합리화하려고 쓴 텍스트고 '지금 여기'에서의 자신의 생각과 언동에 과거를 맞추는, 별로 보기 좋지 않은 모습이 엿보인다. 그러나 우리가 평소에 쉽게 볼 수 없는 평양 '왕정|王廷'과 그 '대신|大臣'들의 세계를 조금이나마, 타자의 글을 통해서라도 볼 수 있어서 흥미로웠다. 그 글을 보다가 문득 한가지 생각이 났다. 황 선생의 말을 그대로 믿는다면 그는 이미 1970년대부터 체제에 대한 강한 회의를 느끼기 시작한 듯하다. 내가 보기에

는 아마도 1990년대 초기 동구권의 몰락을 목도하면서 "선진국 지배하의 세상에서는 그 무슨 '자주성'도 존재할 리 없다"는 것을 깨달아 세계의 주인네들에게 항복하기로 마음먹은 모양이다. 어쨌든 황 선생이 적어도 몇 년간은 '위대하신 수령'과 그 체제에 대한 별다른 믿음도 없이 고굉지신|股肱之臣53)의 자리에 있으면서 백성들에게 주체사상의 교화를 폈다는 이야기다. 과연 이렇게 (김일성의 말을 빌리자면) "딴 마음을 품고" 국가 동량|棟樑의 자리에 있는 사람들은, 그쪽에 오직 황 선생뿐이었을까? 여러 가지 심증이나 상황으로 봐서는 그렇지도 않은 것 같다. 중병이 나기만 하면 평양이 아닌 모스크바나 취리히 등지에서 치료를 받고, 자녀 교육도 하필이면 스위스 기숙학교에 맡기며, 서유럽 출장을 즐기는 이들이, 황 선생이 만든 '자주성' 교로 만족하기는 어렵지 않겠는가? 그들이 이 체제를 계속 유지시키는 것은, 군부 집단과의 관계 등 내부 사정도 있겠지만 결국 DPRK(북한)라는 기업체가 부도선언을 할 경우 기존의 눈높이를 유지한 채 다른 곳으로 이직하기가 어렵다는 계산 때문이 아닌가 싶다. 사실, ROK(남한)라는 과거 경쟁회사의 일부 간부 직원들이 DPRK 파산의 경우 그쪽 임원진들에게 나름대로의 예우를 해줄 생각이 있는 것 같기도 한데 (대신에 파산 기업의 자산을 인수인계하여 그 하급 고용자들을 비정규직으로 전환시킬 수도 있을 것이다) 주식회사 ROK 주식의 상당 부분을 갖고 있는 USA(미국)라는 거대 재벌에서 결

---

53) 고굉지신(股肱之臣): 문자 그대로 해석하면 다리와 팔 같은 신하. 즉 임금이 가장 신임하는 신하를 의미한다.

국가와 민족을 넘어

사반대할 수도 있어서 문제다. 어쨌든 황 선생의 글을 읽으면서 받은 느낌 내지 인상이라는 것은, DPRK의 하급 '공순이, 공돌이' 들이 주린 배를 움켜쥐고 '고난의 행군' 을 할 때 그쪽의 간부진이 아주 재미있게 양쪽 세계의 '사이' 에서 살아온 것 같다는 점이다.

DPRK만 그런가? ROK의 간부진이, '공돌이' 들에게 하곤 하는 훈화들을 그들 스스로 믿기는 할까? 예컨대 '병역의 신성한 의무' 와 같은 훈화 말이다. 뭐, 불문가지 이다. 사실, 그게 근대적인 지배의 조건이 아닌가 싶다. 민족주의든 국민개병주의든 '신성 국방' 이든 '주체사상' 이든 저들이 만든 거칠고 맛없는 사상적인 음식들은 대중식당으로 공급되는 것이지, 저들이 점심 때 가는 특급식당으로 공급되지도 않고 또 그럴 리도 없다. 그리고 백성 우민화용으로 만들어지는 동화들을 그대로 믿는 지배자가 있다면 그들 사회에서 웃음거리가 되고 말 테다. 후기 소련에서 마르크스를 즐겨 읽으며 진짜 좋아하던 사람이 공산당 중앙위원회의 회식자리에서 웃음거리가 됐다는 일화처럼 말이다. 근대적 지배의 조건이 철저한 냉소 정신인데, 상당수의 백성이 이를 눈치 채지 못하고 있다는 부분이 마음 아프기만 하다.

'그들'의 '민족'을
받아들일 수 없는 이유

2006年 12月 6日

'민족과 통일'에 대한 비장감에 가득 찬 '그들'의 이
야기를 들을 때 나는 왜 이렇게 거의 무의식적으로
발끈하는가? 생각해보면 별로 반감까지 느낄 일도 없는데 말이다.
서로 생각이 다르면 다른 것이고, 생각이 다르다고 해서 감정적 대응
을 할 것도 없다. 예컨대 미군 기지가 들어서 있는 곳에서 자란 이들의
미 제국에 대한 반감을, 나름대로 역지사지를 해보면 충분히 이해할
수도 있다. 만약 내가 자랐던 레닌그라드(상트페테르부르크)에서 술에
취한 양키 병사들이 밤에 길거리를 휘젓고 다녔다면 나만 해도 무슨
테러리스트가 돼볼까 생각을 해보았을지 모른다. 미 제국이라는 오만

245   국가와 민족을 넘어

과 공격성의 덩어리를 가까이에서 늘 접하는 사람들의 심정을, 십분 이해하고도 남는다. 그리고 북한 사회·정치제도의 미화까지 용서할 수는 없지만, 미-일이 이미 대량 아사 사태 직전에 있는 동아시아의 최빈국을 각종 제재로 압박하고 못살게 구는 이 마당에 미 제국이 미울 대로 밉고, '민족 공조'로 모든 난관을 뚫고 싶은 그 마음을, 역시 얼마든지 이해한다. 나만 해도 "개성공단에서 북한 노동자들이 착취를 당하고 있다"고 말하는 미국의 고관에게는, "아니, 당신들이 니카라과에 설립한 공단들은 자선업체냐? 제 앞가림이나 잘하게, 응!"이라고 고함지르고 싶기도 하다. 북한 노동자들이 착취를 당하는 것은 엄연히 사실이지만, 이 세상에서 저임금 노동력 착취를 가장 많이 하고 있는 나라가 이 문제를 국가 차원에서 제기한다는 것은 나로서는 참기 어려운 위선적인 행위로 보이기 때문이다. 북한과 잘 평화공존하여 언젠가 분단을 극복하고자 하는 마음 정도야 나에게도 있고, 따라서 사실 반감을 느낄 건 없다.

그런데 NL쪽의 주장과 태도 중에서 내가 그야말로 보아 넘기기 힘든 것은, '민족'과 '국가'에 대한 그들 신념의 반인간성과 배타성이 그대로 드러나는 탈북자(새터민) 문제에 대한 시각이다.

탈북자들을 '배신자'로 취급하는 일부 강경 NL에게서는 파시즘의 냄새가 그대로 묻어난다. 그러면 평민에게 제 몫을 제대로 내주지 않았던 폭압적인 근대화를 피해 1950~70년대 일본으로 밀항한 제주도민들도 '배신자'인가? 오사카 쪽에 가서 음식장사로 생계를 힘들게 꾸려나가는 그분들에게 그러한 말을 한번 해보시라. 사실, 김일성-김정일과 박정희-후계자의 차이라면, 각종의 국내외적 조건(주로 세계체제의 논리)으로 전자의 국가주의적 폭압적 근대화가 결국 막다른 골목에 빠져 앞길이 막힌 것과 달리, 후자의 국가주의적 폭압적 근대화는 적어도 단-중기적으로 생산력 제고를 위한 일부 조건을 만들 수 있었다는 것이다. 그렇지 않아도 평균 생산성 수준이 미국의 절반에도 미치지 못했던, 비교적 고립되고 후진적인 '동구권'이라는 '세계체제 안의 또 하나의 자그마한 세계체제'가 무너지자, 북한 근대화의 많은 성과들이 그냥 물거품이 되고 말았다. 그런데 애당초부터 세계체제의 중심인 미국, 지역적인 중심인 일본의 '번견(番犬, 국경선 지킴이)'이자 하청공장이 된 남한은, 일단 미국과 일본에서 제철이 지난 사양 산업들을 인수한 데다가 미-일의 돈과 기술로 나름대로의 압축적 공업화를 이루어 '준 ᐧ중심부' 진입에 성공했다. 그러나 결과가 이처럼 다르다 해도 평민들에 대한 가혹한 착취와 통제는 기본적으로 동질적이다. 그런데 왜 박정희의 철권통치를 피해 해외로 빠진 우리 평민들과 달리, 김씨 왕권을 피해 살기 나은 쪽을 택한 이들을 '배신자'로 치부해야 하는가?

압제자의 주먹이 너무 드세고 더 이상 못 맞을 지경이 되면 짐 꾸려 나가는 것은 피압박자의 천부인권天賦人權이지 '배신'이 아니다. '배신'이라는 것은 말 그대로 '믿음을 등지는 것'인데, 백성을 부릴 대로 부리고 음식까지 제대로 주지 않은 억압자들이야말로 믿음을 등진 것 아닌가. 또 일부는 탈북자들에 대해 '경제적 난민'이라 하여 그들에 대한 북한으로의 강제 송환을 찬성하거나 남한행을 반대하는 경우가 있는데, 이건 '진보'의 주장이라기보다는 제3세계 이민자들의 유럽행을 반대하는 유럽 우파와 다를 바 없는 배부른 보수주의자의 소리로 봐야 한다. 그러면 1863년부터 두만강을 도강渡江하여 러시아 영토 쪽으로 간 오늘날의 재러시아 고려인의 조상들은 '경제 난민'이 아니면 누구였는가? 러시아 쪽에서 그들을 회령부사에게 넘겨 회령부사가 그들을 법대로 학살했거나 중형을 주었다면 과연 좋았을까? 그 당시의 러시아 문서들을 보면 "죽는 한이 있더라도 조선으로 돌아가지 않겠다"는 것은 도강자들의 일관된 주장이었다.

일부 NL의 태도처럼 '민족'과 '국가'의 망령에 붙들려 어렵게 인간다운 삶의 길을 찾고 있는 같은 조선인들의 신음소리에 귀를 기울이지 않는 것은 아주 부끄러운 잔혹행위가 아닐 수 없다. 지금 남한에 있는 탈북자 중에서도 남한인들의 고질적인 차별을 못 이겨 "미국으로 건너가고 싶다"는 사람들이 상당수를 이루고 있는데, 만약 이 집단 괴롭힘에 '진보'까지 힘을 보태고 있다면 더 이상 할 말이 없다. 그들의 스승들인 고려인 조상들의 고행을 그대로 재현하는 듯한 탈북민들에 대한 '민족파'의 언행이야말로 나에게 그들의 '민족'을 받아들일 수 없게 만드는 가장 무거운 장애물이다.

북한 인권 문제를 생각한다

2006年 10月 16日

한때 사회당을 비롯한 일본 내 진보 지식인들이 외면
했던 북한 납치문제는 결국 아베 신조와 같은 '독수
리' 들의 독차지가 되었다. 종종 거론되는 북한 내 인권문제를
접할 때마다 나는 북한 납치문제 사례를 떠올리곤 한다. 남한에서 진
보 쪽이 북한의 인권문제를 외면하면 할수록, 이 문제는 국내 인권에
대해서는 일언반구 하지 않는 수구세력들의 여론몰이 수단이 되
고 말 것이기 때문이다. 미국의 압살 정책이 북한의 존재 자체를 위태
롭게 한다지만, 그것이 북한 인권에 대한 발언까지 죽여버리면 곤란하
다. 그들도 피억압 민중인데, '민중' 을 화두로 삼는 사람들이 그들을

도외시한다는 것은 말이 안 된다.

물론 내가 북한의 인권문제를 보는 각도는, 보수 매체와는 좀 다르다. 보수 매체들은 대개 북한의 수용소 문제를 꽤 선동적으로 다루고 있는데, 그들의 저의와 상관없이 일단 그 문제도 당연히 중요하다. 북한의 수용소에서 사람들이 고통을 받고 있는 한 우리도 편안히 잠잘 수 없다. 하지만 나는 '정치범' 문제인 수용소도 중요하지만, 이와 동시에 북한 대다수 민중의 사회적인 인권도 다루어야 한다고 생각한다. 예컨대 북한 식의 국가자본주의든 남한식의 국가관료 재벌 자본주의든, 민중으로서는 그 노동력을 보다 나은 조건으로 팔기 위해 이전의 자유를 영유하는 것이 꽤나 중요하지 않겠나?

사실 남한의 현대사는 저곡가 정책에 숨이 막혀 기를 펼 수 없던 민중들이 시골에서 도시로 끊임없이 모여들며 만들었던 '국내 노동 이민'의 역사라 봐도 무방하다. 1960년대 서울이 만원이 되자 윤치영 씨 같은 극우주의자들은 아예 서울로의 이주의 자유를 제한하자고 제의한 적도 있었다. 다행히도 그 제안은 비난을 잔뜩 받았고, 실현되지 않았다. 그런데, 북한에서는 윤치영 전 서울시장의 전체주의적 꿈을 그대로 실현하고 있는 것이다. 이전의 자유가 원천적으로 없는 데다가 특히 평양 등 특권적 지대로의 이전은 아주 제한돼 있다. 이는 구 소련시대의 '거주권' 제도, 오늘까지 계속되고 있는 중국의 호구제도와 함께 대표적인 민중억압제도이다. 노동력을 팔아서 살 수밖에 없는 민중은 유일한 고용주인 국가를 상대함에 있어 불평등한 관계에 놓여 있다. 때문에 이 같은 제도가 있을 경우 민중의 처지가 더욱 악화되는 것은 불을 보듯 뻔한 일이다. 그래서 나는 북한 쪽의 제도가 사회주의와 무관하다는 것을 입증할 필요가 있을 때마다 동아시아적 후기 봉건 국가(예컨대 에도 시대의 일본)를 방불케 하는 이 거주 이전 자유의 억압을 하나의 좋은 사례로 들곤 한다. 국가가 사회를 이렇게 다룬다면 이건 사회주의라기보다는 국가주의다.

한 가지, 거주 이전의 자유가 실현된다고 해도 우려되는 점은 있다. 저개발 사회에서 거주 이전의 자유가 다수의 민중들에 의해 이용될 경우 발생하는 사회 문제들도 엄청 심각하기 때문이다. 인구의 3분의 1이 달동네, 판자촌에서 살았던 1970년대 초반의 서울이나, 오늘날 북경이나 상해의 민공|RT 54)들의 거주 환경을 생각해보라. 민중이 거주 이전의 자유라는 기본 인권을 제대로 누리자면 저가 공공주택의 공급을 1950~60년대의 노르웨이, 스웨덴 수준으로 해야 하며, 1970~80년대의 영국이나 프랑스처럼 이 공공주택 지대들이 슬럼화되지 않도록 엄청난 예산을 쏟아부어야 한다. 즉, 만에 하나 거주 이전의 자유라는 인권이 북한에서 실현된다 해도, 곧바로 '인간다운 주택 환경 영유'라는 또 다른 기본 인권의 문제가 심각해질 수 있다는 것이다. 하지만 자본주의 하에서의 인권 역시 원천적으로 제대로 지켜질 수 없는 한계를 내포하고 있다. 북한이 자본화되어 거주 이전의 자유라는 기본적인 부르주아적 자유를 얻는다 해도 그걸로 민중의 인권 문제가 완결될 리는 없다.

---

54) 민공(民工): 도심으로 흘러들어가 거기에서 거주권을 얻지 못한 채 불법 고용되거나 비정규직으로 일하면서 초과착취를 당하고 있는 약 2억 명의 중국 내부 이주 노동자의 속칭.

국가와 민족을 넘어

'반미'보다 차라리 '반미제'

2006年 10月 13日

세계인들 사이에서 가장 보편적인 정서 내지 코드를 꼽자면 아마도 '반미'가 아닐까. 하지만 이 '반미'의 스펙트럼은 생각보다 꽤 넓을 수 있다. 이라크 침략과 같은 대량 학살에 대한 혐오증은 가장 보편적인 의식 중 하나이며, 미군이 주둔하는 곳마다 미군에 대한 반감이 있는 것은 물론이다. 자본의 이윤 창출에만 도움이 될 뿐 인간의 몸을 망가뜨리는 햄버거 류의 패스트푸드 음식문화, 볼거리는 화려해도 영양가는 없는 영화 등에 대한 '문화적인 반감'도 많은 나라의 많은 사람들에게서 발견할 수 있는 정서이다. 이 모든 정서들은 사실 이해하고도 남음이 있다. 미국이 세계

자본주의체제의 패권국가인 이상 그 이미지 안에는 이 체제의 모든 문제점이 내포돼 있을 수밖에 없다. 더구나 패권 유지를 위해서는 군산복합체의 확대재생산과 정기적인 전쟁이 필요하기 때문에, 전쟁의 주범을 미워하고 전쟁의 희생자들에게 동감하는 정서 역시 자연스러운 일이다.

그러나 한 가지, 모두 당연하기는 한데 걱정되는 부분이 있다. 자칫 잘못하면 미국이라는 '국가'에 대한 반감과 미국 군대-자본에 대한 혐오가 곧바로 모든 미국인들과 모든 '미국적인 것'에 대한 혐오로 이어질 수도 있기 때문이다. 게다가 소위 NL에 속하는 일부 분들의 언행들을 보면 그러한 위험성이 현실적으로 꽤 있어 보인다. 이미 몇 년간 북한을 악마화시키는 언론들을 접한 상당수의 일본인들은 모든 북한 주민들을 '김씨 왕권의 충신'으로 상상하여 김씨 왕조와 동일시하고 있다. 이와 마찬가지로 우리도 잘못하면 부시의 도당과 월가의 패거리들을 '모든 미국인들을 대표하는 것'으로 오인하여 나중에 후회할 만한 언행을 취할 수 있다.

과연 '양키'의 모든 것이 다 나쁜가? 사회주의적 또는 평화주의적 시각으로 미국을 본다면 꼭 그렇게만 보이지도 않는다. 상당수의 퀘이커[55]들이 일찍부터 이주한 미국은 이미 18세기 말의 독립전쟁 때 구미 세계에서 최초로 전시 병역거부와 대체 복무를 인정한 역사를 갖고 있다. 사실, 독립전쟁 당시 퀘이커들의 병역거부부터 시작하여 베트남

---

55) 퀘이커(Quaker): 영미권 개신교의 평화주의적 한 종파.

국가와 민족을 넘어

전쟁 때의 대량 병역거부, 오늘날 일부 양심적 군인들의 병영내 병역 거부와 불명예 퇴역 등은 세계 평화주의의 역사를 장식하는 중심 내용 중의 하나다. 그리고 지금은 망가져서 그렇지 1920년대 초기만 해도 사회주의자 유진 뎁스|Eugene Debs, 1855~1926 선생이 옥중에서 대선에 출마하여 100만 표 가까이 얻을 수 있었던 '사회주의자들의 둥지' 역시 미국이었다. 마르크스의 논설 중 상당 부분이 최초로 게재된 곳도 바로 미국의 진보적 신문들이었다. 이 외에도, 예컨대 1960년대 이후의 성개방 또한 미국이 세계 문화에 기여한 부분이다. 그 당시의 미국발 성혁명이 아니었다면 우리는 지금도 동성애를 '변태'로, 여성들의 혼외 · 혼전 정사를 '패륜' 또는 '처녀성 상실'로 여길 것이다. 특히 성 문제에 대한 위선이 극에 달하는 한국적 분위기에서는 '양키'들의 이와 같은 공헌은 가치있게 보인다. 또한 대학 안에서의 사제관계가 평등화된 것도 1960년대 후반 미국 학생운동 덕분이다.

우리가 미 제국과의 대립각을 제대로 세우려면, 가난한 미국인들에게는 기름을 싸게 팔거나 공짜로 주는 베네수엘라 차베스대통령의 대미 태도를 배울 필요가 있다. 미국인들을 미제와 동일시하면 할수록 미제는 강해질 뿐이다.

역사학자들이 파업을 벌인다면?

2006年 9月 7日

며칠 전 인터넷 일기에 한자 공부와 한자 사용의 중
요성에 대한 글을 게재하자 반박성 댓글을 남긴 분들
이 몇 있었다. 댓글 중에 한국의 의료자료에 지나치게 한자가 많
이 사용된다는 이유로 아쉬워한 의견이 있었는데, 나는 이번에 오히려
한국식 의료 쪽 한자 어휘에 익숙한 덕을 봤다.

오늘, 말이 통하지 않는 일본에서 치과 치료를 받았다. 그런데 만약
'구강 진단과|口腔診斷科'를 한자로 안 쓰고 로마자나 가나로 표기한다면
(물론 동음이의어가 많은 일본어에서 원칙상 불가능하겠지만), 이걸 죽어도 몰
랐을 것이다. 또 진통제 봉투에 한자로 '1회|回 2정|錠'이 적혀 있어서

위험한 약을 정확하게 먹을 수 있었다. 한국 병원에서 한자 표기를 보는 일본인이나 중국인들도 그러한 친근감을 느낄까?

치료를 받으면서 했던 생각 중에는 이런 것도 있었다. 만약 전국 치과 병원들이 하루 이틀 정도라도 총파업을 벌인다면 어떻게 될 것인가? 이가 다 썩어빠진 나 같은 사람들은 분명 고성대곡 |高聲大哭 아우성을 칠 것이다. 그런데, 내 동료인 사학자들이 파업을 벌여 한국사 강의와 논문 작성이 중단된다면? 다수의 일반인들은, 몇 년 지나도 그 효과를 못 느낄 것이다. 그만큼 사학의 효용이란 대단히 장기적이기 때문이다. 당분간이야 사학계 파업의 효과가 없겠지만 아마도 10년 후쯤이면 『환단고기』가 역사적인 사실을 기록한 책인 줄 아는 사람들이 많아질 테고 수십 년 후면 단군 실재론을 학교에서 가르칠지도 모른다. 즉, 사학자의 파업은 한국 같은 상황에서 극단적인 '재야' 국수주의자들의 '비어있는 틈새 잡아먹기'를 의미할 것이다. 초등학교 아이들이 이순신과 마찬가지로 주몽과 단군을 '우리 민족의 위대한 인물'로 알게 된다면 어떻게 될까? 글쎄, 기원전 660년에 일본을 '건국'했다는 소위 '신무천황' |神武天皇 을 실재 인물로 본 전전 |戰前 의 일본이나 단군 실재론이 국시 |國是 인 북한을 보면 알 만하다. 당장 망할 일은 없지만 극단적인 총동원 정책에 대한 백성의 면역성이 크게 떨어지게 되고, 천황폐하든 수령폐하든 신성화된 깡패 보스를 위해 다들 함께 옥쇄 |玉碎56) 하는 것을 당연

56) 옥쇄(玉碎): 옥처럼 아름답게 부서진다는 뜻. 즉, 명예나 충절, 대의명분 등을 위해 과감하게 죽는다는 의미.

하게 생각하게 되고……. 결국 그렇게 되지 않겠는가. 이런 의미에서
볼 때, 어쩌면 사학의 진정한 효용은 정치인들이 악용할 수 있는 위험
한 민족주의적 신화의 출현과 보급을 차단하고, 나아가 정치적으로 판
치기 쉬운 민족주의에 대해 건강한 회의론을 키우는 데에 있는 것인지
도 모른다.

물론 그런 측면에서 "그렇다면 지금 한국의 사학계가 제 기능을 제대
로 하고 있는가?"라는 질문도 가능하다. 글쎄, 일면은 그래도 최악의
상황은 아닌 듯하다. 적어도 아직까지는 주몽이나 단군을 실재 인물이
라며 달달 외우지는 않으니 말이다. 그런데 백제의 일본 계통 관료 임
명은 무시해도 일본에 건너간 백제 문화는 꼭 언급하는 한국 교과서는
한 번 돌이켜볼 필요가 있다. 정치적 신화들에 대한 건강한 회의론을
키우기에는 좀 지나치게 '우리'에 의한, '우리'를 위한, '우리'를 중심
으로 한 역사기술 아닌가. 확신할 수는 없지만, 차라리 학교에서 한국
사를 세계사와 함께 묶어 그냥 '역사'라는 과목으로 가르친다면 좀 낫
지 않을까? 요즘 보니 '국사'란 말을 만든 일본에도 '국사학과'는 없
던데…….

국가와 민족을 넘어

극단주의는 왜 위험한가

2006年 8月 9日

요즘 김홍도 목사 등 종교적 극우들과 김영환 씨 등 구 주사파 계통의 '전향파'들이 북한 정권의 붕괴를 거의 노골적으로 기원하고 있다고 한다. 극단주의가 수백만 명의 생명을 앗아간 것은 우리 역사에서 이미 잘 알려진 사실이다. 그러나 이들은 역사에서 아무것도 배우지 못한 모양이다. 기층 민중의 적극적인 운동에 기반을 두지 않는, 외부적인 충격에 의한 갑작스러운 상황의 변환은 결국 민중에게 새로운 족쇄를 채울 확률이 높다. 이는 역사의 가르침에 귀를 기울였을 때 얻을 수 있는 가장 중요한 교훈이다.

예컨대 지금의 북한과 그 속성이 아주 비슷한 일제 말기, 총동원 체제가 무너졌던 해방의 순간을 떠올려 보자. '드디어 찾아온 그날'의 기분은 그야말로 환희 그 자체였지만 '해방은 딱 그 하루뿐'이었다는 말이 있지 않은가? 기존의 주인들이 망하자 통치의 중간적 매개체였던 식민 관료들은 곧 미 군정, 이승만 독재체제 등 새로운 주인들을 받들고 식민지 시절을 그대로 닮은 병영사회를 만들려고 했다. 다만, 1950년대 남한 경제 자원의 한계성과 행정 조직의 미비로 말미암아 1960년대 말에 접어들어서야 식민지 말기를 초월한 병영형 폭력왕국이 탄생될 수 있었다. 식민지 말기, 거의 빈사 상태에 빠져 있었던 기층 민중의 혁명 조직들은 우월한 자원과 권위로 무장한 김일성 등 외세 의존적 스탈린 주의자들의 지휘하에 들어갔고(일선 혁명가들의 의도가 아닐 수도 있었지만), 결국 소련 제국주의와 평양의 집권 파벌 정치의 도구 역할을 하는 경우가 많았다. 해방 후 5년이 지나면서 남한의 친미 극우적 '주변부 파시스트'들과 북한의 스탈린주의자들이 각자 그 병영국가의 기틀을 잡았고, 곧바로 상호간 전쟁에 들어가 '한반도 초토화'라는 대가를 지불하며 각자의 권력체제를 공고화시켰다. 민주주의와 공산주의의 탈을 쓴 양쪽의 깡패들이 한반도 민중에게 채운 족쇄를, 우리는 지금도 완전하게 풀지 못하고 있다.

지금 김씨와 그 측근들의 통치 체제가 무너진다면 과연 어떻게 될까? 그 통치의 매개체, 즉 간부층들은 중국이든 남한이든 우월한 외세에 기댈 것이고, 그 외세가 북한 영토 내부를 식민지화하는 일에 일익을 담당할 것이다. 일제 말기에 비해서도 조직화가 훨씬 안 돼 있는 북한

국가와 민족을 넘어

의 민중은, 중국이든 남한이든 저임금 노동에 굶주린 재벌의 '밥' 이 될 것이 뻔하다. 김씨 가문과 그 측근들도 북한 민중에게는 분명히 일대 재앙이지만, 그 구조의 붕괴는 어쩌면 더 큰 재앙이 될지도 모른다. 북한 민중이 김씨 가문과 그 가신들이 채운 족쇄를 스스로 풀 형편이 안 된다면, 일종의 '차악' 으로 북한의 전반적인 형편을 개선시킬 수 있는 점차적인 개혁, 개방 정책이 가장 나아 보인다. 개혁, 개방 정책의 전개 과정에서 북한의 민중들은 그들 사회의 계급구조를 훨씬 더 선명하게 이해할 수도 있을 것이다. 문제는, 미-일의 압살 정책 하에서 개혁과 개방이 어디까지 가능할 것인가 하는 점이다. 정말로 큰 걱정이다.

남이 하면 '우경화', 우리가 하면?

지난 6월 23일, 프랑크푸르트에서 서울행 비행기에 탔을 때의 일이다. 유럽에서는 거의 구할 수 없는 국내 신문들을 비행기에서 볼 수 있어 대단히 반가웠다. 물론 비행기에서 만날 수 있는 국내 신문은 대체로 '조중동'이다. 잘해봐야 경제신문 류 정도를 더 볼 수 있을까. 평소에는 조선일보를 거의 안 보고 있지만 국내 종이신문에 굶주린(이것도 중독인가?) 것도 있고, "저쪽이 요즘 뭐라고 하는가?"가 좀 궁금해서 조선일보를 집어 들었다.

아니나 다를까. 바로 '걸작'을 발견할 수 있었다. 사설란에 '부천 모 학교의 전교조 조합원 교사'가 거론되었는데, 그에 따르면 이 교사는

국가와 민족을 넘어

끔찍한 사상 범죄를 저지른 셈이었다. 국기에 대한 경례를 거부했고, "군대에 간다는 것이 살인 기술을 익히는 것을 의미한다"는 불온 연설을 아이들에게 했다고 한다. 조선일보는 이러한 불령선인이 선량한 신민이 돼야 할 순진한 아이들을 유혹하고 있는 그 무지막지한 현실에 당혹감을 표하며 관헌에게 엄중 단속을 주문했는데, 그 주문이 먹혀들었나 보다. 국가에 몸과 마음을 바치겠다는 신성한 맹세를 감히 거부한 불건전한 사상의 소유자는 이미 징계위원회에 회부되었다고 한다. 그 위원회가 무슨 결정을 내렸는지 지금으로서는 아는 바가 없지만 어쨌거나 '관헌의 지위'에 저촉되는 언동을 해온 이용석 교사라는 분은 마음고생을 어마어마하게 했을 것이다. 재단 비리 등 내부 문제들을 고발해서 권력자들과 어려운 관계에 있었는데 조선일보에 마녀사냥까지 당했으니 부담은 더욱 클 것이었다.

신기한 것은, 조선일보가 그러한 마녀사냥을 저지르는데도 독자가 줄어들지도, 거기에 글을 쓰는 지식인들이 기고를 그만두는 일도 별로 생기지 않는다는 점이다. 이러니 과연 우리 사회가 얼마나 건강한가에 대해 의문이 들지 않을 수 없다.

도쿄의 극우적인 도지사가 모든 학교에서 일장기 게양과 일장기에의 경례를 의무화시키고 이에 복종하지 않는 양심적 교사들을 파면까지 시키는 등 온갖 징계를 구사했을 때, 우리는 그것을 '일본 극우화 혹은 우경화'의 징조로 보고 일장기 게양 자리에서 기립하지 않는 양심적인 교사들을 지지하고 응원했다. 우리가 태극기에 대한 경례를 거부하는 것은 일본인이 일장기에 대한 경례를 거부하는 것과 뭐가 그리

다른가? 일장기와 달리 태극기는 침략의 상징물이 아니라는 반론이 들어올 듯한데, 여기에 좀 문제가 있다. 베트남 파병 시절, 성조기를 휘날리는 쪽이 주범이긴 했지만 태극기 또한 종범으로 등장했었다. 태극기가 휘날리는 이 나라에는 지금 베트남을 비롯한 수많은 아시아 나라에서 온 다수의 노동자들이 노예에 가깝게 지내면서 일종의 '내부 식민지'를 이루고 있다. 이라크 독립군의 위엄에 꺾여 일장기가 이라크에서 도망치는데도, 성조기에 붙은 듯한 태극기는 계속 버티고 있다. 태극기를 휘날리는 쪽이 이라크 독립군의 가슴에 직접 총을 겨누지 않는다 해도 일단 '의병 토벌'의 보조원으로 있는 셈이다.

비록 방법론적으로는 다소 문제점이 있었다 해도, 무정부주의적 성격의 반제, 반외세, 독립 투쟁을 전개했던 약산 김원봉 선생이나 이회영|李會榮, 1867~1932 선생의 태극기라면, 나부터도 그분들에 대한 존경의 의미로 경례를 하고 싶다. 그러나 독립운동의 전통에 먹칠하는, 친일 노예들을 그대로 빼닮은 정권이 휘날리는 깃발에 경례를 하는 것은, 결국 이라크 독립군에게도 과거의 한국 독립군에게도 무례한 일이 될 수 있다.

그런 의미에서 부천의 이용석 교사가 행한 행동은, 정의라고는 찾아볼 수 없는 세상에 대한 최소한의 비판 의식을 아이들에게 보여준 일이었다. 그러나 그에 대한 '징계' 이야기가 나와도 전교조 등 일부를 제외한 우리 지식인 사회는 가만히 있는 모양이다. 부끄럽고 답답한 일이다.

국가와 민족을 넘어

김영남, 그리고 '일본인 납치' 문제

2006年 7月 1日

어제 우연히 텔레비전에서 납북인지 '우연한 돌발적 사고'로 북한에 가게 된 것인지, 본의 아니게 두 병영 국가 '사이'를 건너가게 된 김영남 씨를 보고 아주 슬픈 생각에 잠겼다. 거의 30년 만에 본 아들을 재회의 기약 없이 다시 보낸 82세의 노모는 과연 어떤 심정이었을까? 상상이 가지 않는다.

국제법 전공자는 아니지만, 상식적으로 대다수 국가들이 '가족 재결합권|family reunion rights'을 인정하고 있는 것으로 알고 있다. 즉, 1960년대 말 이후의 미국과 소련 사이에는, 비록 냉전상황의 적대적 국가관계라 해

도 '가족 재결합권'이 존중됐다. 즉, 미국에 아버지 내지 어머니, 친형제를 둔 소련인에게는 미국으로 갈 권리가 있었다. 소련은 국내 선전을 통해 이렇게 영구 출국하는 사람들을 '배신자'로 취급했지만, 국가 비밀 누설 위험이 있는 사람을 제외하고는 대개 보내곤 했다. 아무리 독재 정권이라 해도 국제인권법의 기본을 무시하면 불리했기 때문이다. 그런데, 미-소, 동-서독 사이에서도 인정됐던 이 '가족 재결합권'이, 남북한 사이에서는 인정이 안 되는 모양이다. 서독에 거주하고 있으나 동독에 아들을 둔 팔순의 노모는 동독으로 가서 영구 거주할 수 있었지만 김영남 씨의 노모에게는 이러한 권리가 없다.

우리는 도대체 왜 인간보다 국가가 먼저 고려되는, 국가 속에서 인간이 용해돼버리는 세상에서 살아야 하는가? 아무리 국가주의가 강한 풍토라 해도, 적어도 고령자에 한해서 이산가족의 재결합권을 인정해주는 게 동아시아적 '효孝' 사상에 부합되지 않을까? 한국에는 분명 '효행상'이 있고 도덕교과서에도 '효도'가 아주 위대한 미덕으로 서술되지만, '국가에의 충성'과 '효'가 충돌될 때에는 역시 국가가 양보를 잘 안하는 모양이다.

김영남 씨 사건이 시사하는 바는 또 있다. 김영남 씨와 노모의 눈물겨운 이별이 국가에의 충성에 대한 재고를 요구한다면, 그의 아내이자 일본인 납치 피해자인 요코다 메구미의 사례는 한반도 모든 주민들의 숙고를 요구한다. 이 '메구미 사건'[57]을 포함한 북한의 일본인 납치 문제에 대해서 우리는 지나치게 무관심한 것이 아닌가 싶다. 물론 일본의 우파 언론들이 이 문제를 이용해 자신들의 과거에 대한 면죄부를

국가와 민족을 넘어

만들고 나아가 북한을 악마화시켜 일본 재무장의 핑계로 삼는 것은 명백한 여론 조작이며 흉악한 짓이다. 그런데, 일본 언론들의 자기중심적 시각과 무관하게, 순수히 인간적인 차원에서 생각해본다면 한반도의 한 국가체가 무고한 '바깥'의 민간인들의 인생을 무자비하게 짓밟은 것은 한반도의 모든 주민들이 좀 깊이 생각해봐야 할 부분이 아닐까? 북한의 반일 민족주의는, 인권적 시각이 결여되어 있다. 또한 '일제'와 '일본'을 전혀 구분하지 못하는, 계급적인 접근이 배제된 맹목성을 갖고 있다. 즉, 납치를 단행했을 북한 특무|特務들의 입장에서는 비록 과거의 일제 만행과 개인적으로 전혀 무관한 기층 민중이라 해도 일단 '일본인'이라는 사실 자체가 납치해도 되는 조건을 충족시킬 정도로 혐오스러운 '적국|敵國 국민'인 모양이다. 제대로 된 마르크스주의자 같으면 비록 과거 식민모국의 국민이라 해도 '지배자'와 '피지배자'를 구별하여 전자와 후자에 대한 태도를 달리 했을 것이지만, 북한 특무들은 전혀 그렇지 않게 행동했던 것이다. 그들은 모든 일인|日人들이, 그들이 노동자든 농민이든 아무것도 모르는 중학생이든 전부 '일제'와 등가|等價시되었으니 메구미 같은 아이를 납치해도 양심의 가책은

---

57) 메구미 사건: 1977년 11월 15일 일본 니가타의 중학교 1학년생이던 요코다 메구미가 실종되었다. 처음엔 단순실종으로 알려졌으나 20년 뒤인 1996년 귀순한 북한 공작원 안명진 씨가 "70년대 후반 북한에서 납치된 13세 일본 소녀를 보았다"고 증언하면서 다시 주목받게 된다. 2002년 북-일 정상회담에서 김정일이 이 사건에 대해 시인과 사과를 하였고, 이와 함께 이루어진 북한의 발표에 따르면 납북되었던 요코다 메구미는 1986년 김철준이라는 북한 사람과 결혼하여 이듬해 딸 혜경을 낳았고, 1994년 우울증으로 사망했다. 그러나 북한이 요코다 메구미의 유골이라며 2004년 일본으로 보낸 DNA가 가짜로 판명되면서 다시 한 번 북-일관계가 냉각되는 계기를 맞는다. 반복된 요청을 통해 손녀인 혜경을 만난 요코다 메구미의 가족들이 김혜경의 DNA를 검사한 결과, 그때까지 북한 사람 김철준으로 알려졌던 메구미의 남편은 1978년 8월 전북 군산시에서 납북된 남한의 주민 김영남 씨로 밝혀졌다.

느끼지 않았을 것이다. 그런데, 이와 같은 관점에서 본다면 남쪽의 민족주의는 과연 건전한가? 여러 가지로 마음에 걸리는 부분이다.

월드컵, 스포츠, 그리고 국가

2006年 5月 17日

'태극전사'들이 '4강 쾌거'를 올렸던 지난 2002년,
월드컵 열광에 크게 놀라 몇 마디 비판적 발언을 했
다가 수많은 사람들의 비난에 시달려야 했다. 몇 년이
지났음에도 종종 오슬로대로 오는 한국 교환학생들은 "월드컵 때 우리
를 파시스트라고 말씀하신 것이 맞냐"고 묻곤 한다. 그러한 질문을 받
고 있자면 여간 곤란한 것이 아니다. 나와 같은 자칭 사회주의자 내지
공산주의자의 스포츠에 대한 태도라는 것을 한 마디로 정리할 수 있는
것도 아니지만 무엇보다 당시의 발언은 스포츠 그 자체보다는 스포츠
산업과 이를 이용하는 부르주아 국가를 문제 삼은 것이었기 때문이다.

그러니까 '태극전사'나 그 지지자들을 모독할 마음은 추호도 없는데, 우리가 '전사'라는 군사주의적인 단어를 이렇게 별 반성도 없이 이용하게 만드는 상황을 누가, 왜 연출했는가를 생각해보자는 것뿐이다.

'놀이'를 누리고자 하는 것은 아마도 인간의 본능에 속할 것이다. '놀이' 문화 없는 부족이나 종족은 세상에 없다. '놀이'를 하려는 아이들의 모습은 매우 자연스럽기까지 하다. 대개 월드컵을 옹호하시는 분들은, "우리가 축제를 즐기는데 뭐가 문제냐"라고 말한다. '놀이를 즐기려는 본능'에 호소하는 듯한 인상이다. 물론 월드컵을 '세계인의 축제'로 포장하여 '파는' 주최측의 의도는 대개 성공적으로 관철되고 있다. 그러나 프로 스포츠는 어떻게 봐도 도대체 순진한 아이들의 '놀이'로 보이지 않는다는 것에서 월드컵에 대한 나의 의심은 시작된다.

한 명의 '태극전사'가 태어나려면 대개 가난한 가정 출신의 수많은 아이들이 체대 등에서 군대를 방불케 하는 가혹한 훈련을 거쳐야 한다. 서로 잔혹한 경쟁을 벌인 뒤, 결국 '우승열패'의 법칙에 따라 몇 사람만 남아 '나라의 자랑'이 된다. 우리는 승리한 소수에게 박수를 보내 '태극전사'라 높여 부르지만, 훈련과 경쟁 과정에서 도태당한 다수에 대해서는 별 관심을 보이지 않는다. 현재 한국사회가 향하고 있는 신자유주의 사회는 여러 모로 이 '우승열패'의 논리가 관철되는 프로 스포츠와 아주 닮았다. 그리고 대한민국 선남선녀의 대다수는 '성공한 소수'보다 '실패한 다수'에 속할 확률이 높다. 우리는 현대판 검투사들이 연출하는 극을 즐기면서 우리 자신들도 결국 신자유주의적 활극의 검투사가 돼간다는 것을 망각하고 있다. 아니 망각을 하고 싶은 것

국가와 민족을 넘어

인가? 사회주의 또는 공산주의 입장에서 보자면 경쟁 논리의 정당화야 말로 근대적인 '대형 스포츠'의 이데올로기적인 기능이다. 그 이데올로기적 기능이 반동적이라는 것은 두말의 여지가 없다.

월드컵이라는 '세계의 광장'에서는 그냥 김씨나 이씨가 아니라 '대한민국 국민 김씨·이씨'가 존재한다. 그리고 대한민국이라는 이름은 단순히 4,500만 명의 선남선녀가 사는 지역의 이름으로써가 아니라 명백히 하나의 이데올로기적 국가명으로 기능한다. 대추리를 '접수'하여 '영농차단' 했다고 자랑하는 그 국가의 이름으로 우리가 독일에 가서 응원을 하는 것이다. 다른 건 몰라도 대추리에서 쫓겨난 사람들의 눈빛을 생각하면, "오, 필승……"을 도저히 못 외치겠다. 스포츠가 아닌 실생활에서, 나는 신자유주의 국가 대한민국이 신자유주의와 투쟁하는 민중들에게 '필승' 하지 말고 '필패' 하기를 열심히 기원한다.

1920~30년대만 해도 세계 좌파 운동진영에서는 경쟁이 없는, 무엇보다 노동자의 '움직임 욕구'를 충족시키는 '대안 스포츠'를 여러 가지로 실험해보기도 했다. 그러나 그 실험들은 제2차 세계대전, 냉전 등의 와중에서 그냥 망각되고 말았다. 정녕 우리는 '경쟁' 하지 않고 스포츠를 즐길 수 없을까? 아이들이 서로 노는 모습을 보면 있다고 답하고 싶다.

우리는 그들과 얼마나 다른가?

2006年 2月 17日

한국 관련 수업을 할 때 학생들에게 '인터넷을 자유로이 검색하거나 외국 인쇄물을 정기적으로 볼 수 있는 사람들이 많게 수백 명 정도 밖에 안 되는' 북한 이야기를 하면 다들 놀란다. 모두들 정보가 차단된 북한인들을 동정하는 표정들이다. 글쎄, 1986년 북한 김대에서 1년 동안 언어 실습을 하고 온 한 러시아 선배의 책을 보면 당시 김일성종합대학 친구들이 프랑스혁명에 대해 정확하게 알지 못했다고 한다. 그렇다면 이건 단순히 정보 차단이라고 하기에도 좀 심한 수준 아닌가. '바깥'의 현재는 그렇다고 치고 '바깥'의 과거까지 모조리 차단된 것이다. 과거에 대한 해석을 달리하는 것도 아니고 그냥 '없는 것'으로 만들어버린 셈이다. 그렇다고 조선 과거의 사실을 제대로 가르치는 것도 아니다.

정도의 엄청난 차이가 있긴 하지만, 과연 우리의 처지는 북한과 기본적으로 다를까? 우리는 정보의 바다에서 때로는 헤엄을 치고 때로는 거의 침몰되어 살고 있다. 그럼에도 과거의 가장 핵심적인 부분들에 대해서는 잘 모르는 경우가 많다. 어떤 부분이 핵심인가 하는 의식도 없다. 예컨대, 일제시대 때나 해방 직후, 노동자들이 '자본가 없는 공장'을 세우거나 자본가들을 축출하여 공장을 '직접 관리'하는 일들이 꽤 있었다. 일제 때는 대개 파업 참가로 해직된 사람들끼리 뭉쳐 '생산조합'을 만들고 '착취 없는 생산'을 시도했으며, 해방 직후에는 일본인 공장주가 도망간 뒤 조선 노동자들이 스스로 '공장 관리'를 하는 경우들이 많았다. 학계에도 그와 관련된 연구 성과가 조금 있는데, 자본가 없이도 기계가 돌고 생산이 되고 노동자들이 살 수 있었다는 사실에 대해 얼마나 많은 사람들이 알고 있을까? 당연히 대부분의 사람들은 모르고 있다. 언론이나 자본, 체제 교육의 관점에서 '자본이 없는 공장'은 있을 수 없는 일이다. 일제시대의 공산 운동을 정통시하는 다수의 좌파 입장에서도 이러한 시도들은 아나키즘|anarchism 냄새가 너무 나서 문제가 된다. 실제로 1945~46년 남로당 계통의 전평(조선노동조합전국평의회, 당시의 좌파 노조 연합)은 "먼저 노동자 국가를 만들자"는 이유로 '공장관리'를 반대했다.

미군에게 잡혔다가 나와서 월북하여 북한에서 노동부상까지 했으나 1958년 경 숙청을 당한 전평의 허성택|許成澤, 1908~1959 선생의 행적은 지금

도 정확하게 알려지지 않고 있다. 일제시대 때부터 노동운동을 했던 허선생, 그리고 그와 함께 월북했던 다른 전평 동지들의 행방은 지금도 수수께끼다. 문제는 아무도 관심을 갖지 않는 수수께끼라는 점에 있다. 노동의 역사에 대한 무관심과 무지의 조장이라 하지 않을 수 없다. 그뿐이 아니다. 6·25 때 벌어진 보도연맹 학살과 같은 사건도 마찬가지다. 전쟁 중 일어난 최초의 집단 민간인 학살 사건으로만 알려졌을 뿐, 당시 정부와 경찰에 의해 정확하게 몇 명이 살해당했는지, 그들이 과연 어디에서 어떻게 죽었는지도 거의 알려져 있지 않다. 1953년 이후의 군이나 그 뒤의 중앙정보부·안기부가 벌여온 대북 공작사도 우리로서는 추측 말고는 할 수 있는 부분이 없다. 예컨대 북한 엘리트에 대한 조용한 매수 작전이 현재 어디까지 왔는지도 그야말로 '추측'의 차원을 넘지 못한다. 북한만큼 심한 것은 아니겠지만 우리는 과거의 자본·국가와의 투쟁에 대해, 국가가 해왔고 지금 하고 있는 일에 대해 몰라도 너무 모르고 있다. '국민'이 잘 몰라야 국가 운영이 순조롭기는 하겠지만……

국가와 민족을 넘어

북한은 과연 '깡패 국가'일까?

2006年 2月 3日

요즘 미국의 고위 관계자들이 시도 때도 없이 북한에 대해 '범죄 정권'과 같은 딱지를 열심히 붙이고 다닌다. 초대형 깡패 국가 미국이 하는 말이니까 바로 거부반응이 일어나 진지하게 생각해볼 마음이 안 생기지만 사실 '생각하는 좌파'에게 이것은 한 가지 화두가 될 수도 있다. 미국이 주장하는 위폐 문제에 있어서는 확증도 없고, 설령 확증이 있다 해도 봉쇄를 당한 국가의 궁여지책窮餘之策이라는 차원에서 본다면 뭐라 하기도 어렵다. 그러나 수용소 문제나 미국 및 중국 등에 버금가는 수준의 사형 남용 문제 등은 분명히 양심에 걸린다. 확인이 되는 증거만 가지고도 '범죄 정권'이라는 말이 그렇게 심한 표현으로 보이지 않는 것이다. 깡패 제국 미국이 하는 말들과 무관하게, 우리 자신을 위해서라도 이 문제에 대한 약간의 정리가 필요할 것 같다.

막스 베버|Max Weber, 1864~1920의 정의대로 국가는 "폭력을 합법적으로 사용할 수 있는 사회의 유일한 기구"다. 근대 국가가 사회적 폭력을 독점한다는 것은 명백한 사실인데, 여기에서 문제가 되는 것은 과연 '합법적'이라는 게 무슨 의미인가이다. 가령, 깡패를 잡는 것은 합법적인 폭력이겠지만 구미 지역에서 1970년대까지 했듯이 세습적 불량배로 지목되는 사람들에게 강제 불임수술을 행한 것은 과연 '합법적'이라고 봐야 할까? 외국인 불법 체류자의 강제 송환은 '합법적인 폭력'이지만, 요즘의 스위스나 벨기에처럼 '위험하다' 싶은 외국인에게 수갑 채우고 입에다 가리개 물리고 내보내는 것까지 합법적일까? 심지어 그 때문에 질식사당한 사람도 있다.

우리 상식으로 봐서는 깡패 국가 미국은 둘째 치고 '얌전하다' 싶은 유럽 국가들이 하는 일 중에서도 어떤 것은 '합법성'의 차원을 넘는 폭력으로 보이는 것들이 있다. 그런데 상식에 맞지 않는다고 지적하는 정도로는, 저들이 자신의 행동 방식을 고칠 것 같지 않다. 심지어 프랑스 대통령은 테러리스트에게 핵폭격을 하겠다고 공언까지 했다.

결론적으로 이야기하자면, 국가 폭력의 '합법성'의 기준이란 결국 해당 국가가 개별적으로 정하여 그 주민들에게 그 정당성을 주입시킨 것이라고 봐야 할 듯하다. 한 마디로 "국가가 합법적 폭력을 독점하니 국가가 하는 모든 폭력이 합법적이다"라는 게 요즘 우리가 살고 있는 비

국가와 민족을 넘어

틀린 세상의 불문율이다. 북한 같으면, 이 '합법적인 폭력'의 수위를 서구인의 상식으로 보든 한국인의 상식으로 보든 대단히 높인 셈이다. '수령님'의 초상화를 건드린 사람을 수용소로 보낼 정도라면 이건 교회의 '신성한 집기'를 잘못 건드려 파손시킨 사람을 붙잡아 종교재판에 회부했던 유럽 중세와 다를 게 없다. 정도의 차이는 있어도 본질에 있어서는 별 차이가 없다고 봐야 할 듯하다.

따지고 보면 사실 국가가 폭력을 독점하고 국가가 휘두르는 모든 폭력이 합리화되고 '정의'로 둔갑하는 것은 북한 안이건 북한 바깥이건 간에 모든 근대 국가의 생존 방식이다. 북한을 합리화할 생각은 추호도 없다. 하지만 북한이 '깡패 국가'라면 우리가 살고 있는 모든 국가들도 일정 부분 '깡패 국가'의 면모를 지니고 있다. 정도의 차이는 거의 천양지차 같아 보이지만 본질의 차이는 포착하기 힘들다.

불교는 평화의 종교?

2005年 11月 30日

2005년 11월, 불교와 관련한 학술 대회 건으로 잠시 귀국하여 국내의 여러 불교단체들을 공석과 사석에서 접할 기회를 가졌다. 그때 한 종단의 원로분으로부터 "평화의 종교인 불교야말로 중동의 테러 문제를 해결하고 21세기 인류의 정신적 진보와 평화를 담보할 수 있다"는, 확신에 찬 말씀을 들었다. 불자로서 참 동의하고 싶은 말이긴 한데, 마음 아픈 일이지만 아쉽게도 동의를 못하겠다.

붓다는 국가의 폭력은 물론이거니와 개인의 폭력성까지 다 초월한 분이었다. 그런데 붓다가 입적하고 그의 후계자들(내지 후계자를 사칭한 자

국가와 민족을 넘어

들)은 아쇼카 왕의 시기를 전후해 국가와 타협하게 된다. 국가와 더 깊이 유착하는 길에 들어선 것이다. 그러나 이후의 역사에서 보이는 폭력에 대한 불교의 태도는 기독교나 이슬람 등과 과연 얼마나 다른 모습을 하게 되었을까? 아쇼카 이전까지의 승려들은 대체로 국왕들과 거리를 두려는 노력이라도 했다. 그러나 아쇼카 이후 집중적으로 국가의 외호(外護, 보호와 지원)를 받게 되자 전쟁에 대한 비판 등을 극도로 자제할 수밖에 없는 입장이 됐다.

'이단인'과 종교 전쟁을 하지 않는 등의 차이는 있었지만 대승불교|大乘佛敎58)든 상좌부|上座部59) 불교든 국가의 폭력을 그대로 인정해주고 국가를 보호자로 삼은 것은 불교의 역사에서 드러나는 사실이다. 중세 일본에서 천태종 승려와 진언종 승려 사이에 벌어졌던 내전이나 신라 말기(9세기 말)부터 있었던 한반도에서의 승병 동원 등은 어떤가? 이쪽 동아시아 이야기가 진부하다면, 초기 불교 모습에 조금 더 가까웠던 동남아 상좌부 불교를 생각해보자. 태국과 버마, 베트남의 전쟁, 태국의 라오 거주 지역 점령 등 중세 후기 유혈 낭자했던 수많은 장면에서 제도권 승려들이 국왕을 말려본 적이 있었던가? 직접 칼을 들지 않은 것은 그나마 다행이지만, 중세의 국가와 승가|僧伽의 유착이 지금 스리랑카나 태국의 '민족주의적 불교'라는 독버섯으로 자라난 것이 아닌가?

---

58) 대승불교(大乘佛敎): 대승의 교리를 기본 이념으로 하는 불교. 삼론(三論), 법상(法相), 화엄(華嚴), 천태(天台), 진언(眞言), 율(律), 선종(禪宗) 등이 있다.
59) 상좌부(上座部): 인도 소승 불교의 2대 부문(部門) 중 하나. 석가모니가 죽은 후 100년쯤 되어 진보적인 대중부가 나타나자, 이에 맞서서 전통적인 교리를 지키고자 하였다.

기독교 쪽의 양심 있는 사람들이 '기독교 죄악사', 즉 십자군 전쟁이나 아메리카 대륙의 선주민|先住民 학살, 노예 무역에 대한 방조 등을 반성하듯이 불자들도 '불교 죄악사', 즉 국가와의 타협과 유착의 역사에 대해 반성할 줄 알아야 한다.

부석사나 불국사, 황룡사, 석굴암 등은 신라라고 하는 국가의 직접적 지원으로 건설된 곳들이다. 그리고 그곳에서 주석|駐錫하면서 수행했던 스님들은 왕실의 보호와 지원에 의존했었다. 우리가 다보탑과 석굴암 본존불의 아름다움에 감탄할 때는 하더라도 동시에 불교의 '국가화'가 가져다준 문제들에 대해서 깊이 돌아봐야 하지 않을까? 이 문제는 지난 과거에만 있는 것이 아니라 지금도 존재하고 있다. 스리랑카의 불교가 타밀족|族이라는 소수자에 대한 적대와 배타의 담론이 된 것은 현대 불제자 모두에게는 크나큰 수치다.

오늘 서울 견지동에 있는 불교 동네를 지나가는데 "황 교수님, 힘내세요!"라고 적힌 현수막이 눈에 띄었다. 불자로서 부끄럽다는 생각밖에 안 든다.

위안부 문제를 대하는 우리의 태도

2005年 10月 30日

어젯밤에 계속 몇 시간 동안 박유하 교수(세종대)의 『화해를 위하여』라는 신작을 읽었다. 그런데 우경화돼가는 일본과 우리가 꼭 박유하 씨가 제시하는 방식으로 '화해' 할 필요가 과연 있는지, 가해 세력의 직계 후계자들이 집권한 구 식민모국과의 진정한 '화해'가 가능한지 나로서는 솔직히 큰 의문이다. 일본의 입장을 보다 적극적으로 이해하자는 저자의 참신한 자세에서 영감을 얻을 수는 있었지만, 그 의견 중에는 동의하기 어려운 부분들이 수두룩했다. 그럼에도 박 교수의 책을 읽다가 한 가지 부분에서 가슴이 뭉클해졌다. 위안부 할머니들의 수기를 인용한 부분이었다. 한 할머니가 말했다는 "왜놈보다도, 나를 모집책募集責에게 팔아넘긴 내 아버지가 더 밉다"라고 한 대목이었다. 숙고해야 할 부분이라는 생각이 든다.

우리는 위안부 문제를 너무나 쉽게 '민족'의 테두리에 집어넣곤 한다. 즉, 그건 저들 '악한 민족'이 우리 '선한 민족'을 괴롭힌 '사건'으로 규정되곤 한다. 문제는, 여성이 남성 본위의 사회에서 피해를 입는 사건치고 그렇게 단순한 것은 없다는 데에 있다. 일단 여성은 고질적으로 차별과 억압을 받는 입장에 묶여 있기에 어떤 커다란 피해를 당하게 되면 꼭 한쪽으로부터만 당하지 않는다. 수많은 가부장적 사회를 보면 강간을 당한 아내에게 남편이 "당신의 행실이 가해 남성을 자극해서 이 재앙을 자초했다"고 오히려 질책하는 경우가 종종 있지 않은가? 여성들은 남성 우월주의적 사회에서 이중, 삼중의 피해를 받게 되는 것이다. 위안부 문제에 있어서도 이와 같은 피해의 복합성을 그대로 볼 수 있다.

당연히 식민지 구조에서 기인한 억압, 강제성, 민족 차별 등이 근본 문제라고 볼 수 있지만, 정작 피해자 입장에서는 자신을 인신매매한 조선인 남성이나, 자신을 정신대에 보내놓고도 제 딸만큼은 빼돌린 '있는 집'의 조선 여선생이 더 미울 수 있다. '가부장제' '계급' '사회에 만연한 폭력' 그리고 '식민지적 민족 차별과 강제'가 중첩한 상황에서 '민족'적 부분만 강조하는 것은 어쩌면 피해자에게 2차 폭력이 되지는 않을까? 심지어 1990년대 후반 일본의 '국민기금'을 받은 일부 위안부 할머니들을 비난한 국내 시민단체나 언론은 인간적으로 이해할 수가 없다. 그 '국민기금'이 아무리 "의도가 불순하고 국가적 사죄와 배상

국가와 민족을 넘어

을 회피하기 위해 만들어졌다" 해도, 상상조차 할 수 없는 성폭력을 당한 경험 때문에 일생이 망가진 사람에게 우리가 '민족'이라는 이름의 도덕적 린치를 가할 권리라곤 없지 않은가?

사실, 1990년대 초반 이전까지 한국 사회에서 위안부 문제에 대한 증언을 수집하고 피해자들을 도우려는 움직임은 별로 보이지 않았다. 이것은, 한국 남성사회 자체가 피해 여성들에 대해서 얼마나 이중적 잣대를 갖고 있었는가를 보여주는 예증이기도 하다. '민족적 입장'에서는 '우리 조선인'들이 당한 피해에 대해 일본에 '따질 것은 따져야 하는' 당위성이 성립됐지만 동시에 자신의 가족 중에서 위안부가 있었다는 것을 '수치'로 보는 경우도 흔히 있었다. 경위가 어떻든 간에 여성이 중산계층 '현모양처'의 전형|典型대로 살지 못했다는 것은 중산계층이 헤게모니를 잡고 있는 부르주아 사회에서는 '수치'로 인식되기 마련이다.

위안부 관련 문제로 활동하시는 분들은 늘 "그들은 성매매 여성이 아니었다, 강제로 끌려갔을 뿐이다"라는 부분을 강조하곤 한다. 그런데 이러한 주장은 한편으로 우리 사회가 '성매매 여성'을 지금까지도 얼마나 멸시하고 차별하고 있는가를 잘 보여주고 있다. 위안부들이 '정당한 피해자'가 되자면 '몸을 파는 여자'와의 차이가 거듭 확인돼야 한다. 일제에 의한 강제, 일제에 의한 일차적인 피해는 당연히 인정하지만, 위안부 할머니들에게 이차, 삼차, 사차로 피해를 입힌 것은 여성이 이등시민 이상이 될 수 없는 이 사회이다. 쉽게 '민족적 의분|義憤'에만 빠지곤 했던 우리가 이 부분에 대해 제대로 반성했을까?

· 4부 ·

경 계 를 넘 어

의 '인간 사냥' • 악의 일상성에 대한 명상 • '고향 방문' 의 슬픈 회상 • 노르웨이 국치일 • 발이 빠지기 쉬운 징검다리 • 원칙을 배반한 타협의 결과 • 일본 잡감 • 일본공산당원이 서대문

둘러보는 심정? • '진짜 사회주의' ? 슬라프니코프와 트로츠키 • 배울 것만 배우자 • 노르웨이 사회보장제도에 대한 오해 • 사담 후세인과 서구인들의 인종주의 • 러시아에 스킨헤드라는

생긴 까닭 • '주니어 제국주의자' 들의 발흥 조짐? • 우리가 영어에 매달리는 이유 • 후쿠오카 단상, 의아한 평화 • 성개방과 보수성의 관계? • 일본공산당을 생각한다 • 트로츠키 아이러니

ᅡ 어민의 죽음 • 다민족 국가 미국의 진일보한 인재등용책 • 미 제국이 몰락해버린다면……? • 언어를 빼앗긴 자의 언어, 프랑스 무슬림 청년들의 봉기

러시아의 '인간 사냥'

2007年 9月 20日

러시아에서 전해 오는 뉴스를 보면 가끔 정말이지 소름이 끼칠 때가 있다. 예컨대 군 신규 병역 소집 기간 내의 '징집 대상자에 대한 막가는 사냥' 관련 뉴스가 그렇다. 이 경악할 뉴스의 내용은 다음과 같다.

"신규 병역 소집 기간 내에는 경찰들이 길 가는 젊은이들을 무조건 잡아다가 군부대로 보낼 수 있다. 신체검사를 제대로 거치지 않아도, 징집연기 사유가 있더라도 말이다. 일단 군부대에 들어가게 되면 자신이 잘못 징집됐다는 것을 입증하는 법정투쟁을 위해 부대를 무단이탈할 경우 곧바로 '탈영병' 대접을 받게 된다. 때문에 잘못 징집되었을 경우 부모를 통해 변호사를 고용하여 소송을 제기해야 하는데 그 소송이 끝날 때까지는 그냥 복무해야 한다.

신규 병역 소집 기간(추계: 12월15일부터, 춘계: 6월15일부터)이 되면 병무청은 경찰들과 결탁하여 경찰 특무부대를 지하철 역 근처나 젊은이들이 잘 가는 곳에 보내 보초를 서게 한 뒤 불심검문을 벌이곤 한다. 징집 연령에 해당되기만 하면 무조건 붙잡혀 병무청으로 넘겨진다. 그리고 대개는 병무청의 의지대로 된다. 소집 목표를 달성하기 위해서는 부족분을 메워야 하고, 이를 위해 병무청은 경찰들에게 '몇 명 무조건 잡아 달라'고 청탁하고 있기 때문이다.

군 관련 소송을 전담하는 변호사협회 소속 '군 문제 위원회'에는 놀랄 만한 소송건들이 계류돼 있다. 어떤 젊은이는 아침에 잡혀 저녁에 벌써 군부대로 넘겨지기도 했다. 이럴 경우 소송을 제기하여 승소한다 해도 그 판결의 효력은 복무 기간 완료 이후부터 발효된다.”

어떤가? 길 가는 18~27세 사이(러시아의 징집 연령)의 남아를 무조건 붙잡아 불문곡직不問曲直 군부대로 보낼 경우, 그 부모가 큰돈을 들여 변호사를 고용하고, 징집 무효 확인 판결을 받아낸다 해도 어차피 끝까지 복무해야 한다는 것이다. 그것이 일개 국가의 '군 제도'이다. 군이 역사적 전례를 찾자면 근대식 징병제가 도입된 1815년 이전 프로이센의 '병력 차출 제도'나 한국 전쟁 당시 남북한 양쪽 군대가 행했던 납치에 가까운 '젊은이 사냥'이 연상되지 않는가? 1990년대에 크게 약화됐던 국가가 다시 한 번 그 '근육'을 키우는 과정에서 근대 초기를 연상케 하는 야만적인 폭압을 백주대낮에 행사하고 있다. 이러한 야만 앞에 법적 '외피' 따위는 벗겨진 지 오래다.

이런 국가를 그 주민들이 그래도 인정하고 복종하는 이유는 무엇일까? 대답은 여럿이 있는데, 그중의 하나가 '원자화'이다. 스탈린주의적 '현실 사회주의'의 폭압, 그리고 1990년대의 탈산업화를 거친 사회에서는, 전투적 대오隊伍를 이루고 데모를 벌여 양심을 포기한 지배자들에게 도전장을 내밀 정도의 사회적 구심력이 부재하다. '각자가 알아서' 병무청에 뇌물을 상납하든 귀한 아이를 외국으로 보내든, '병역 문제'를 개인적으로 해결하려 할 뿐 사회적 해결을 도모하지 않다. 그걸 학술적으로 '원자화'라고 부른다. 그러한 상태에 있는 백성은 위로부터의 '총동원'에 쉽게 순응하는 경우가 많고, 주변부형 파시즘에 소극적 지지 기반을 제공하기도 한다. 러시아의 앞날이 정말로 우려된다.

경계를 넘어

악의 일상성에 대한 명상

2007年 8月 11日

4일 전에 노르웨이, 오슬로에서 말 그대로 천인공노할 일이 일어났다. 시내의 한 공원에서 소말리아 출신의 알리 파라(Ali Farah, 37세)라는 사람이 방글라데시계 입양인 출신의 아내와 두 살배기 아이를 데리고 소풍을 즐기고 있었다. 그러다가 가나 출신의 어떤 사람과 사소한 다툼 끝에 머리에 타격을 당해 피를 흘리면서 쓰러지고 말았다. 목격자들이 바로 구급차를 불렀는데, 얼마 후 오슬로 대학병원 소속의 구급차가 쓰러진 알리 쪽에 도착했다. 당시 알리는 겨우 정신을 회복한 상태였으나 타격으로 실신했던 탓에 자기도 모르게 방뇨를 한 모양이었다. 문제는 여기서부터 발생했다. 이 광경을 본

구급서비스 직원(구급요원과 간호부)이 "저주 받은 돼지, 너는 기회를 놓쳤어. 네가 탈 기차는 이미 떠난 거야"라며 겨우 일어선 알리를 저주한 뒤에 그냥 떠나고 말았단다. 나중에 변명하기를 "경찰이 알아서 배려해줄 줄 알고 그렇게 했다"고 한다. 그런데 경찰들도 피를 흘리는 알리에게 별다른 관심이 없었다. 결국 그 부인이 택시를 잡아 당번 병원으로 가야 했다. 제 때에 치료를 받지 못한 알리의 몸 상태는 극도로 나빠졌고 뇌수술을 받게 됐다.[60]

대체 이 일을 두고 뭐라 이야기를 해야 하나? 소말리아 출신을 인간으로 취급하지 않은 구급요원의 행동도 가공할 만한 일이지만, 사회 각계의 반응은 더욱더 가관이었다. 병원 측은 "'저주 받은 돼지'라는 말에 인종주의적 모독의 요소가 없다"고 발뺌을 했고, 병원 노조에서는 "우리 노조원의 직업인으로서의 운명이 걸린 문제를 함부로 논단하지 말라"고 오히려 인종주의자들에 대해 불쌍히(?) 여기자는 소리를 냈다. 내가 이 일에 대해서 동료들과 학교에서 이야기를 하자 불교 신앙(!)을 가진 한 노르웨이 분은 "마약 중독자로 오인해서 그랬다, 원래 구급차 직원들은 피로가 많이 쌓이잖아, 그래서 가끔 그렇게 말을 함부로 한다"고 태연하게 답했다.

가끔 그러한 생각이 든다. 만에 하나 반세기 전의 독일에서처럼 노르웨이에 경제 위기가 닥치고 그 기회를 타 극우파가 집권한 뒤 "이슬람계 이민자 문제에 대한 궁극적 해결을 찾겠다"며 오슬로의 모든 이슬

---

60) 아프텐포스텐, 2007년 8월 6일. http://www.aftenposten.no/nyheter/oslo/article1924005.ece

경계를 넘어

람계 이민자들에게 "내일 9시까지 중앙역 광장에 짐을 들고 집결하라"고 통지를 한다면, 이 새로운 '인종 청소'를 반대할 사람은 몇 명이나 될까? 반세기 전 독일에서 유대인의 편에 섰던 사람의 수보다 결코 많지 않을 것이라 예상된다. 아우슈비츠는 서구 자본주의 역사의 극단이라 할 수 있지만 '우연'이나 '비정상적 예외'는 절대 아니다. '정상적인' 부르주아 사회는, 노르웨이처럼 태평한 곳에서라도 아우슈비츠 가스실을 만들 만한 '기반'을 이미 갖고 있기 때문이다.

그런데 노르웨이 '주류'가 드러낸 가공할 만한 인종주의적 '집단 무의식'의 배경 이외에 이 사건에서 나는 또 한 가지 궁금한 것이 있다. 알리와 그 가나 출신 남성의 다툼은, 가나 출신이 축구를 조심성 없이 하다가 축구공을 알리의 아이 쪽으로 던지자 알리가 약간 거칠게 꾸지람을 하면서 시작되었다. 그 다음에 서로 '남성으로서의 체면'을 지키기 위해 지지 않으려고 언성을 계속 높이다가 결국 주먹다짐으로 갔다. 나로서 이해가 안 가는 부분은 바로 이 '남성으로서의 체면'이라는 관념이다. 친절하고 자제를 잘하고 말을 부드럽게 하면 남성이 아닌가? 왜 남성은 꼭 자신의 가부장적 '권위'를 담력 과시나 완력 시위로 뒷받침해야 할까? 나는, 이 가부장적 '진짜 사나이' 이데올로기만큼 지구에 피해를 많이 주는 망상이 없다고 생각한다. 정상적으로는 "계집애 같다"는 게 모욕이 아니고 칭찬이 돼야 하는데, 그게 쉽게 안 되는 게 문제다. 하여간 입원 중인 알리의 건강 회복을 빈다.

추신: 이제 와서 즉, 거의 일주일 다 지난 뒤 구급차를 보낸 병원에서 구

급요원들이 잘못된 판단을 내렸다고 시인했다고 한다. 아울러 그들이 사용했던 표현에 대해서도 사과를 했다.[61] 그러나 재미있게도 이 표현들이 "인종주의적이었다"는 것만큼은 인정을 안 하고 있다. 책임 회피의 태도이기도 하지만, 비서구 출신들에 대한 홀대가 특별한 '인종주의적 사상'이 아니라 그냥 '통념'이라고 보는 수많은 노르웨이인들의 '집단 무의식'의 표현일 수도 있다. '인종주의자'를 자칭할 필요성을 느끼지 않을 만큼 '저 까만 친구'들에 대한 멸시를 아주 당연하게 생각하는 것이다.

61) 아프텐포스텐, 2007년 8월 10일. http://www.aftenposten.no/nyheter/iriks/article1931619.ece

경계를 넘어

'고향 방문'의 슬픈 회상

2007年 8月 30日

이미 1년 넘게 지났지만 기억에 지워지지 않는 한 가지 사건이 있다. 2006년 6월 말, 사스|^{SAS}항공의 마일리지가 누적돼 드디어 무료로 고향 레닌그라드(상트페테르부르크)를 방문할 기회를 얻은 나는, 설레는 마음으로 신축된 공항 로비를 나섰다. 공항에서 시내로 가는 길은 지하철이 없고 버스는 많이 불편했기 때문에, 부모님은 오랫동안 친하게 지내온 건설업자 한 분에게 날 위한 마중을 부탁했다. 대학에서 심리학을 공부했던 그분은 소련의 망국 이후 호구지책 |糊口之策으로 건설업에 뛰어들었다고 하는데, 우리는 그분을 여전히 '지식인'으로 인식했다. 나는 부모님의 집으로 편하게 간다는 생각에 마

냥 행복했다. 차를 몰고 가면서 한국을 방문하면 어느 호텔이 가장 좋을지를 계속 물어보고 자신의 한국 음식 사랑을 고백하던 건설업자 분의 태도에도 전혀 이상은 없었다. 고향 방문의 참 행복한 시작 아닌가?

그러나 행복은 그리 오래 가지 않았다. 공항에서 시내로 가는 통로인 모스코브스키 대로가 많이 밀리자 그분은 거의 한국인 못지않게 신경질을 내고 각종 번역하기 어려운 육두문자들을 내뱉기 시작했다. 그러더니 갑자기 나에게 "아무래도 특별한 결단이 필요한 모양이네요"라고 말하면서 느닷없이 인도로 차를 모는 게 아닌가? 그러한 경험이 평생 처음인 나는 얼굴이 잿빛이 되면서 숨이 막혀 말이 나오지 않았다. 아니, 차로 인도를 달리다니!

그분은 환하게 웃으면서 사람들이 북적거리는 인도 위를 계속 달렸고, 보행자들은 우리를 저주하는 소리를 지르며 길을 비키느라 바빴다. 내 얼굴 색깔이 크게 변한 것을 보면서 건설업자 분은 "아, 겁내지 말아요! 난 푸틴 대통령이 직접 임명한 우리 구의 '사회위원회' 위원이거든요. 우리는 경찰 행정에 대한 감독권이 있고 자타가 공인하는 지역 유지예요. 경찰은 나 같은 사람 못 건드려요"라고 웃으면서 말했다.

아니나 다를까. 약 2~3분 간 인도 위를 달리고 나니 교통순경이 달려왔다. 그러자 달려온 순경에게 건설업자가 빨간색 신분증을 보여주면서 "응, 문제 있어?"라고 웃으면서 물어보는 것이었다. 순경은 한숨을 쉬면서 "네, 가십시오. 하느님께서 당신을 언젠가 벌주실 것입니다"라고 말했다. 하느님을 들먹인 이유는, 그가 빨간색 신분증의 소유자에

경계를 넘어

게 아무런 벌을 줄 수가 없는 가운데 보행자들의 경멸이 섞인 시선을 감당해야 했기 때문이다.

나중에 부모님이나 여러 아는 사람에게 이러한 일이 보통 일이냐 물어봤다. 지역 토호나 대통령 행정실이 그 '공로'를 인정해 그 무슨 '사회위원회'로 임명한 지역 유지들로서는 얼마든지 가능한 행실이라는 답이 돌아왔다. '권력'과 연결이 있기만 하면 법이 당장 무색해지는 '민주 국가 러시아'의 부끄러운 실상이었다. 이건 사실 계급적 관계의 반영이기도 하다. 노르웨이에서야 국무총리가 산책 삼아 자기 사무실에서 학교 본관까지 그냥 걸어올 수도 있지만 러시아에서는 신흥사업가나 관벌|官閥들이 모조리 현대판 사인교|四人轎, 즉 초호화 자동차를 타고 다닌다. 보행자는 당연히 십중팔구 서민이다.

의문으로 남는 것은, 이 계급적 모순의 심도를 늘 몸으로 체험하면서도, 러시아 서민들이 '계급의식'을 가지려 하지 않고, 푸틴에게 계속 70~80% 정도의 지지를 보내는 이유이다. 푸틴이 크게 일으키려는 군수복합체와 관계 맺고 있는 사람들이 직간접적으로 약 1,500~2,000만 명에 달해서 그런 건가? 약간의 실질 소득 인상과 '민족중흥'의 판타지에 대리만족하여 회유당한 것인가? 이명박에 대한 많은 서민들의 지지가 불가사의한 것만큼이나, 관벌들과 정상배|政商輩들의 무법천지|無法天地 러시아에서 관벌의 왕 푸틴이 받는 '국민 사랑'은 나로서는 잘 납득이 안 가는 일이다.

노르웨이 국치일

2007年 6月 30日

오늘, 2007년 6월 30일 토요일은 노르웨이 역사상 '국치일' 중 하나이다. 벌써 1년 넘게 오슬로 등지에서 난민 신분을 쟁취하기 위해 투쟁해온 아프간 피난민 10여 명이 바로 오늘 오슬로의 가르데모엔|Gardemoen 공항에서 강제 송환된다. 그들을 지원하려는 노르웨이 국제주의자들은 공항에 나가서 같은 비행기를 탈 승객들에게 비행기 이륙을 저지하자며 투쟁을 종용하고 있지만[62] 일단 오늘 그

---

[62] http://www.aftenposten.no/nyheter/iriks/article1863898.ece 공항에서 피난민의 지원자들이 벌이는 캠페인을 여기에서 볼 수 있다.

경계를 넘어

들은 노동당과 사좌당 등 '진성 사회주의자'들로 구성된 노르웨이의 '좌파 내각'에 의해 강제로 아프가니스탄으로 쫓겨날 예정이다.

이들이 노르웨이로 온 것은 약 3~4년 전의 일이다. 탈레반 등이 지휘하는 반제 무장 저항운동이 특히 아프간 남부에서 강화되면서 여러 지방에 사실상의 전시 상황이 다시 닥쳐왔기 때문이다. 다수가 친서방적 |親西方的 성격의 고학력자로 보이는 이들은, 행여나 저항세력에 의해 '친외세 부역자|親外勢 附逆者'로 오인받아 해를 입을 것을 충분히 우려할 만했다. 그러나 지금처럼 몇 년 간 노르웨이에 있다가 다시 고향에 갈 경우 '이슬람에 대한 배신' 내지 '친외세 부역'의 혐의로 해를 입을 확률은 훨씬 더 높아진다.

사실 제3세계의 '친서방 지식인'이라고 해서 노르웨이 이민 당국들에게 특별히 호감을 살 수 있는 것은 아니다. 노르웨이는 엄청난 돈을 쏟아 부으면서 아프간 북부에 4백여 명의 군부대를 계속 주둔시키고 있지만, 자국이 참여하고 있는 불법무장간섭(侵略)으로 인해 발생한 피난민들이 자국으로 오는 것은 절대 바라지 않는다. 수십 명의 첫 피난민들을 수용하는 전례가 되기를 두려워했던 노르웨이 당국은 아프간인들에게 피난민 신분을 주는 것을 계속 거부해왔다. 그러나 '생명의 문제'가 걸린 일이었기에 피난민들 역시 그냥 포기하고 돌아갈 수는 없었다. 그들은 약 1년 전 오슬로 중앙교회 앞에서 거의 한 달 동안 단식 투쟁을 한 것을 시작으로 최근 약 한 달 전 있었던 노르웨이 국토 행진, 국회 건물 앞에서의 단식 투쟁까지 고강도의 투쟁을 오랫동안 계속해왔다. 거의 몇 년에 걸친 노르웨이 사회를 향한 애절한 '외침'이었다. 그 결과? 오늘 가르데모엔 공항에서 뜨는 비행기에 강제로 실리는 것이다. '불법 체류자'들에게 귀국편을 자기 돈으로 사라고 요구하는 한국의 탄압 방식보다 아프간까지의 비행기표를 사주는 노르웨이적인 방식이 더 친절(?)하다고 이야기할는지도 모르겠다. 그러나 궁극적으로 결론은 하나다. 자본주의 세계체제의 (준)중심부 국가에게는 주변부로의 파병의 자유가 있지만, 주변부 사람에게 고임금 지대에 가서 자신의 노동 판매를 시도할 자유는 없다.

오늘자로 아프간행 비행기에 강제로 실리는 이들의 얼굴[63]을 모를 노르웨이인들은 거의 없을 것이다. 하도 텔레비전에 많이 나왔기 때문이다. 그들의 '외침'은 말 그대로 고성이었지만 거기에 응한 노르웨이인들은 소수였다. 집권여당인 노동당의 이민자 관련 대변인인 아릴드 스토칸 그란데 |Arild Stokkan-Grande 라는 20대 후반의 국회의원은, "젊은 사람들인 이 피난민들이 왜 고국에 돌아가서 일할 수 없느냐" "나는 저들에 대한 하등의 동정이 없다"고 냉정하게 잘라 말했다. 도살장(!) 지배인의 아들로서 행복한 성장기를 보내고 20대 초반부터 거대 사민주의 정당의 정치인으로 일해온 이 친구가 과연 한 번이라도 배고픔을 체험해봤는지, 전쟁지대에서 살아본 적은 있는지 참으로 궁금할 따름이다. 이 '사회주의자'는 심지어 아프간 피난민을 품평하는 이야기 끝에 "고국에 돌아가서 저항 전쟁에 참전하는 것이 저들의 의무가 아니냐"고 하는 말실수를 하기도 했다. 물론 그가 이야기하고 싶었던 것은 "가서

---

63) 아프텐포스텐, 2007년 6월 30일. http://www.aftenposten.no/nyheter/iriks/article1861729.ece

경계를 넘어

탈레반에 대항해서 싸우라"는 것이었지만, 수많은 이들에게 '저항 전쟁'이란 바로 노르웨이를 포함한 서방 침략세력을 반대하는 전쟁을 의미하기 때문이다. 즉, 이 '사회주의자'의 훈화를, 많은 이들은 "탈레반의 편에 가서 싸우라"는 식으로 오해했다. 글쎄, 노르웨이의 고상한 사민주의자들이 이런 방식으로 피난민 정책을 계속 편다면 본래 서방 쪽에 더 가까워지려 했던 아프간의 중산층까지도 저항 세력에 가담하게 될 것은 불 보듯 뻔한 일이다.

스칸디나비아 사민주의를 진정한 사회주의의 이상으로 보는 여러분. 자신의 출세를 위해서 아프간 피난민들을 하등의 후회없이 밟고 지나갈 각오가 돼 있는 스토칸 그란데 씨의 '쿨한' 모습을 보시라. 그리고 이와 같은 자들이 서구 바깥의 세계를 어떤 눈으로 보고 있는지에 대해 두 번 생각해보기 바란다.

발이 빠지기 쉬운 징검다리

2007年 2月 23日

어제, 노르웨이 노동당의 구 기관지인 닥스아비센
|Dagsavisen을 보자마자 거의 기절할 뻔했다. 표지에 "젊은이
들, 전쟁터로 나가기 위해 줄을 서고 있다"는 커다란 글자들이 보였는
데, 관련 기사를 보니 아프간에서 주둔하고 있는 노르웨이군에 입대하
기 위해 예비역 출신의 전문 군인들 사이에서 경쟁이 치열하다는 이야
기였다. 300개의 빈자리를 놓고 1,400명의 건장한 젊은이들이 서로 경
쟁하고 있단다. 도대체, 이 세상에서 제일 평화로운 나라에 사는 이들
이, 세상에서 가장 불안하다 할 만한 곳에 무기를 들고 가려는 욕심이
왜 이리도 강한가?

신문이 주는 답은 세 가지였다. 하나는, 한 달에 4만 크로네(한화로 600만 원이 넘는 금액, 자이툰 부대는 얼마쯤 받는지 모르겠다) 정도 하는 고액 봉급이고, 또 하나는 '에벤튜를류스트(eventyrlyst, 모험심)' 즉 모험을 한번쯤 해보고픈 욕망이며, 마지막은 아프간이 대체로 안전하다는 믿음이다. 이 '안전'은 무슨 뜻인가 하면, 지난번 덴마크의 한 신문이 예언자무함마드를 테러리스트라 비하한 만화에 대해 반대하는 시위에서 노르웨이 군인이 발포하여 몇 명의 아프간인을 죽였음에도, 아직도 노르웨이 군인이 아프간에서 죽은 일이 없었다는 것이다. 아프간은 아프간인에게 별로 안전한 것 같지 않지만 무기가 우수하고 돈이 많아 지역토호들을 적당히 매수할 수 있는 노르웨이인들에게는 안전한 곳인가보다. 에벤튜를류스트는, "이 불쌍한 유색인종을 행복한 미래로 인도해주겠다"던, 과거의 '백인의 부담|White Man's Burden'과 같은 이야기다. 과거 외부 식민지를 거느린 적 없었던 노르웨이도 이제는 구미 공동의 '아프간 점령 프로젝트'에 참여함으로써 보상을 좀 받겠다는 것인가? 더욱 답답한 것은 무기를 들고 전장에 가려는 젊은 아이들이 줄을 서 있다는 이 사민주의적 신문의 기사에서, 별다른 비판의식이 느껴지지 않는다는 사실이다. 이 기사를 보고 사민주의가 과연 무엇인가에 대한 생각에 빠졌다. 나 같은 (지식)노동자에게 사민주의 사회는 그래도 '가장 살기 좋은 사회'인지도 모른다. 오슬로대학의 청소부와 국무총리월급의 차이가 약 3.5배 정도 밖에 안될 만큼 다들 비슷비슷하게 잘살고 있고, 경영 측에서 무리한 요구를 할 때는 조합에서 잘 막아준다. 노총의 힘이 강해서 아직도 비정규직 비율이 15%를 넘지 않고 복지제

도가 철저해 빈민들도 근본적인 요구들을 다 해결할 수 있기에 범죄가 거의 없다. 말하자면 노동하기 좋고 신뢰할 수 있는 사회인 셈이다. 그런데 문제는, 노르웨이의 진보적 지향의 노동자들이 자본과의 '타협'에 기본적으로 동의한 이상, 그들의 '반자본 저항'이 결국 제도화·절차화된 '경제 투쟁' 일색의 행위로 국한되어 있다는 점이다. 즉, 그들은 더 이상 자본주의 그 자체를 문제 삼지 않으며, 다만 자본이 수취收取한 잉여가치 중에서 그들에게 환원될 몫이 얼마나 되는가를 놓고 의례화된 '대결'을 벌인다. 여태까지는 그래도 그들에게 환원되는 몫이 상당했으니까 다행이지만 그들은 이미 자본과 국가의 본질이 무엇인가에 대해 거의 망각했다. '사민주의적 복지국가'가 하는 일이라면 대충 괜찮은 일이겠거니 하는 것이 현재 노르웨이 평범한 노동자들의 심정이다. 국가가 하는 일이 아프간 침략이라 하더라도, "뭐, 유엔의 결의안도 있고 평화를 위한 일이겠지"라며 조합원(공무원 노런)들 다수가 그냥 넘어간다. 노동당, 사좌당의 연립내각이 유치원 비용을 현재의 월당 2,400크로네에서 1,790크로네로 내린다는 것은, 조합원 다수에게 아프간보다 더 중요한 문제다. 그래서 사민주의 신문이 전쟁참여 선전이나 하고, 노르웨이 젊은이들은 람보 노릇을 해보겠다고 줄이나 선다.

사민주의는 미래로 가기 위한 징검다리인지도 모르지만, 이 다리를 건널 때는 발이 빠지기기 쉽다. 어떤 면에서는 노르웨이 노동계급이 대단히 강하지만, 그러나 보다 근본적인 차원에서는 너무나 철저하게 체제에 포섭돼 있다.

원칙을 배반한 타협의 결과

최근, 즉 2007년 2월 초의 며칠은, 노르웨이 좌파 정
치 역사에 꽤나 수치스러운 시간들이었다. 지지난해 비
교적 급진적인 사민주의 정당인 사좌당과 사민주의의 정통 정당인 노
동당(AP)이 진보 연립 내각을 조각했을 때, 노동당보다 왼쪽에 서 있다
고 늘 자부해온 사좌당은 입각의 조건으로 "노르웨이 특수부대의 남부
아프간으로부터의 철수"를 내걸었다. 카불에서 '평화 유지군' 명분으
로 노르웨이 군부대가 주둔하는 것은 유엔의 결의안에 의해서니까 참
아야 하지만, 유엔과 무관한 미국과 나토의 남부 아프간에서의 대탈레
반 전쟁에는 노르웨이가 절대적으로 끼어들지 말아야 한다는 것이 당

시 사좌당의 논리였다. 그때 많은 좌파들이 사좌당의 입각이 계기가 되어 남부 아프간이라는 사지에서 노르웨이 군대를 뺄 수 있게 되었다 며 쾌재를 불렀다. 문제는, 기본적으로 나토에 매우 친화적인 노동당 과 연합해 조각組閣을 한 것도, 카불의 노르웨이 주둔군을 가만히 놔둔 것도 사좌당으로서는 상당한 타협이었다는 점이다. 결국 지금은 이 타 협의 재앙적인 결과를 목도目睹하게 됐다.

며칠 전 나토가 다시 한 번 노르웨이 특무부대 150명의 추가 파견을 요 청했다. 명분은 '카불에서의 주둔군 강화'였다. 그러나 그 임무가 결국 카불에서 아프간인들의 독립투쟁을 진압하는 것이며, 노르웨이 군인 들이 카불로 들어가는 만큼 미군들이 카불에서 남부 아프간으로 옮겨 가 보다 적극적인 독립군 진압에 나서게 될 것이라는 사실은 뻔한 일 이다. 노동당은 '노르웨이 안정의 최종적인 보장자인 미국'의 요청이 고 특무부대란 자원입대하여 고액의 월급을 받는 전문가이고 하니, 나 토 즉 미국의 요청을 받아들이는 데에 있어 별로 주저하지도 않았다.

그러면 1970년대에 노동당의 친미정책과 노르웨이의 나토 가입을 비 판해서 노동당으로부터 떨어져 나온 사좌당의 입장은 무엇이었을까? 원칙상 당연히 반대를 해야 하기에 당원, 특히 젊은 당원들 다수가 며 칠간 격렬한 반전 시위를 하고 군대를 보내지 말라고 외쳤다. 그런데 지금 재무부 장관을 하고 있는 크리스틴 할보르센Kristin Halvorsen 당수를 비 롯한 사좌당계 각료, 그리고 당의 '지도층'은 일단 원칙보다 정부에서 의 활동이 더 중요하다는 입장이다. 그들은 각료회의에서 소수였기에 반대를 해도 이차피 파병 결의안이 통과됐겠지만 반대마저도 제대로

경계를 넘어

안했다. 심지어 기고만장한 할보르센 당수는 "우리의 아프간 정책은 평화를 위한 것"이라는 뻔한 거짓말을 해대면서 아예 당내에서 이번 아프간 관련 결의를 비판하지 말 것을 요청하고 있다.[64] 가장 수치스러운 것은 무엇인가 하면 사좌당의 전국운영위원회(당 최고위원회) 내각의 탈퇴와 당수의 사퇴를 요구한 사람이 한 명도 없었다는 사실이다. 이 '평화주의자'들에게는, 노르웨이 군인들이 아프간 독립투사들을 마구 죽여야 할 것이라는 그 무서운 사실보다, 정부 안에서 재무부와 교육부, 환경부를 장악하고 있다는 사실이 훨씬 중요한 것이다. 그들은 처음에 특히 젊은이들을 당으로 유치할 때는 '평화주의'를 호소력 높은 명분으로 잘 이용했지만, '큰형' 노동당과 함께 자본주의 국가를 같이 운영할 만한 입장이 된 오늘날에는 이상주의고 평화주의고 더 이상 돌아보지도 않는다. 젊은 당원들이야 격렬히 시위하고 있지만[65] 무슨 소용이 있나.

민노당 안에서 '사민주의'를 지향하시는 분들이여, 지금 정부 '제2인자'로서의 권력을 누리고 있으며 이 권력에 안주할 대로 안주해버린 '사회주의자' 할보르센의 얼굴을 한 번 봐주시기를.[66] 이러한 문제들이, 자본주의 국가를 "안으로부터 개량하겠다"는 사회주의자에게 필수적으로 생긴다는 사실을 인지해주시기 바란다.

64) 아프텐포스텐, 2007년 2월 17일. http://www.aftenposten.no/nyheter/iriks/politikk/ article1647858.ece
65) 아프텐포스텐, 2007년 2월 18일. http://www.aftenposten.no/nyheter/iriks/article1648691.ece
66) 아프텐포스텐, 2007년 2월 16일. http://www.aftenposten.no/nyheter/iriks/politikk/article1647 469.ece

사좌당의 모든 정책을 비판하려는 것은 아니다. 예컨대 유치원 비용 관련 문제 등 '제대로' 개량한 부분도 많다. 솔직히 나만 해도 지자체 선거에서 사좌당을 찍었고 지금도 '비판적으로 지지'하고 있다. 그러나 사좌당에게 모자라는 부분이 무엇인지 역시 뻔하다고 할 수 있다.

추신: 2007년 9월 10일의 지방 자치단체 선거(지방 선거)에서 사좌당이 여태까지의 기회주의적 행각의 대가를 드디어 똑똑히 치렀다. 지난 지방 선거만 해도 약 12%의 표를 얻었던 이 당은, 이제 겨우 5%를 얻어 사실상 군소 정당으로 전락해버렸다. 급진주의자들의 입장에서는 찍기가 너무나 역겨운 대상이 됐고, 온건 사민주의자 입장에서는 굳이 우파를 막아 '온건 사민주의 세력'을 지지하자면 차라리 보다 큰 당인 노동당을 찍는 것이 더 합리적이었기 때문이다. 미래 지향의 파기, 원칙에 대한 배반, 자제할 줄 모르는 집권 욕망이 이렇게 사좌당을 크게 망가뜨렸다.

경계를 넘어

일본 잡감

2007年 6月 14日

5~6월에 걸쳐 일본에서 2주를 보냈다. 겨우 2주를 지낸 나 같은 사람이 사실 일본을 논할 자격은 없다. 남의 사회란 몇 년을 살아도 잘 모르는 부분이 많기 때문이다. 그런데 굳이 아주 거칠게 '갔다온 느낌'을 이야기하자면 참 화평스럽다는 느낌이 들었다. 나리타 공항에서 지하철을 어떻게 타야 하는지 망설였던 나를 목적지까지 데려다주면서 도쿄대 법대를 다녔던 외아들을 계속 자랑했던 시코쿠|四國|섬 출신의 아주머니, 책 이야기를 여유롭게 나누었던 고서점의 아저씨들, 밤 12시에 들어온 손님을 위해 바깥문을 열어주느라 잠에서 깨도 불만을 전혀 보이지 않았던 학교 숙소의 직원까

지. 이렇게 바쁜 나라에서 이렇게 평화롭게 친절할 수 있나 싶을 정도였다. 일본의 근대적인 '친절(백화점에서 손님에게 무조건 절하고 정형화된 인사말을 계속 로봇처럼 반복하는 규율적 행위)'은 개인적으로 불편을 느낄 정도지만 전통사회로부터 내려받은 '소공동체적' 인정도 좀 남아 있는 것 같다. 그러니까 스시(초밥)집에 가서 주인과 한 잔 하면서 한국의 초밥 맛과 일본 스시 맛의 차이점을 천천히 토론해도 되는 사회 같다고 할까. 지금의 서구 같으면 좀 상상하기 어려운 일이다.

그런데 일본이 아무리 재미있고 내 몸에 잘 맞아도 정말 놀랍고 불편한 것은 사회 구성원들과 이 사회의 '총괄자'를 자칭하는 자본의 총본산, 즉 국가와의 관계다. 국가를 좋게 봐야 필요악 정도로 인식하는 나 같은 사람에게는, 일본인의 국가관, 그리고 자본관이나 매체관│職은 정말이지 '범죄적인 순진성' 쯤으로 느껴진다. 물론 일본에도 100년 이상의 아나키즘 또는 사회주의 전통이 있고 매우 다채로운 좌파적 소수가 분명히 존재한다. 그러나 고서점, 학교 행정기관, 상점, 기차 안에서 일상적으로 만나 잡담을 나누었던 '일반' 일본인들은 정치에 대략 무관심하면서도 국가를 일단 '선의를 갖는 우리들의 후견인' 쯤으로 보는 듯하다. 예컨대 국가가 재일조선인들의 북한 여행을 사실상 금지함으로써 친척을 만날 당연한 그들의 권리를 짓밟아도 "기타조셍(北朝鮮, 북한)이 하도 우리를 위협해서 어쩔 수 없이 이렇게 대응했다"고 다들 믿는 눈치였다. 국가로부터 보조금다운 보조금을 받지 못해 거의 발전을 못하고 있는 재일조선인들의 '민족학교' 문제 또한 국가 관료기구의 차별 정책으로 인한 피해라고 보는 사람은 극소수에 불과한 모양이다.

경계를 넘어

국가가 믿음의 대상이 되기에 텔레비전 속의 정치적 선전, 선동은 그냥 '상식'으로 통한다. '기타조센의 미사일의 위협' 같은 것 말이다. 비정규직과 정규직을 철저하게 차별, 차등화시키고, 외국에서는 정규직 고용을 거의 안하는 도요타|豊田같은 업체들을 비판적으로 해부할 수 있는 사람 또한 극소수의 좌파적 지식인 이외에는 없는 듯하다. 선의의 국가, 믿음직스러운 매체, 우리를 먹여 살리는 자본……. 참 평안하고 살기 좋은, 안락한 세계가 아닐 수 없다.

그러나 일본인들의 이러한 '온건함'을 무턱대고 탓하기에는 한 가지 어려움이 존재한다. "대한민국은 어떨까?"라는 질문에 먼저 답해야 하기 때문이다.

우선 한국에서 대통령은 매시|每時에 재미로 씹는 대상이다. 국회의원은 '잘 나가는 도둑' 정도인가 하면, 재벌가도 '부럽게 잘된 사기꾼' 쯤이지, 그들을 진정 존경하는 사람은 찾기 힘들다. 그런데 국가, 자본, 매체의 구체적인 인물들을 존경하거나 믿는 것은 상상하기 어려워도, 국가, 자본, 매체가 독점하는 영역 혹은 생산하는 담론을 그대로 존중해주고 '통념적으로' 보는 것은 대한민국 역시 마찬가지이다. 예컨대 국방 의무를 당연시하는 우리로서는, "도대체 70만 대군이 현대전에서 무슨 소용이 있는가?"라는 소박한 질문도 잘 떠올리지 않는다. 나라에서 알아서 잘하는 일이고, 거기에 가서 썩는 것이 아무리 귀찮아도 나라를 위해 이 정도는 희생해야 한다는 것이 '상식' 쯤 되지 않았는가? 신문을 믿는다는 사람은 여론조사에서 20~30%밖에 안 돼도, "한 천재가 10만 명을 먹여 살린다"는 식의 삼성발|發 귀족주의적 망발이 조중

동을 타기만 하면 지배적 담론이 되는 것 역시 이 사회이다. 그렇기 때문에 우리가 일본인에 비해 냉소적, 현실적이라 해도 그들에 비해 더 혁명적이거나 더 급진적이라고 보기는 어렵다. 우리도 역시 국가와 자본, 매체의 포로들이면서 자신들이 포로인 줄 모르고 있는 것이다.

일본공산당원이 서대문 감옥을 들러보는 심정?

2007年 2月 28日

저녁에 3박 4일의 리투아니아 여행을 마치고 오슬로로 돌아왔다. 리투아니아의 역사는 참으로 복잡하다. 18세기 말 폴란드 분할 때 러시아 제국에 의해서 처음 정복됐다가 1918년 독립했다. 그러나 1940년 또다시 소련에 의해 정복('공산주의 혁명')당했고, 1941~44년에는 독일 파쇼군이 정복군의 자리를 차지했다. 이후 1944년 다시 독립한 뒤 1990~91년까지는 또 소련에 의한 강점기를 거쳤다.

소련시절 말기, 중·고교시절을 보내는 동안 나는 부모님과 함께 거의 매 여름마다 당시 소련의 속지 격이었던 리투아니아에서 휴가를 보내곤 했다. 그때는 별로 신경 안 썼으나 지금에 와서 돌아보기 시작한 것은, 내가 그때 리투아니아를 '단골'로 왕래하면서도 인사말 이외에 리투아니아어를 배울 생각을 전혀 하지 않았다는 것이다. 당연히 저쪽에서 소련의 공식 '민족 간 소통의 언어'인 러시아어를 하겠지 싶었고, 가끔 버스 운전기사나 상점의 판매원이 러어 인사에 '이해 못한다(ne suprantu)'라고 답할 때면 그들을 놀란 눈으로 째려보곤 했었다. 아니, '민족 간 소통의 언어'를 모른다니 무슨 반소 감정 때문에 일부러 이러는가 싶었던 것이다. 그때는 그러한 단어도 몰랐지만, 그 당시의 나는 전형적인 '식민주의적 사고'의 소유자였다. 일본어를 모른다고 답했던 조선인들에게 화를 벌컥 냈던 강점기의 '내지 손님' 일본인들과 똑같은……. 어릴 때부터 식민모국, 패권 국가의 언어를 '모국어'로 하고 있는 사람의 무의식 속에는, 아무리 본인이 진보적으로 살려고 노력한다 해도, 이와 같은 자기중심적인 오만이 자리 잡기 쉽다. 불평등한 세계 질서 속에서 무의식화된 안락한 '위치'에 대한 우월감이란 아주 끈질긴 것이다.

1980년대 말에 리투아니아에서 휴식하면서 그쪽 주민들로부터 '숲속의 형제' 이야기를 많이 들었다. '숲속의 형제'란, 1944년의 소련의 재점령 이후에 미국의 원조 약속 등을 믿고 숲에 들어가 "서방의 도움이 올 때까지 버티겠다"는 심정으로 일종의 반소 의병 활동을 전개해온 무장 게릴라(주로 해산당한 구 리투아니아 군의 장교와 병졸, 지식인, 중농과 부농 등)를 말한다. 리투아니아인들은 그러한 이야기를 '남'들과는 잘 안 했지만 일단 친구 관계가 되고 나면 달라졌다. 그들은 의병들이 마을

경계를 넘어

에 출몰했던 이야기, 의병을 방조했다는 이유로 온 마을이 시베리아에 끌려갔던 이야기, 의병 가족이 몰살당했던 이야기, 의병들이 소련의 부역자들을 처단했던 이야기 등을 전설처럼 전했다. 그들에게 의병들은 '비극의 영웅'들이었고 '더러운 속옷 바람으로 여자부터 밝혔던' 소련 군인들은 밉다기보다도 차라리 역겨우면서도 좀 불쌍한 존재였던 모양이다. 그때 그러한 류의 이야기들은 사석에서는 할 수 있어도 공석에서는 꺼낼 수 없는 것들이었는데, 세월이 흐르기는 했나 보다.

어제는 리투아니아의 수도 빌뉴스의 구 KGB(구 소련의 국가안보위원회) 지역본부 건물에 있는 '리투아니아 민족학살과 저항의 박물관'을 둘러볼 수 있었다. 총인구가 부산 시만도 못한 나라에서 약 2만 명의 의병들이 목숨을 잃고, 전체적으로는 거의 50만 명이 이런저런 박해(상당수는 시베리아 유형)를 받았으니 '민족말살'까지는 몰라도 극심한 민족 탄압이라 해야겠다. 의병들이 총살당했던 안마당, 감방과 고문실, 지하 독립운동을 다룬 신문 자료 등을 둘러보면서, '서방의 원조'가 끝내 오지 않는 상황에서 가족의 죽음과 수많은 이들의 '살아남기 위한 일상적 친소 행위'를 목도해야 했던 저들은 "과연 무슨 힘으로 강대국의 진압군에 대항해 1954~55년까지 버틸 수 있었나" 하는 궁금증이 떠올랐다.

승산 없는 싸움을 거의 10년이나 할 수 있었던 비결이라……. 어쩌면 그것은 일부 인간에게 태생적으로 내재돼 있는, 압도적인 폭력에 대한 저항심이 아닐까? "무릎 꿇고 사느니 차라리 서서 죽자"는 보편적 정서에다 '위대한 수령 스탈린 동지' 숭배에 대한 역겨움, 소련의 식민지 경영 방법에 대한 반발, 소련 군인들의 일상적 폭력에 대한 분노……. 아무래도 세계사는 도식으로 처리하기가 쉽지 않다. 아주 도식화, 추상화시켜 이야기하자면 인종주의자 히틀러보다 적어도 '특정 인종 몰살 계획'이 없었던 '단순한' 좌파형 개발 독재자 스탈린이 좀 나아 보일 수도 있겠지만, 스탈린에게 크게 짓밟혔던 '기억'의 시각에서 보면 결국 그 차이는 모호해진다.

이 박물관[67]을 둘러보면서 일본공산당원들이 서대문 기념관을 어떤 심정으로 구경하는지 알 것 같았다. 대체로 시이 가즈오|志位 和夫 당수(중앙위원회 간부회 위원장)를 비롯한 일본공산당 활동가들은 한국에 방문하면 반드시 서대문 기념관에 가서 조상들의 악행에 대한 회개의 뜻을 나타내곤 한다. 아마도 그들이 서대문 기념관을 관람했을 때의 심정을 내가 그대로 빌뉴스의 구 KGB건물 안에서 느꼈던 모양이다. '나'라는 개인은 리투아니아에 대한 스탈린주의의 범죄에는 직접적 관련이 없지만, '소련 내지 출신'이라는 태생적 차원에서 그 범죄의 간접적 수혜자가 된 셈이다. 리투아니아어를 배울 생각도 없이 1980년대 말에 리투아니아를 해마다 왕래할 수 있었다는 점만 보아도 그렇다.

한 가지 바람이 있다. 리투아니아 의병들에 대한 연구가 꼭 좀 이루어졌으면 좋겠다. 아직 한국 내에는 이들에 대한 연구를 한 사람이 별로 없겠지만 한국의 무장 독립운동을 꼭 닮았던 리투아니아의 저항사를 연구·서술해야, 스탈린주의를 '사회주의'로 착각했던 1980년대의 오

---

67) 리투아니아 민족학살과 저항의 박물관 홈페이지 http://www.genocid.lt/

류에 대한 보다 깊은 반성이 이루어지지 않을까 싶다.

1948년, 리투아니아 '숲 속의 형제'들의 부대. 그들 중 과연 살아남은 사람은 몇 명이나 됐을까?

'진짜 사회주의'?
슬라프니코프와 트로츠키

요즘 여유가 생길 때마다 정성진 교수의 『마르크스
와 트로츠키』라는 신간을 흥미롭게 읽고 있다. 반가운
것은, 정 교수께서 자신을 '트로츠키주의자'로 정의하면서도 일단 트
로츠키의 모든 사상과 행동을 무조건적으로 옹호하지 않는다는 점이
다. 우리에게 필요한 것은 레닌이나 트로츠키를 '무오류의 교황'처럼
만드는 것이 아니라, 자본주의의 야만적인 현실을 역시 꽤나 야만적인
방법들을 동원해 타개하려 했던, 자기모순투성이의 진정한 그들의 모
습을 복원하는 것 아닐까? 레닌과 트로츠키가 잘한 부분(예컨대 처음에
멘셰비키들이 추진했던 '소비에트식 노동자 민주주의'를 받아들여 '노동자의 생

315   경계를 넘어

산과정 통제'를 적어도 이론상 수용한 것)은 당연히 배워야 하지만, 그들이 잘못한 부분들 또한 반면교사|反面教師로 삼아야 하지 않겠는가 말이다. 실례로 정 교수는 1920년 트로츠키가 주장했던 '노동의 군사화' 프로젝트, 즉 노조를 국가화시켜 노동자들을 국가의 필요성에 따라 동원 가능한 국가기관으로 만들겠다는 발상이 하나의 오류였음을 매우 옳게 지적하고 있다.[68] 물론 '전시 공산주의의 불가피한 상황의 영향', '레닌, 부하린|Nikolai Ivanovich Bukharin. 1888~1938 등 다수의 볼셰비키 지도자들이 가졌던 비슷한 차원의 착각' 등의 여러 가지 단서를 달면서 말이다.

그런데 우리는 단순히 '오류의 지적'을 넘어, 트로츠키와 레닌 등이 왜 그러한 종류의 오류를 범했는지를 한 번 깊이 고심해보고, 그 당시에 이와 같은 오류를 바로잡으려는 세력들이 있었는지를 알아볼 필요가 있을 듯하다. 왜 이론상 '노동자의 민주주의'를 주장했던 트로츠키가, 노조를 국가기관으로 만들고 이를 통해 노동자들을 징집하여 '사회주의 건설의 요충지'에 군대식으로 배치하려 했을까? 노동자 출신의 노동운동가였다면 '징집'되어 가족과 헤어져 어디론가 끌려가는 노동자의 심정을 헤아려 진시황의 부역 노동 징발을 방불케 하는 이 같은 계획을 추진하지 않았을 텐데, 트로츠키는 왜 이러한 프로젝트에 매력을 느꼈을까? 단순히 국방부 장관이라는 벼슬의 포획력일까?

물론 국방부 장관으로서 가지게 돼 있는 '행정 편의주의'란 부분도 있었는데, 여기에서 러시아 노동 운동의 한 가지 비극적인 파행을 보게

---

68) 『마르크스와 트로츠키』, 445~446쪽.

된다. '노동자 정당'을 이끌었던 트로츠키나 레닌, 지노비예프|Grigorii Evseevich Zinov'ev, 1883~1936, 카메네프|Lev Borisovich Kamenev, 1883~1936, 스탈린 등이 과연 하루라도 '노동'을 해본 적이 있었을까? 천만의 말씀이다. 1980년대 식의 유행어로, 다들 '학출 군단'이었다. 그들 중에서 가방끈이 가장 짧은 스탈린조차도 신학 대학을 좀 다녀본 사람이었고 그루지야어로 꽤나 괜찮다는 시 몇 편을 잡지에 싣는 등 '문단 데뷔'까지 했었다. 상트페테르부르크 제국대학 법대를 나와 변호사로 일해본 레닌은 형님이 황제 암살 음모 혐의로 사형을 당해 그렇지, 사실 마음만 먹었다면 크게 출세할 수 있는 '먹물'의 대열에 속했다. 고급 학력이 보편화된 지금에 와서는 '문단 데뷔'나 '변호사 경력'이 별것 아닌 것처럼 보이지만, 인구의 70%가 아예 글을 몰랐던 100년 전 러시아에서 레닌, 트로츠키와 일반 공장 노동자 사이의 '사회적인 거리'는 그야말로 어마어마했다. 서로 아예 다른 세상에서 살았던 것이다. 1920년대 조선에서 고급 한문 문장을 잘 구사했던 조선공산당 최초의 책임비서(1925년) 김재봉|金在鳳, 1890~1944 선생과 일선 노동자와의 '관계'를 생각해보면 될 듯하다.

레닌의 '직업적 혁명가 지도하의 전위당' 이론은 운동판에서 '학출 군단'의 헤게모니를 정당화하는 이야기로 보이는 측면이 있었고, 그들의 '지도, 계몽'에 피로를 느꼈던 많은 일선 노동자 활동가들은 차라리 조직형태가 조금 더 느슨한 멘셰비키 쪽을 택하기도 했었다. 현장 활동을 한 일도 별로 없이 노동자들을 '조직, 지도'해온 트로츠키 같은 '고급 학출'에게는, 노동자들을 군대처럼 대오로 세워 노동현장에 투

경계를 넘어

입하겠다는 생각이 꽤 쉽게 들 수 있었던 셈이다. 그가 가졌던 '노동의 군사화' 망상의 근원은, 실제로 자본주의적 사회의 불평등을 완전히 해소하지 못한 운동판의 정치 역학에서도 찾아볼 수 있다.

그러면, 이 망상에 맞선 이들은 누구였을까? 1921년 3월 열린 소련 공산당 제10차 대회에서 트로츠키의 '노동 군사화'에 반대한 '노동자 반대파'의 지도자는 슬랴프니코프 |Alexander Shlyapnikov, 1885~1937였다. 최종 학력은 보통학교 3학년 퇴학. 12살부터 공장 노동, 1890년대 후반 노동자 파업 주도, 현장 운동을 하다가 1901년 러시아 사회민주노동당 입당, 1908년 해외 망명과 프랑스에서의 생활……. 레닌과 트로츠키는 해외에서 독일 사민당의 후원금을 받거나 '문필 노동'으로 생계를 꾸렸지만 슬랴프니코프는 프랑스의 금속 공장에서 노동을 하다가 거기에서도 노동운동의 현장 지도자가 됐다. 그는 1918년부터 인민위원(장관) 등을 역임했지만 늘 노동자의 작업복을 입고 다녔다. 또한 당과 국가에서 '벼슬'하는 동시에 러시아 전국 금속노조의 집행위원을 하는 등 '현장'의 정서를 누구보다도 잘 아는 사람이었다. 그는 공산당 제10차 대회에서 트로츠키와 레닌에게 "지금 우리는 노동자의 독재가 아닌 당의 독재를 겪게 되는 느낌이다"라고 일갈하고 '당의 관료화 위험'에 대해, 트로츠키보다 훨씬 일찍(!) 경고했다. 당과 국가 관료들을 일정 기간 임기만료 이후에 다시 현장으로 보내고 현장 노동자들을 관료로 채용하는 방안을 제시했으며, 공장에 대한 관리권과 소비에트 공화국 공업 전체에 대한 관리·감독권을 노조에게 이양할 것을 요구했다. 노동자의 민주주의라면 노조로 조직된 노동자들이 경제를 관리해야 하

지 않는가? 즉, 트로츠키가 노조를 국가기관화하려 했던 반면, 슬랴프니코프는 국가를 노조의 감독하에 두려 했던 것이다. 만일 그렇게 됐다면 그나마 소비에트 민주주의를 건질 수 있었을지도 모를 일이다. 그러나 '학출' 출신의 고급 '직업 혁명가'들이 어찌 보통학교 출신 노동자들의 감독을 달게 받겠는가? 레닌은 슬랴프니코프에게 '신디칼리즘|syndicalism' 69) 같은 딱지를 붙였고, 당 대회는 슬랴프니코프와 그 동지들의 주장을 부결한 데다 아예 당내의 '정파 활동'을 금지시키고 말았다. 그 후로는 일선 노동자가 아닌 당 관료들이 당의 주인이 되고 말았다. 트로츠키가 1923년에 정신을 차려 당의 관료화 위험에 눈을 떴을 때는, 이미 다 늦은 뒤였다.

우리 주위를 돌아보면 '트로츠키주의자'들은 많이 볼 수 있어도 '슬랴프니코프주의자'들은 별로 없다. '진정한 노동자 민주주의'를 갈구했던 보통학교 출신의 슬랴프니코프는, 그다지 매력적으로 안 보이는 걸까?

---

69) 신디칼리즘(syndicalism): 노동조합주의. 당의 정치적 사업을 노동조합의 당면 이익에만 봉사케 하고 당보다 조합을 우위에 두려는 주의.

경계를 넘어

배울 것만 배우자

2007年 1月 29日

지금은 사회 전체의 비판의식이 좀 강화되어서 덜하지만, 1991년 내가 처음으로 서울에 왔을 때만 해도 소위 '운동'하는 분들 사이에서 레닌과 1917년 러시아 혁명에 대한 의견은 대체로 '성경 무오류설'을 믿는 기독교인들과 다를 게 없었다. 소련이 이미 몰락으로 치닫고 있었지만, "레닌을 따라 배우자"는 사람은 내가 살았던 안암골에서 그리 어렵지 않게 만나볼 수 있었다. 사실, 나는 그러한 이야기를 들을 때마다 좀 어리둥절했다. 빛이 있는 곳에 어두움도 따라 생기고 각종 그림자들이 따른다는 것은 이미 도교나 불교에서도 잘 알려진 변증법의 기본인데, 그 '자생적 볼셰비키' 분들에게는 그러한 이야기가 안 통할 때가 많았다. 그분들이 "혁명을 어떻게 보느냐?"라고 물었을 때, 사실 나는 단순한 '호불호好不好'로 답하지 못했다. 진보와 퇴보, 문화의 대중적 보급과 야만적 잔혹성, 상당수의 신분상승과 일부의 몰락이 얽히고설킨 것이 혁명이기 때문이다.

물론 1917년 혁명이 아니라면 나부터도 러시아에서 태어날 일은 없었을 것이다. 내 조상인 가난한 유대인들은, 제정 정권이 지속되거나 반동적 '백군'이 이겼을 때 아마도 '포그롬(pogrom, 유대인 학살)'에 죽거나 미국으로 도망쳤을 것이고, 그랬다면 나도 러어를 모국어로 삼지 않았을 테다. 그러한 의미에서, 혁명은 내게 개인적으로 '생명의 은인'에 가깝다. 그러나 '생명의 은인'이 늘 고맙기만 한 것은 아니다. 1905년 혁명 때 행동대로 일하다가 경찰의 수배를 피해 아르헨티나로 이민간 내 조상의 친척 한 분은, 본인이 사회주의 혁명가였음에도 1920년대 중반에 소련에 잠깐 왔다가 크게 실망한 뒤 남미로 되돌아갔다. 물질적 가난에만 놀란 것이 아니었다. 그분이 가장 크게 경악한 것은 본인과 같은 아나키스트들에게 최소한의 표현의 자유도 없었다는 사실이었다. 본인이 목숨을 걸고 행동대에서 일했던 것이, 결국 제정 정권과 같은 부자유, 탄압, 사상적 획일화 정권을 탄생시키기 위한 것이었다는 생각에 좌절한 것이다. 이러니 "레닌을 좋아하느냐?"는 질문에 간단히 답하기가 힘들 수밖에…….

1917년 혁명을 가리켜 사회주의적이라고들 하는데, 일면 맞는 이야기다. 20만 명의 볼셰비키 당원의 대다수가 '사회주의 지향석인' 대규모

공장의 숙련공과 중, 하급 지식인이었고 그 지도부 역시 사회주의를 위해 평생 투쟁하려는 사람들이었다. 그런데 그들은 과연 '사회주의'를 무엇으로 생각했을까? 자세히 이야기하자면 아주 길겠지만, 간단히 축약하자면 사실 그들에게 어떤 구체적인 청사진은 없었던 것 같다. 그들의 혁명방식은 거의 '임기응변|臨機應變'에 가까웠다. '부르주아 민주주의'도 제대로 연습 못한 후진국에서 이들은 기본적인 민주적 절차(제헌의회 등)를 모조리 무시해도 된다고 생각했으며, 권력을 잡은 지한 달도 지나지 않아 벌써 비밀경찰 격인 '체카'를 만들어 사형제를 부활시켰다. '체카' 자체의 통계를 그대로 믿어도, 18~20년간 사형집행된 '반동분자'들은 1만 2,700여 명에 달한다. 그리고 그들 중 상당수는 '유산계급 출신'이라는 이유로 붙잡힌 뒤 '반동분자 준동|蠢動'에 대한 집단적 응징'이라는 명목으로 총살된 '인질'들이었다. 레닌이 직접 지시한 것은 아니겠지만 지방 체카들은 고문과 부녀자 및 아동 학살 등 제정러시아의 암흑 통치하에서도 상상하기 어려웠던 '반혁명 분자 근절 방법'들을 이용했다. 국방부 장관 트로츠키는 구 제정러시아군의 장교들을 혁명의 '적군|Red Army'으로 다시 징병했을 때 그들의 가족들을 '인질'로 특별 관리하다가 해당 장교의 탈영 및 반역행위 시에 그 노모나 아이들을 수용소에 보내거나 총살하도록 조치해놓기도 했다. 부녀자와 아이들을 마구 죽이면서 저들이 건설하고자 하는 사회는 도대체 무엇이었던가?

1917년 10월혁명을 앞두고 레닌은 '국가의 소멸', '직접 생산자들의 직접적인 생산과정에 대한 전국적 관리' 등, 참 듣기 좋은 이야기를 많이 했다. 국가가 진짜 언젠가 소멸됐으면 아주 좋았을 터인데, 레닌 등이 국가를 운영하는 입장이 됐을 때는 그 말도 점차 바뀌기 시작했다. 1919년 말~1920년 초 레닌은 '전시 공산주의'의 '알곡 징발제도'와 배급제를 '사회주의의 맹아明芽' '사회주의에의 이행 방법'이라 이야기했다. 그 뒤에는 "공산주의란 전국의 전기보급과 소비에트 권력장악이다"와 같은, 자본주의적 개발주의를 방불케 하는 이야기도 서슴지 않았다. 국방부 장관 트로츠키는, 자기 부처에 대한 애착이 강해서 그런지 '전국 노동의 군사화'를 주장하며 '노동 군대'를 만들어 생산 요충지에 배치시키는 것이 바로 사회주의로 가는 첩경이라고 선전했다. 이와 같은 '노동의 군사화'가 전시 공산주의라는 특수 상황에서 일시적으로 필요했는지 몰라도, 볼셰비키 지도자들이 이를 '사회주의적 덕목'으로 취급한 것은 그들의 '사회주의 프로젝트'가 가진 '해방 지향성'을 의심케 한다.

나중에(1921년 초) 전국적 농민 반란과 크론슈타트 수병 봉기 등 민중의 저항에 정신을 차린 그들은 '알곡 징발제'와 같은 반인륜적 폭력을 멈추고 어느 정도 민중의 숨통을 트이게 했다. 그러나 권력의 독점만은 끝까지 놓지 않으려 했었다. 1921년까지만 해도 일부 소비에트에서 멘셰비키 등 비폭력, 민주주의 지향의 '선진형' 사회주의자들이 계속 참여했지만(사실, 인쇄노동자 노조나 화학 노조 등은 1921년까지 거의 멘셰비키들이 장악했었다), 그들은 '신경제 정책'을 발표하여 경제에서의 국가적 폭력을 줄이는 한편 멘셰비키, 에세르, 아나키스트 등 '비 볼셰비키' 혁명세력들을 크게 박해하기 시작했다. 이미 1918년 4~5월부터 간헐

적으로 멘셰비키 계통의 노조 활동가들을 총살하거나 체포하는 경우
들이 있었지만, 1921년을 기점으로 탄압이 커지면서, 1922년 초 전국
에서 체포된 멘셰비키 활동가(대다수 노조 간부들)만 해도 무려 1,500명
에 달했다. 아니, 의견을 달리하는 노동자 활동가들을 마구 붙잡아 감
옥에 집어넣는 것이, 무슨 놈의 '노동자 민주주의'인가?

그나마 1920~21년까지는 노동자 민주주의의 요소들이 일부 분명히 존
재했지만 그 뒤에는 거의 흔적도 없이 사라지고 말았다. 그렇기 때문
에 우리는 과거 혁명들의 장점을 아는 동시에, 단점도 좀 배워야 한다.
볼셰비키들의 혁명적 열성과 같은 장점은 알아야겠지만, 그 조급성,
인명 경시의 정신, 절차적 민주주의의 무시를 이 시대의 혁명가들은
제발 따르지 않았으면 좋겠다.

청년 레닌의 둘도 없는 지기로서 1890년대 중반에 그와 함께 '노동계
급 해방 투쟁 동맹'을 이끌었다가 나중에 멘셰비키의 길을 걷게 된 율
리 마르토프|Julius Martov, 1873~1923 선생은 1918년 레닌에 대해 다음과 같이 논
평했다. "낮에 총살 명령에 사인해놓고 편안히 밤잠을 잘 수 있는 이
사람을, 난 이해 못한다." 마르토프의 노선에 동의하는 것은 아니지
만, 촌철살인의 평이다. 나 역시 낮에 인간의 목숨을 빼앗고 밤에 편안
히 자는 사람은 이해 못한다. 레닌의 잠은, 정말로 편안했을까?

노르웨이 사회보장제도에 대한 오해

2007年 1月 7日

우리 부부의 육아, 나아가 맞벌이 부부의 육아를 가
능케 한 노르웨이의 복지제도와 관련한 이전 글에 반
박적 성격의 댓글들이 쇄도했다. 아무래도 몇 가지 오해가
있는 듯하여 설명을 좀 해 보려고 한다.

첫째, 이와 같은 류의 글을 쓰는 의도는, 내가 지금 살고 있는 노르웨
이를 무조건적 '모범'으로 내세우거나 '자랑'을 하려는 것이 절대 아
니다. 잘사는 쪽에 붙어사는 것이 무슨 자랑이 될 수 있겠는가. 그리고
노르웨이에서 평생 살 마음 또한 추호도 없다. 나와 내 아내가 한국에
서 이곳 노르웨이처럼 정규직으로 일할 수 있다면 당연히 적당한 시기

에 돌아갈 것이다. 다만, 나나 아내나 국내에서 정규직으로, 계약만료 직후에 잘릴 것에 대한 위기감 없이 일하는 기쁨을 한 번도 맛본 적이 없었다는 것이 문제다. 물론 그러한 처지로 전락한 근로자들이 꼭 우리뿐은 아니었을 것이다. 사실 이런 이유 때문에 안정된 직장에서 일하는 기쁨을 맛볼 수 있게 해준 노르웨이식 체제에 감사하는 부분이 있다.

물론 그렇다고 해도 노르웨이를 '지상낙원'地上樂園으로 이야기한 적은 없다. 사실, 노르웨이 복지체제에도 육안으로 쉽게 볼 수 있는 문제점들은 꽤 있다. 예컨대 노르웨이 대학생들은 국가의 학생융자지원센터|www.lanekassen.no 로부터 한 달에 딱 8,140크로네, 즉 약 120만 원만을 융자 겸 장학금으로 받는다. 노르웨이 정도의 물가 수준에서라면, 그 돈으로 숙식은 해결할 수 있어도 책 구입은 어렵다. 젊은이로서 다녀야 할 외국여행은 아예 엄두도 낼 수 없다. 이 때문에 약 절반 정도의 오슬로 대학 학생들이 공부에 바쳐야 할 귀한 시간에 아르바이트를 하고 있다. 개인적으로는 융자 겸 장학금의 규모를 적어도 50~60%로 올려야 한다고 생각한다. 나중에 근로자가 될 사람의 학습도 일종의 '사회적인 노동'인데, 이 '사회적인 노동'에 대한 전적인 책임을 사회가 져야 하지 않겠나. 게다가 이 월당 8,140크로네 중 40%는 장학금이지만 나머지는 융자다. 월급쟁이가 되어서 갚아야 할 빚이라는 이야기다. 결국 졸업생들의 대부분이 졸업과 동시에 빚쟁이가 되고, 그것이 상당한 심적 부담으로 작용해 사회활동이나 취미활동보다 근로생활에 중점을 두게 된다. 일종의 자본주의적인 '임금 노동자 만들기', 노동자 규율

화의 기제라고 볼 수 있겠다. 때문에 나를 포함한 노르웨이의 급진 사회주의자들은 대학생에 대한 장학금 지원 전액화를 주된 정치적인 의제로 생각한다. 1989년부터 1991년까지, 즉 망국 이전까지 소련에서 대학생활을 하는 동안 내가 받았던 장학금은 거의 하급 노동자의 월급에 가까웠다. 서적 구입을 많이 해도 불편함이 없었고 융자란 개념 또한 없었다. 소련체제를 이상화시킬 마음은 없다. 하지만 대학생의 장학금 지원 전액화는 진정한 사회주의로의 한 걸음이 될 것이다. 부유한 노르웨이가 아직 그렇게 못하는 것이 부끄러운 일이지 '자랑'이겠는가? 다만 유럽에서 이미 반세기 전에 없어진 '학비(등록금)'를 아직 어렵게 내는 국내 대학생들의 처지를 생각할 때마다 마음이 아플 뿐이다. 그것도 기업체화된 학교들이 거의 매년 8~10%씩 등록금을 올리지 않는가? 대학진학률이 노르웨이보다 3배나 많은 대한민국에서야말로 고등교육의 무상화는 국민적 화두가 돼야 하지 않을까?

둘째, 노르웨이 복지제도가 '석유 덕분'이라는 이야기는 사실과 많이 다르다. 석유로 벌어들이는 돈의 대부분은 노르웨이 정부의 '석유(연금)기금'[70]에 들어가 세계 각국에 투자된다. 그리고 그 투자 이윤은 다시 '석유(연금)기금'으로 돌아온다. 20~30년 후에, 유전이 다 고갈되고 노르웨이가 많이 고령화된 뒤에 고령자들의 연금으로 쓰기 위해서다. 현재 '석유(연금)기금'의 돈은 국가 지출 예산에 거의 들어가지 않는다. 이 체제를 뒷받침해주는 것은 '석유'가 아니다. 그보다는 나와 같은

---

70) 노르웨이 석유(연금)기금 홈페이지 http://www.norges-bank.no/nbim/pension_fund/

경계를 넘어

중간급 월급쟁이들이 월급 소득의 45~50%를, 부자들은 소득의 80% 이상을 세금으로 내게 하는 세정(稅政)이라고 해야 맞다. 사실 이 체제의 기틀이 잡혔던 1950년대, 노르웨이는 아직 산유국이 아니었다.

노르웨이적 복지 체제의 성립 과정에 대해서는 언젠가 따로 상론(詳論)할 기회가 있을 것이다. 다만 여기에서 한 가지 언급하고자 하는 부분은, 나는 노르웨이 '석유(연금)기금'의 운영 방식이 완벽하게 도덕적이라고 보지 않는다는 점이다. 요즘은 더 이상 무기생산에 투자를 안 한다고 하지만, 내 기준으로 봐서는 투자하지 말아야 할 악질적인 기업체에 계속 투자하고 있는 문제도 있고, 그 기금 중에서 보다 많은 돈을 제3 세계의 비참한 상황을 개선하기 위해 썼으면 하는 생각도 있다. 물론 이 문제에 대해서는 노르웨이 국내에서도 치열한 논쟁이 진행 중이다. 즉, 노르웨이가 세계 자본주의적 질서 안에서 누리고 있는 '위치'에 대해 노르웨이 내의 사회주의자들이 무감각하지만은 않다는 이야기다.

사담 후세인과 서구인들의 인종주의

2007年 1月 2日

가증스러운 나치 전범들이 뉘른베르크에서 재판을
받았을 때, 그들은 피고석에서 정식 군복을 입고 있
었다. 세계는 그들을 혐오했지만 재판의 진행 과정에서 그들의 인간
적 존엄을 꺾는 그 어떤 행위도 취해지지 않았다. 세르비아의 전 대통
령 밀로셰비치는 헤이그에서 재판을 받을 때 넓은 방에서 기거했으며
자료 열람이나 지인 접촉에 있어서 별다른 제한을 받지 않았다. 서구
언론들이 그를 마치 구 유고 전쟁의 유일한 원흉처럼 악마화시키고 있
었지만 그의 존엄성을 훼손시키는 어떤 행위도 재판과정에서 저질러
지지 않았다. 그는 재판과정 도중에 사망했는데 유럽에서 진행되는 재

판이라 어차피 사형을 받기는 어려웠을 것이다. 그런데, 사담 후세인이 미군에게 붙잡힌 그 첫 순간을 기억하는가? 방송사들은 그때 앞을 다투어 그의 입안을 '연구'하는 미국 의사들을 보여주고 있었다. 그를 소나 돼지처럼 확인하고 있던 장면을, 미군은 전세계적으로 방송하도록 주선했다. 저들은 사담을 잡은 뒤, 그가 인간으로서 가진 기본적 존엄성까지 만천하 앞에 모조리 짓밟으려 했다. 그렇게 함으로써 이라크 저항 운동의 기세를 누르려 한 모양이다.

히틀러의 공범들에게도, 밀로셰비치에게도 안하던 짓을, 어떻게 후세인에게는 할 수 있었을까? 그가 백인(기독교) 문화권과 인연이 없는 '바깥사람'이기 때문이다. 미군의 입장에서, 아랍인에게는 인간적 존엄성이란 존재하지 않는 것이었다. 그래서 후세인의 입안을 카메라 앞에서 뒤지는 것이 가능하고, 엄연히 유엔에 가입돼 있는 북한을 가리켜 신문 논설마다 '편집증적 독재(paranoic dictatorship, '정신병적 독재국가'의 뜻)' 식의 모독적인 수식어를 붙일 수 있는 것이다. 구미인들의 이런 태도는 인종주의가 얼마나 저들의 몸에 깊숙이 밴 아비투스인가를 잘 보여주는 예증이다.

유럽 자유주의의 꽃이라 할 영국의 가디언은 후세인 사후 그의 일생을 정리하면서 그 권력 장악에 미 중앙정보국(CIA)이 어떤 역할을 했는지, 이란과의 전쟁을 미국이 어떻게 부추겼는지, 미국과 영국의 2003년 침략이 합법인지 불법인지 언급조차 하지 않았다.[71] 이라크에서 공산당 당세의 확장을 우려한 미국의 중앙정보국은 후세인 등의 바트당 집권을 결정적으로 도와주었다. 후세인은 1980년대 내내 미국 등 서방 국가로부터 무기를 구입하면서 중동에서 미국의 주적主敵이 된 이슬람 혁명 이후의 이란과 '대리전'을 해왔는데, 이 부분에 대한 언급도 빠졌다. 심지어 2003년 제2차 이라크 전쟁은 마치 '당연하고 정당한 일'인 것처럼 언급되고 있다. 후세인이 저질러온 불법적 행동은 모두 열거하면서도 영국이 저지른 침략의 불법성은 이야기하지 않는, 너무나 '공정하고 자유주의적' 태도 아닌가! 심지어 고급 일간지답게(?) 첫 페이지에 죽어가는 사담의 사진을 걸기까지 했다.[72] 그렇다. 아랍인의 죽음이란 그들의 즐거운 볼거리인 셈이다.

저 냉혈동물들이 혹시나 나중에 북한을 침략한다면 미국의 융단폭격으로 처참한 주검이 된 북한 병사들의 사진도 이렇게 '볼거리'로 취급할까? 서구 언론의 여태까지의 전력으로 봐서는 분명히 그럴 것 같다.

71) "Saddam Hussein", 가디언, 2006년 12월 30일. http://www.guardian.co.uk/Iraq/Story/0,,1980293,00.html

72) "Saddam Hussein Executed", 가디언, 2006년 12월 30일. http://www.guardian.co.uk/Iraq/Story/0,,1980290,00.html

러시아에 스킨헤드라는
망종이 생긴 까닭

2007年 12月 13日

오늘, 한겨레에서 블라디보스토크 소식을 읽고 문득
절망감을 느꼈다.[73] 스킨헤드로 짐작되는 악질들이 북한 사람 두
명을 살해했단다. 고향 레닌그라드(상트페테르부르크)도 그렇고 모스크
바도 그렇고 그 부류들에게 거의 일주일에 한 사람씩 희생되는 것이
예사 아닌 예사가 됐지만 대중·대일 무역으로 그나마 살아가고 있는
블라디보스토크의 경우엔 여태까지는 비교적 양호했다. 그런데 이제
보니 그것도 아닌가 보다. 스킨헤드라는 병이 러시아 전체에 퍼질 대

73) 한겨레, 2006년 12월 13일. http://www.hani.co.kr/arti/international/asiapacific/ 177745.html

로 다 퍼져버렸다. 소련 출신자로서 형언하기 어려운 절망과 수치심을 느낄 뿐이다. 희생자 가족들에게 그저 '그쪽에서 태어난 한 이'로서 큰 절을 올려 사죄를 빌고 싶다. 특히 구 소련과 나름대로 고락을 같이 나누고, 이제는 러시아에서 어렵게 돈을 벌면서 그나마 가족들의 생계를 유지하는 북한 형제들에게 손 댈 생각을 할 수 있었다는 것이 나에게는 악몽 중의 악몽일 뿐이다. 도대체 어떻게 된 일인가?

구 소련 시절에도 폭력은 있었다. 체제가 억압적이고 민중에게 주어지는 소비재의 제공이 박하기에 여러 종족 집단들끼리 그걸 나누는 과정에서 갈등을 일으키는 경우도 있었고, 스탈린주의의 쇼비니즘|chauvinism 색깔이 강한 민족 정책은 일부 특정 종족 집단(고려인 포함해서)을 강제 이주시키는 등 위법적이고 위헌적인 '집단 박해'의 희생자로 만들기도 했다. 그러나 체제, 즉 관료들이 그렇게 처리했다 해도 현지에서 러시아계 불량배들이 인종주의적 구호를 외치면서 고려인을 때려 죽였다는 이야기는 아직까지 들은 바 없었다. 사실, 권위주의 체제하에서는 대다수 러시아 평민들의 처지가 고려인에 비해 월등히 좋은 것도 아니었다. 오히려 피착취 계층끼리 서로 아끼는 미풍도 있었다. 내가 1991년 이전에 이러한 일이 일어날 것이라는 예언을 들었다면 아마도 나는 '잠꼬대'라고 웃어넘겼을 것이다. 이렇듯 있을 수 없는 일들이 어떻게 해서 일어나게 된 것인가?

한겨레의 기사도 그렇지만, 대체로 소련 몰락 이후의 급격한 양극화에 따르는 일부 하급 계층의 누적된 불만을 주된 원인으로 거론하곤 한다. 그런데 경제적인 상황과 사회적인 현상을 이런 식으로 직결시키는 일에는 큰 무리가 따른다. 그 중간의 연결고리, 즉 사회의 정치 · 이데 올로기적 상부구조│superstructure│의 운동이 간과되기 때문이다. 예컨대 대체로 1990년대 후반 이후에는 한국과 일본에서도 신자유주의가 도입돼 불만이 누적될 대로 누적된 20대 비정규직 계층이 꽤나 두텁게 형성됐다. 그중의 상당 부분은 부모의 사회적 신분(자영업자, 하급 정규직 등)보다 위치가 낮아졌다. 또 한국의 경우 상당수가 카드 빚, 사채, 해결 불가능한 자녀 사교육비 문제 등 온갖 고충들을 떠안고 있다. 그럼에도 한국에서 외국인에 대한 폭력적 '증오 범죄'들이 생기지 않는 이유는 무엇인가? 전체적인 범죄율이 대폭 올라가고 자살률이 높아지긴 하지만, 피부색이 다르다는 이유로 외국인을 표적으로 잡는 일은 다행히 아직 발견되지 않고 있다.

러시아의 경우 1998년 이후로는 경제가 지속 성장세고 하급 계층이라해도 실질 소득이 1년에 적어도 평균 7~10% 가까이 오르고 있는데(연금 생활자의 경우, 그 수치가 조금 더 낮다), 도대체 왜 인간으로서는 용납할 수 없는 흉악범죄로 불만을 표출하는 걸까?

내가 보기에 이러한 방식의 불만 표출은 결국 이념적 상부구조가 1991년 이후로 급격하게 '우향우'한 결과이자, 체첸 침략 등 소수민족 독립투쟁에 대한 가혹한 탄압의 효과인 듯하다. 1990년대 자본화의 이념적인 뒷받침은 극단적인 반공주의와 민족주의였다. 아이들은 학교 교과과정을 통해 파시즘에 대한 '예방 주사'를 맞기는커녕 그 반대로 파시즘이 소련식 현실 사회주의보다 더 나은 체제였다는 식(파시즘이 사유재산제를 허용하니까)의 교육을 받았다. 히틀러가 독일 침략을 계획했던 스

탈린의 '희생자'였다는 주장이 텔레비전 등의 도움을 받아 확산되고, 히틀러의 책『나의 투쟁』이 거의 합법적으로 곳곳에서 팔리고, 히틀러에게 빌붙어 자본주의 러시아 부활을 꿈꾸었던 제2차 세계대전 당시의 소련 출신 파시즘 부역자들(블라소프|Vlasov 장군 등)이 영웅화되었다. 1990년대 후반부터 덜해지긴 했지만, 한때 급격히 자본화돼가는 러시아에서는 "히틀러가 레닌보다 나았다"는 것이 많은 소시민들의 '상식'이었다. 게다가 체첸에서의 독립운동 '씨말리기' 정책을 합리화하는 과정에서 군대, 폭력, 전쟁, "새카만 테러리스트를 쿨하게 때려죽이는 것"을 선전하는 영화들이 봇물 터지듯 시장에 가득 찼다. 학교에서 한때 나를 고생시켰던 그 악명 높은 교련 시간이 다시 부활한 것은 물론이다. 극우주의가 '상식'이 되는 분위기에서, 스킨헤드라는 러시아식 파시즘의 탄생은 사실 쉬웠다. 그리고 경찰들이 그들에 대해 제대로 된 수사를 거의 안하는 걸 보니 국가의 폭력기구 내에 그들의 '동조자'가 많다는 것 역시 사실인 듯하다(아무리 맨 위쪽에서 "박멸하라"고 보란 듯이 외치지만……). 한때 크렘린 쪽에서 그들을 은근히 지원해주는 듯한 냄새까지 풍겼다. 크렘린에서야 요즘에 들어 '스킨헤드 위협'을 권위주의 체제 부활의 명분으로 삼지만, 그 밑에서는 여전히 극우들에게 동조하는 분위기가 없어지지 않고 있다. 좌파가 부활될까 두려운 나머지 그렇게 발악하는 것인가.

'주니어 제국주의자' 들의
발흥 조짐?

2006年 10月 7日

요즘 국제 소식을 접할 때마다 솔직히 두려움부터 느
낀다. 예컨대 한국에서는 많이 보도되지 않은[74] 최근의 러시아와 그
루지아|Georgia 사이의 사태를 생각해보자. 이 사태의 외피적인 윤곽은,
간첩 혐의로 몇 명의 러시아 장교를 며칠간 구속한 그루지아의 '적대
행위'에 반응하여 러시아가 그루지아와의 교통과 무역, 재정거래 일체
를 금지하는 등 일종의 보이콧을 한 것이다. 그러나 실제로 이 사건의

---

74) 단, 한겨레에는 약간의 보도가 나왔다. http://www.hani.co.kr/arti/international/europe/
   162010.html

배후에는 미-러 간에 벌어지고 있는 유라시아에서의 암투가 노정露呈되어 있다. 그루지아의 친미적 현 정권이 나토 가입 의사를 내비치자 러시아가 장교의 구속을 빌미 삼아 사실상 최고 수위의 제재를 가한 것이다. 지금의 수준은 경제전쟁이지만 바로 다음 순서는 진짜 전쟁이될 수도 있는 현실이다. 물론 아직은 미-러 어느 쪽도 전쟁까지 가지않으려 할 것이다. 특히 이라크 재식민화에 실패하고 있는 미국으로서는 당장 그루지아 확보를 위해 대리전까지 치를 만한 여유가 없다. 북한에 대해서도 고사 작전을 벌이고 있긴 하지만 무기로 칠 여유 역시이라크 독립군 덕분에 생기지 않고 있다.

그런데 미국이 만약 유라시아 자원 확보 전쟁을 비약적으로 확대시킬의사와 여력이 생긴다면? 아마도 지금의 러시아라면 7년 전의 유고 사태와 달리 아예 응전을 하려 들지 않을까 싶다. 보안기관 출신 지배그룹의 통제체제가 그 나름의 안정성을 취했고, 또 그만큼 군수복합체의유지 및 확대를 필요로 하고 있기도 하다. 물론 그루지아에 폭탄이 떨어지기 시작한다고 해서, 이것만으로 곧 미-일과 중-러 블록 사이의전면적인 직접 충돌이 개시되지는 않겠지만, 그러한 충돌의 장기적 위험성은 높아질 것이다. 결국 양쪽이 대치 중인 한반도의 상태 또한 가일층加一層 긴장될 것이다. 게다가 폭탄이 떨어지지 않았음에도, 이미그루지아의 무고한 백성들의 고통은 커지기 시작했다. 약 100만 명의그루지아 출신자들이 러시아 영토 안에서 살고 있는데, 그곳에서 벌써일종의 민족주의적인 광풍이 일어나기 시작했기 때문이다.

대개 NL계통에 속하시는 분들은 북한 정권을 나름대로 지원하고 있는

경계를 넘어

중-러 블록에 대해 좀 너그러운 듯하다. 물론 미-일 블록에 비하면 유라시아의 영토 제국형 야수들이 아직 약체이고, 이라크라는 외부 지역의 재식민화를 도모하는 미국의 '웅비'와 달리 주로 영토 내의 민족적·종교적 타자(체첸, 위구르 등)의 억압 및 말살이라는 훨씬 더 제한된 과제에 집중하고 있기도 하다. 즉, 미국과 달리 자국 영토 밖으로 아직 군사적 팽창을 하지 못하고 있다는 말이다. 그런데 그렇다고 해서 이 '주니어 제국주의자'들을 긍정시하는 것은 매우 위험한 발상이다. 벌써 그루지아를 잡아먹기라도 할 듯한 태세의 러시아도 그렇지만, 티베트와 백두산 지구의 '개발'에 힘씀으로써 소수민족의 자치권을 대폭 축소시키고, 차후 북한 영토 인수인계의 이념적 기반인 '동북공정'을 진행하는 등 '제국적 발흥'發興'의 준비를 갖추고 있는 중국도 미국보다 약체라 해서 좋게 볼 세력은 절대 아니다. 더구나 중국은 말할 것도 없거니와 '민주'의 외피가 있는 러시아만 해도 그 관헌들의 주민들을 다루는 법(거리에서의 불심검문 등)을 보면 미-일에 비해서 훨씬 야만적이다. 단중기적으로 이 '젊은 야수'들이 당장 세계체제의 주도세력이 될 수는 없을 것이다. 그러나 차후에는 세계질서의 재편을 노릴지도 모를 일이며, 그 과정에서 한반도의 안위가 심히 우려되는 것은 당연한 일이다. 국내 언론들이 대체로 무시하고 넘어가고 있음에도, 그루지아 소식을 재음미해 보아야 하는 것은 바로 이런 이유 때문이다.

우리가 영어에 매달리는 이유

2006年 10月 4日

국내는 물론이거니와 일본이나 중국의 사정을 봐도 공·사교육을 불문하고 '영어 배우기 열풍'은 가열돼가는 추세다. 정확하게 이야기하자면 중국의 도회지 중간 계층들에게 금전적 여유가 생길수록, 일본의 신자유주의적 재편이 심화될수록, 영어 학습 시장은 계속 넓어져 가고 있다. 그렇게 되는 요인들은 매우 복합적이라서 여기에서 전부를 상론하기 어렵지만, 분명히 그중의 하나는 동아시아인들에게 공동의 근대적인 언어가 없다는 것이다. 전근대에는 당연히 한문이 그 자리를 차지하고 있었지만, 어제 내가 들은 사징은 옛날과 달라도 너무 다른 듯하다. "우리에게 찾아오는 한국 학생들이 한자로 자기 이름을 표기하는 것 자체를 제대로 못하는 것 같다"는 것이 후쿠오카 시 관광안내소 직원이 설명하는 요즘의 사정이다.

박정희 이후 역대 정권의 교육정책과 (일부 좌파를 자칭하는) 재야 민족주의자들의 노력 덕분에 한문이라는 앎의 영역은 주변으로 밀려났다. 이제 한자 그 자체까지도 더 이상 개개인의 '기본 생활 상식'에 포함돼 있지 않다. 1980년대 말 이후로 한자는 대학 이전의 의무교육 영역에서 빠져 버렸고, 우파 민족주의 쪽에서는 한글학회, 그리고 좌파 민족주의 쪽에서는 이오덕 선생|李五德, 1925~2003과 같은 분들이 각각 '중국글자말(한자어)'을 '외부에서 침투한 불순한 말글'로 인식하여 '순화 대상'으로 지목했다. 전형적인 언어 민족주의자인 한글학회와, 일종의 '민중주의자'인 이오덕 선생의 입장이 완전히 같지는 않았지만 한자를 '외국어'로 인식하여 배제하려 하는 점에서는 일부 일치했다.

이제 한문은 정말 대다수에게 '외국말'이 다 된 느낌이다. 그런데 그만큼 개개인이 지적으로 가난해졌다고 하면 너무 극언일까? 어쨌든 우리 사정은 그렇다. 이란인과 쿠르드인이 만나면 영어가 아닌 아랍어로 소통할 가능성이 크고, 세네갈인과 말리인이 만나면 영어가 아닌 불어로 소통할 가능성이 크다. 헝가리인과 폴란드인이 만나면 (좀 유식할 경우) 영어가 아닌 독일어를 할 수도 있고, 우즈베크인과 아르메니아인 역시 (밉기는 미워도) 영어보다 러어를 선택할 확률이 높다. 그러나 평범한 베이징, 서울, 도쿄의 젊은이 세 명이 오슬로에서 만날 경우라면 거의 어김없이 영어를 선택할 것이다.

고전적 한문의 세계는 이미 1900년대부터, 신교육의 부상과 함께 그 포괄성과 공고성을 상실하기 시작했다(물론 지금처럼 완전히 망가지지 않았지만). 도일 유학이 왕성했던 1910~20년대만 해도 한-중-일의 근대적 유식층이 대체로 일어로 소통할 수 있었지만, 그 시대는 일본의 중국침략과 중국 신지식인층의 도미 유학 유행 등으로 금세 지나가고 말았다. 지금은 우리가 소통하자면 사실상 남은 것은 한자 세계에 대한 희미한 기억과 그나마 갈고닦은 약간의 영어회화 솜씨다. 영국인에게 식민화를 당한 일이 있었던 인도 등의 남아시아를 제외하고 이렇게 변해버린 문명권이 있었나? 이 상황은 과연 어떻게 타개될 것인가?

한반도의 경우에는, 그 과정 속에서 조율과 알력 등이 있겠지만 결국 수십 년 이후에 다시 한 번 중화권의 공동언어를 '지역어'로 인정하게 되지 않을까 싶다. 역사의 논리도 있고 경제의 논리도 있으므로 결국 중국의 제국적 야욕을 견제하면서도 그 문명을 지역적인 중심으로 어느 정도 인정하는 것은 궁극적으로 불가피할 듯 하다. 물론 '탈아입구脫亞入歐'가 사실상 1885년부터 변함 없는 모토인 일본의 경우, 특히 지금과 같은 지성적 흐름과 정책의 기조가 유지된다면 아마도 이 지역적인 공동체에서 상당히 소외될 것 같기도 하다. 일본 내 지식인들 사이에서야 '동아시아적 소통'이 계속 시도되겠지만 지금과 같은 분위기에서는 대중적 설득력을 얻기가 어려울 것이다.

문명권으로서의 동아시아는 근대의 풍파로 사실상 와해되다시피 했다. 이제부터라도 새로운 전제하에서 탈근대적인 모양으로 조금씩 재건돼야 하지 않을까?

경계를 넘어

후쿠오카 단상, 의아한 평화

2006年 9月 11日

이국에 가서 당장 눈에 띄는 것은, 무엇보다 본인이
여태까지 살아온 사회와의 다른 점 아닐까? 지난 9월 4일
후쿠오카로 오고 나서 계속 좀 의아하게 느꼈던 것은, 어디에서도 신
문들이 잘 안 보인다는 점이다. 노르웨이나 한국과 달리 교내매점에
가도 신문을 팔지 않고, 숙소 근처의 커다란 하이퍼마켓인 '아에온'이
나 서점에서도 안 판다. 물론 길거리 가판대에야 있겠지만 나는 아직
까지 그러한 가판대를 본 일이 없다. 게다가 노르웨이에서 흔히 볼 수
있는 버스나 지하철, 카페, 학교 식당에서 많은 이들이 신문을 읽는 장
면을 여기에서는 아직 본 일이 없다. 물론 후쿠오카라는 지방 도시에

서 일주일간 있으면서 관찰한 바라 일본 전체의 모습으로 일반화시킬 수는 없을 것이다. 그래도 뭔가 의아하긴 하다. 지금 일본이 잘못하면 헌법 제9조[75]를 개정할 수도 있는, 역사적으로 아주 위험한 순간에 처해 있는데, 평화롭기 짝이 없는 이 도시에서 이 문제를 걱정하는 사람들이 적어도 외부 관찰자의 눈에 잘 안 띄더라는 얘기다.

학교 도서관에도 의아한 점이 있었다. 주요 서가에 대부분 일본어 책만 비치돼 있는 것 아닌가. 한국어 서적들은 주로 각종 학부, 연구실의 부속 도서관이나 국제교류 관련 도서실에 있었다. 서양 일본학 서적은 별도로 분류되어 모두 한 군데에만 몰려 있었다. 심지어 분류방식도 일본 서적과 달랐다. 한국사 서적 쪽을 가보니 강만길 선생 저서의 번역본과 함께 김완섭인가 하는 신판 '친일파'의 책이 꽂혀 있었다. 그것도 학교 도서관에 말이다. 그나마 도서관은 여태까지 일본에서 나온 사회과학 서적의 상당 부분을 보유하고 있으니 다행인데, 숙소 근방의 서점에 가면 사회과학이라는 섹션 자체가 없다. 아마도 가장 큰 규모의 서점에 가면 있겠지만, 서점에서 만화나 유행잡지를 보며 사랑하는 스타가 나오면 즐거운 고함을 지르는 학생들의 모습을 보니 뭔가 심상치가 않다. 이렇게 사회 문제에 대한 의식이 약하다면 과연 전후 민주주의나 그 나름의 복지 모델을 오래 간직할 수 있을까? 물론 지금 내가 보는 후쿠오카는 아마도 세계에서 가장 안전한 도회지에 속할지도 모

---

75) 일본 헌법 9조: 일명 '평화헌법'이라 불린다. 제2차 세계대전 이후 제정된 것으로 패전국인 일본의 전력보유 금지와 국가교전권 불인정을 주요 내용으로 한다.

른다. 그런데, 일본인들이 자랑하는 이 '평화와 안전'은, 신자유주의적 경제 정책과 양극화 속에서 과연 언제까지 유지될까?

성개방과 보수성의 관계

2006年 9月 14日

며칠 전 일본 대중, 특히 젊은이들의 보수적인 탈정
치화에 대해 인상을 적으니 이를 선정적인 대중문화
의 범람, 즉 '자본의 3S정책'과 연결시키는 댓글이
눈에 띄었다. 그 댓글을 보고 여러 가지로 생각을 해봤는데, 일면
타당성이 있는 부분도 보이지만 아무래도 근본적으로는 찬성하기 어
렵겠다. 물론 대자본 중심으로 생산되는 대중문화의 목적 중 하나가,
근로자들의 피곤한 몸과 마음에 '안락한 소일거리'를 줌으로써 고달픈
일상에 대해 비판적인 생각을 가질 틈을 주지 않으려는 것이기는 하
다. 그건 일본이든 한국이든 어디든 마찬가지일 것이다.

사실 〈겨울 연가〉 정도의 센티멘탈리즘투성이 '볼거리'에 일본 아줌마들이 이렇게 열광하는 걸 보며 '정말로 강력한 마약이구나' 하는 생각을 하기도 했었다. 우리는 그걸 자랑스럽게 '한류'라 부르지만 조금 더 본질적인 차원에서 생각하자면 '연애'에 대한 근대적 낭만주의가 빚어낸 판타지들일 뿐인데, 그걸 이렇게 포장해서 파는 것이 뭐가 그리 자랑스럽고 좋은지 나는 잘 모르겠다. 고이즈미 시대의 일본에 딱 맞는 '연애 판타지 상품' 아닌가.

사실 대중문화의 대량 생산은, 일본만큼 한국이나 프랑스에서도 이루어지고 있다. 문제는 일본 대중들의 신자유주의와 민족주의에 대한 투쟁의 자세가 아직도 프랑스나 한국에 비해 비교적 적극적이지 못하다는 점이다. '성개방'으로 설명을 한 댓글도 있었으나 그것만으로는 현상을 제대로 설명하기 어려울 것 같다. 성개방의 정도로 봐서는 일본이 한국을 능가하지만(포르노에 대한 별다른 제재의 부재 등), 유럽과는 난형난제|難兄難弟|다. 그러나 노르웨이처럼 젊은이들이 길거리에서 딥키스 |deep kiss를 즐기고 서로 애무하다시피 하는 장면을, 체류 기간이 짧아서 그럴 수도 있지만 아직 일본에서는 못 봤다. 그런데 바로 이렇게 14~15살부터 성활동을 하는 유럽 아이들은 동시에 또 고교시절부터 정치적인 의식을 갖고 정치 활동도 아울러 시작한다. 역사적으로 봤을 때, 성개방과 혁명의 관계는 '직접적 영향' 관계로 정리하기는 힘들다. 영국, 프랑스 혁명 등의 부르주아 혁명은 엄숙주의적 색깔이 강했던 반면, 러시아 혁명이나 1968년의 프랑스에서 일어났던 '미완의 혁명'은 다소 성개방적이었는데, 역시 '성'에 주안점을 두지는 않았다.

성과 정치는 물론 관련이 있지만 '성개방이 곧 대중들의 탈정치화'라는 공식은 성립되기 어렵다.

내가 보기에 일본의 진정한 문제는 1948~50년 사이 있었던 전투적 노조 탄압, 1950년대의 노조 순치 등으로부터 발생된 듯하다. 당시 미국과 일본 내 자민당계 보수파, 그리고 자본은 마치 한 몸인 양 전투적 노조를 무력화시키고 노동자들을 개별적으로 포섭하는 데 혈안이 돼 있었다. 투쟁의 토양은 척박했다. 냉전적 분위기 아래서 이루어진 경제적인 대성장, 미증유末曾有의 풍족한 생활의 도래 등을 배경으로 그 포섭 과정은 꽤나 성공적으로 이루어진 모양이다. 만약 균형을 잡을 만한 진보세력이 정치화돼 있어 노조를 급진화할 수 있었다면 모를까, 공산당은 냉전시기 '빨갱이' 취급을 받아 공장에 접근하기조차 힘들었다. 게다가 온건 사민주의자들의 전통은 매우 빈약하고 힘도 없었다. 1994년 잠깐 정권에 참여할 때 천황제 반대와 같은 명분을 당장 포기한 걸 보니 극히 기회주의적인 일면까지 보인다. 결국 노조 간부의 보수화, 급진세력의 무력함 등이 원인이 되어 일본은 좌우의 두 날개를 제대로 펴지 못하게 된 셈이다. 날개 한 쪽만으로 대체 어디를 향해 날아갈는지……, 걱정이 아닐 수 없다.

일본공산당을 생각한다

2006年 9月 17日

엊그제, 9월 15일. 길에서 일본공산당의 유세 차량을
만났다. 후쿠오카 시장 선거가 다가오고 있어 공산당 후보가 직접
확성기를 들고 학교 주변의 주택가를 돌며 연설하러 다니고 있었던 것
이다. 조용한 주택가에서 벌어지는 유세 자리에 일부러 찾아와서 연설
을 듣는 사람은 한 명도 없었다. 청중이 전혀 보이지 않는 곳에서 나이
가 꽤 들어 보이는 공산당 후보가 열변을 토하는 광경을 보니 거의 눈
물이 날 지경이었다. 그분에 대해 꼭 친지 같은 느낌이 들어서 안되는
일본어로라도 그 노고를 위로하고 싶었는데, 연설이 끝나자 그 허름한
차량은 이내 떠나버렸다.

일본공산당을 폄하하는 일은 쉽다. 9개 밖에 안 되는 의석, 젊은 층 사이에서는 거의 느껴지지 않는 당세, 주요 언론에 대한 영향력은 무|無에 가깝고, 학계에서 한때 막강했던 영향력조차 조금씩 감퇴되는 상황이다. 연립내각에 입각하여 집권하고 있거나 그렇게 할 가능성이 있는 이탈리아나 프랑스의 재건공산당과 공산당, 정치시장에서 인기 상품이 되어 젊은이 사이에서 꽤나 관심을 끄는 독일의 신생 좌파당이나 노르웨이의 사좌당에 비하면 좀 초라해 보이는 것이 사실이다. 게다가 당의 최고지도부가 계속 도쿄대 학벌(미야모토 겐치|宮本顕治, 후와 데쓰조|不破哲三, 시이 가즈오|志位和夫 등 최고 지도자들은 다 일본판 '서울대 학벌'이다)에 의해서 장악되는 걸 보면 한국 운동권의 별로 생각하고 싶지 않은 이면들까지도 연상될 지경이다. 그런데, 소수자를 무시하는 잘못을 저지르지 않기 위해 이 상황을 좀 뒤집어서 볼 필요가 있다.

대다수 동구권 바깥의 공산당들에게 가장 무거운 짐이 됐던 것은 모스크바 내지 베이징과의 관계였다. 모스크바나 베이징이 현지 상황과 맞지 않는 노선을 강요하는 것도 문제였고, 그들을 따를 경우 '외세의 앞잡이' 이미지를 갖게 되는 것도 문제였다. 일본공산당도, 1950년에 스탈린으로부터 '비합법 폭력혁명 노선' 지시를 받아 결국 8년이나 허비하고 말았다. 그런데 미야모토 겐치의 지도부는, 이 문제를 1970년대 후반쯤에 거의 완벽하게 해결했다. 소련과 중공의 독재적 정체를 모방할 생각이 없다는 걸 공언하고 영토 분쟁에서 소련의 편이 아닌 자국의 편을 아주 명확하게 든 것이다. 사실 통속적 민족주의에 대한 가당치 않은 양보로 보일 여지가 컸지만, 독도 문제에 있어서 자의든 타의

경계를 넘어

든 '국민적인' 색깔을 띠지 않을 수 없는 민노당의 경험을 봐도 이는 현실정치에서 불가피한 부분이다. 지식인이야 그러한 부분을 초월해서 보려는 노력을 할 수 있지만 대중이 모이는 정당은 다를 수밖에 없기 때문이다. 자민당이 장기통치하며 국민을 열심히 우민화하는 과두정치체 일본에서 작은 기적이 일어난 것은 그때였다. 공산당 당원수가 꾸준히 늘어난 것이다. 1958년 4만 명에서 1987년에는 50만 명까지 늘었다. 물론 그 이후 점차 감소세에 들어 지금은 30만 명 선이 유지되는지도 약간 의문이지만, 일단 동구권 붕괴에 따르는 충격을 당이 최소화시킨 것은 사실이다. 동구권 붕괴가 국내 사회운동에 준 충격의 규모를 생각해보면 모스크바로부터 일찌감치 이론적 · 실천적 독립을 어느 정도 이룬 일본공산당의 역사에서 배워볼 만한 부분도 있지 않나 싶다.

내가 지금 일본에서 감지할 수 있는 공산당의 존재는 일종의 '커다란 소수'다. '애국주의' 광풍 속에서 그래도 아카하타|赤旗 신문이 상식을 계속 설파하고 있고, 공산당이나 그 영향을 받은 지식인들이 꾸준히 '애국'과 '민족'의 위험성과 인위성을 이야기한다. 지자체 공산당 의원들은 지역 토호의 부정부패를 캐는 한편, 복지예산 증진을 위해 일하고 있다. 물론 이게 '주류'가 될 수는 없는 구조지만, 그래도 그러한 '비주류'가 어디에선가 흐르고 있기 때문에 아직도 헌법 9조가 남아 있을 수 있는 것 아닐까? 거꾸로 이야기하자면, 공산당이 1990년 초반에 붕괴됐을 경우, 헌법 9조는 이미 사라졌을 가능성도 크다. 그러한 면에서 일본 진보운동을 아주 폄하해버리는 것은 참으로 위험한 근시

안적 시각일 것이다. 나는 여전히 사회주의를 최초로 '동아시아화' 시킨 일본 내 운동의 저력을 믿고 싶다.

트로츠키 아이러니

2006年 8月 31日

과거 동유럽 스탈린주의자의 상당 부분이 이미 대기업 안락의자에 앉아 있다. 그들이 런던에서 가장 비싼 동네의 부동산을 열심히 공격하여 영국 부동산 시장을 '혁명화' 하고 있어서 그런가? 요즘 유럽의 급진 좌파 사이에서는 트로츠키주의자들이 하나의 이념적인 중핵|中核이 돼가는 듯 보인다. 한국에까지도 '지속 혁명' 이론의 파괴력이 파급되고 있다. 근본적 관점에서 긍정적 발전이라 봐야겠다. 세계혁명이 아닌 일국혁명이 무엇으로 둔갑되는지 20세기 소련의 끔직한 역사를 보면 알 만한 일 아닌가. 더구나 민족주의가 하도 지독하여 '민족적' 극좌와 극우들

이 구분되지 않는(한편 '강철서신' 사례와 같은 민족 극좌의 극우화 사례 또한 참고할 일이다) 분위기로 종종 흐르곤 하는 한국 같으면, 국제주의의 주사를 맞는 것도 나쁠 게 없을 것 같다. 그러나 넓은 의미에서 '트로츠키주의'라 지칭되는 이론의 상당 부분을 공감한다 하더라도 소련 혁명 당시 트로츠키의 행적에 대해 마음으로 긍정할 수 없는 부분들이 좀 있다.

역사를 배운 분들은 알겠지만, 레닌의 혁명 정부는 1918년 3월 18일자로 트로츠키를 국방부 장관('인민 위원')으로 임명했다. 트로츠키는 제국주의 전쟁을 누구보다도 반대해온 인물이었으며, 1912~13년의 발칸 전쟁에서 종군 기자로 일하며 전쟁의 야만성을 계속 고발했다. 군 복무는 하루도 한 일이 없었다. 이러한 인본주의자 트로츠키가 국방부 장관이 되다니 이거야말로 역사의 아이러니인 셈이다. 그런데, 민간인 트로츠키가 발휘한 장관으로서의 능력은 놀랍게도 대단했다. 한편으로는 병사들 사이에서 인기가 높아 사기진작을 잘했고, 또 한편으로는 구 제정러시아 군대의 장교들을 대량으로 장교직에 임명하여 군대를 직업화하기도 했다. 백군과 간섭군 퇴치의 '기적'이 이루어진 것은, 상당 부분 트로츠키의 공적이다. 그런데 그가 군 전투력의 강화 방법, 규율 유지 방법으로 선택한 것은 다름 아닌 '탈영병 및 패잔병 총살·사살 명령'이었다. 나는 이 부분이 가장 받아들이기 어렵다. 트로츠키 자신의 말을 들어보자.

"군의 건설은 엄벌 없이는 불가능하고 사령부가 사형을 휘두를 수 없으면 수백만 명의 병사를 죽음을 향해 이끌 수 없다. 꼬리 없는 약한 원숭이, 인간이라는 존재들이 군을 만들어 전쟁을 하는 이상, 병사는 늘 사령부에 의해 패퇴 시의 필수적인 죽음과 전진 시의 죽음의 가능성 사이에 놓일 것이다."

탈영병에 대한 사형 집행은, 제1차 세계대전 때의 모든 참전군들이 다 했던 일이다. 즉, 트로츠키식의 군기 잡기는 그 당시 부르주아 군대의 잣대로 봐서는 '지나친' 게 아니었던 셈이다. 문제는, 인간 해방을 향해 인류를 이끈다는 사람이 이래서 되겠느냐는 얘기다. 물론 이 부분에 있어서는 정답이 없을 것이다. 트로츠키의 적군이 패배했다면 러시아는 이미 1920년대 초반에 파시스트 국가가 됐을 테고 선진 노동자들은 줄줄이 총살당했을 것이다. 그런데, 아무리 이 무서운 가능성을 봉쇄하기 위함이라 해도, 노동자의 해방적 군대에서 비겁자와 탈영병을 사살해야 한다면 나는 혁명을 당분간 포기하는 한이 있더라도 도저히 못했을 것 같다. 나는 아마도 '역사적 인간'이 될 타입은 아닌 모양이다. 하지만 인간의 해방을 총살을 통해 쟁취하느니 적당한 시기를 기다리는 것이 낫지 않을까?

모르겠다. 세계혁명론은 좋은데, 트로츠키식의 혁명 실천은 적어도 오늘에 와서 모방하지 않았으면 한다.

모리타 어민의 죽음

2006年 8月 18日

한국의 매체들이 거의 단신으로 처리하여 큰 비중을
두지 않았던 소식이 하나 있다. 며칠 전 쿠릴열도 남
부에서 러시아 국경경비대 함선이 불법어업 도중 도
망치는 것으로 보이는 일본 어선에 발포를 했다. 그리
고 그 발포로 모리타 미쓰히로(盛田光廣, 35세)라는 이름의 한 어민이 사
망했다. 결국, 그 일본 어선은 나포(拿捕)되어 지금 사할린에서 수사 중
에 있는 모양이다. 하필이면 나포 지점이 바로 영토 분쟁 지역이라, 이
사건에 또 새로운 의미가 부여되었다. 러시아의 우파 언론들은 "우리
의 영토를 잘 지키고 일본의 터무니없는 주장을 무력으로 분쇄할 수

경계를 넘어

있는 우리 국경 경비대"라 예찬하는 반면, 일본 극우는 "우리 영토의
불법 점거에다 양민에게의 총격까지!"라는 반응을 보이고 있다. 이 사
건을 놓고 러시아 우파 쪽이 '강한 러시아'를 보다 힘차게 부르짖으면,
일본 우파도 질세라 '강한 일본'을 더 세차게 외친다. 그러나 러시아
에서도 일본에서도 무의미하게 죽은 한 명의 일본 민중에 대한 진정한
애도는 볼 수 없다. 한 사람의 민중이 죽든 수만 명이 죽든 저들 지배
자와 언론들에게는 이게 다 '국가'와 관련된 주장을 펼 핑계일 뿐이다.
아소 타로 외무부 장관이 지금은 모리타 어민의 죽음을 가지고 러시아
를 준엄하게 비난하지만, 필요한 때가 되면 푸틴과 같이 밀실에서 술
마시고 목욕하고 '국제 친선 정치'의 꽃을 피울 것이다. 푸틴의 군인
들이 죽인 그 어민에 대해서, 아소 타로는 단 1초라도 진정한 관심을
가져 보았을까?

개인적으로는 모리타 씨를 죽인 그 러시아 군인이 누구인지 모르지만,
그 군인이 과연 본인이 임종을 맞이하는 순간에라도 자신이 저지른 짓
이 '조국을 지키는 일'이 아니라 단순한 살인일 뿐이라는 사실을 깨달
아 참회하고 죽을 것인지, 아니면 그 악업을 그대로 다음 생애까지 안
고 갈 것인지도 궁금하다. 이게 어디 그 군인만의 문제인가? '조국',
'국방', '전장에서의 영웅적인 위업'을 찬양하면서 글귀를 파는 온갖
매문업자들, 청년들을 살인자로 만드는 데에 핵심적인 역할을 하는 러
시아 교사 집단들, 총을 들지 않았더라도 이들 역시 모리타 씨의 죽음
에 분명한 책임이 있다. 그들은 악업을 지은 것이다. 또한 지금 지배자
들의 군국주의적 선전에 그대로 홀려버린 러시아 백성이 있다면, 그들

은 역사적 의미에서 산 시체라 해야 옳을 것이다. 지배자들에게 반란을 일으킬 줄 모르는 백성이, 시체 그 이상이 될 수 있겠는가?

물론 최근에는 그런 일이 없지만 1950년대만 해도 독도 해역에서 한국의 해군들이 일본 어민을 죽인 경우가 몇 번 있었다. 그런데 만에 하나 한국 해역에서 불법 어로활동을 하다 덜미를 잡혀 도망치는 일본 영세 어민의 배를 향해 한국 군인이 총을 발사하여 한 명의 일본 어민을 죽인다면, 우리 국내 여론은 어떤 반응을 보일까? 국방의 일환이며 불가피한 일이라고 다들 별다른 문제의식 없이 가만히 있지는 않을까? 우리가 남의 나라 민중을 우리와 똑같은 존재로 볼 수 있는 날이 언제나 올지 모르겠다.

다민족 국가 미국의
진일보한 인재등용책

2006年 8月 13日

어제 동아일보에서 미국 정부 내 한반도 관련 팀에서의 한국계 미국인의 '약진|躍進'에 대한 이야기를 읽고 좀 놀랐다.[76] 이야기의 골자는, 주한 미 대사관의 직원 약 70~80명 중 15명 안팎(공사 참사관 같은 고관 포함)이 한국계 미국인들이고, 국무부 한국과 과장도 한국계라는 것이었다. 물론 미국과 같은 다민족 국가에서 원칙상 외국계 자국민들을 그들의 '고국'을 다루는 예민한 요직에 앉히는 것은 충분히 가능한 일이다. 그러나 그건 어디까지나 이

---

76) 동아일보, 2006년 6월 30일자. http://english.donga.com/srv/k2srv.php3?biid=2006063006568

론이다.

현실적으로 따져보면 러시아와 중국을 비롯, 내가 알고 있는 대다수의 다민족 국가들은 그 이론을 립서비스|lip service 정도로 사용할 뿐 실제로는 '국족|國族', 즉 해당 국가의 지배적인 종족 집단을 중심으로 한 인사 정책을 펴고 있다. 특히 특정 지역 출신들은 그 지역을 다루는 핵심적인 요직에 잘 기용하지 않는다. 예컨대 '다민족성'이 아주 강조됐던 구소련만 해도, 혈통적인 조선인이자 출중한 사학자였던 고 게오르기 김 박사|Georgiy Fedorovich Kim, 1924~1989가 학술 연구소에서 조선 연구 책임자가 된 적은 있지만 주북 대사는 결국 못했다. 그분은 모스크바의 동양학 연구소에서 조선 관계 연구를 담당했으며 한반도 문제 관련으로 소련 정부에게 많은 자문을 하기도 했다. 1980년대 말 남한과 수교 교섭을 했을 때도 첫 단계에서 결정적인 역할을 했다. 그런데 그분은 결국 연구소 소장도 못 되었고, 북한에 나가서 외교관 활동을 한 적도 없다. 그 '혈통'이 문제였다.

그간 북한에 외교관으로 간 소련의 학자 중에는 '혈통적' 조선인(고려인)이 한 명도 없었다. 구 소련은 북한 건국 초기에 북한의 여러 요직에 재소교포(고려인)들을 심었는데, 그럼에도 같은 재소교포 출신들을 주북 대사관 스태프로 등용시킨 역사는 전혀 없었다. '비|非러시아인'을 신뢰하는 데는 한계가 있었다는 이야기다. 심지어 1956년부터 1960년까지 김일성 일파가 소련파를 탄압하던 시절에는, 고약하게도 북한의 요직에 심었던 재소교포들을 그냥 포기하고 단체 소환조치를 취하지 않았다. 당시 그중 일부는 북한 탈출에 성공했지만 북한에 파견돼 요

경계를 넘어

직에 앉은 상당수의 재소교포(특히 군인)들은 김일성파의 희생물이 되어 죽고 말았다. 김일성과의 관계를 고려해서 '소련파'의 상당수를 그냥 희생시켜버린 것인데, 만에 하나 그들이 혈통적으로 러시아인이었다면 이런 일은 절대 없었을 것이다.

구 소련은 외형만 '다민족'이고 내부는 여러 민족 집단들의 질서 정연한 피라미드를 이루고 있었다. 물론 미국의 현실도 본질적으로 다르지 않다. 하지만 그들의 외무부에서 실시하고 있는 한국계 등용 정책이 설령 '겉치레'라 하더라도, 러-중 쪽에 비해 다소 진일보되었다 봐야 옳다.

물론 여기에는 또 한 가지 중요한 요소가 작용한다. 사실 재미교포 2세들은 많은 경우 진심으로 미국에 충성을 바치고 과거의 '고국'과의 이해관계를 일체 고려하지 않는 자세를 쉽게 취하곤 하기 때문이다. 전부가 그렇다는 이야기는 절대 아니다. 그러한 경우들을, 예컨대 학계에서 쉽게 발견할 수 있었기 때문에 하는 이야기다. 그건 그들의 부모 세대가 태어나서 자란 한국의 1950~60년대, 전체사회를 지배했던 미국관과, 교포사회 전반을 지배하던 '모범적인 소수민족' 콤플렉스와도 관계있지 않을까 싶다.

우리는 통상 한반도의 두 국가를 매우 '애국주의적' 공간으로 생각해버리지만, 실제 두 국가의 주민들은 국가의 영향권을 벗어나는 상황에 처하고 나면 그 '애국'을 상당히 쉽게 포기하는 경우가 많다. 예컨대 빅토르 차|* 같은 미국 우파 계통의 '매파 북한통'[77]들을 생각해보라. 이들은 혈통적인 '한국인'임에도 궁극적으로 한반도 평화보다 '미국

의 국익'을 염두에 두고 학술, 정치인 자문 등의 활동을 전개한다. 애
국주의가 그만큼 피상적이고 강요된 이데올로기였다는 반증이라 할
수 있겠다.

77) 매파 북한통: 북한 정권을 극단적으로 적대시하여 그 정권의 궁극적 전복과 한반도에서 미국의 전략
   적 이익의 극대화를 도모하는 이들을 일컫는 말.

미 제국이 몰락해버린다면……?

2006年 6月 24日

미국 증시의 불안과 금리 인상 문제 등에 따라 크게 동요되는 세계 각국의 주식 시장을 보노라면(한국 증시도 만만치 않지만 러시아 증시는 최근 하루에 전체 주식 가치의 9%가 증발됐다), 미국을 중심으로 하는 자본주의 체제가 그리 안정적인 것이 아니라는 생각이 강하게 든다. 지금 미국이 가진 '쌍둥이 적자'의 상상을 초월하는 규모, 8조 달러의 나라 빚, 4,000억 달러의 예산 적자를 보자면, 이 사상누각沙上樓閣이 무너지는 것은 시간문제라는 확신까지 든다. 외부로부터 어느 정도의 충격이 있으면 디폴트[78], 내지 디폴트에 준하는 상태까지 갈 수 있지 않을까 싶다. 만약 21세기의 첫 공황이 벌어진다면 우리에게 어떤 일이 일어날까?

세계공황 상황에서 한반도 운명을 결정짓는 요소로는, '시간'이라는 부분이 참 중요할 듯하다. 거의 기적적으로 미국 경제라는 버블|bubble이 약 10~15년 후까지 버티다가 그때 가서 터진다면, '미군 철수' 문제는 아마도 절로 해결되지 않을까 싶다. 그때쯤이면 중-러 블록이 쉽게 공격할 수 없을 만큼 튼튼해졌을 것이고, 북한 경제 또한 중국과 남한 경제권에 상당 부분 흡수되었을 것이다. 그러니 미제가 '군사적 케인스주의', 즉 전시 특수를 통한 경제 부양책을 이용해 자국 내 경제를 살리겠다고 결심한 뒤 큰 전쟁을 일으키는 상황이 온다 해도 목표는 '이쪽'이 아닌 중동(이란)이나 남미(베네수엘라)가 될 수 있다. 그럴 경우에 주한미군은 미국 자체로서도 부담이 되어서 철수하게 될 것이다.

만약 버블이 조금 더 일찍 터진다면? '군사적 케인스주의'라는 요법의 적용이 바로 이쪽에서 이루어지지 않을까 걱정된다. 중국군의 현대화는 적어도 5년 이후라야 어느 정도 틀이 잡힐 것이고, 중-러의 관계도 아직 '느슨한 동맹' 정도다. 북한이라는 핑계 또한 편안하게 존재하고 있다.

문제는, 한반도의 전장화를 막을 능력이, 집권여당이든 야당이든 누구에게도 없다는 사실이다. 물론 1994년 클린턴의 북한 폭격 제안 때 김영삼이 한 것처럼 극구 반대하기는 할 것이다. 그러나 궁극에 가서는

78) 디폴트(default): 공·사체니 은행융자 등에 대한 이자지불이나 원리금 상환이 불가능해진 상태.

경계를 넘어

미국과 운명을 같이하지 않을까 싶다. 이건 정말 비극 중의 비극이다. 굳이 군사적 시나리오를 생각하지 않아도 여러 가지 '지뢰'들이 연쇄적으로 터질 가능성은 있다. 미국 시장에 대한 의존도가, 우리는 14%지만 중국은 약 40%다. 그러니까 미 제국이 치명적 위기에 빠진다면 덩샤오핑주의, 즉 외자 도입, 수출 위주의 '개발' 전략이 가진 모든 허점이 한꺼번에 드러나 중국이 커다란 혼란에 휩싸일 가능성이 있다. '아웃소싱 제국'의 인도의 허구성도 아울러 드러날 것이다. 인도는 최근 특히 첨단기술과 서비스 분야에서 미국, 유럽의 다국적 기업들의 '하청 공장', '하청 서비스 센터' 격이 되었다. 그 덕분에 연간 6% 정도의 안정적 성장률을 올리고 있는데, 대다수 인도 주민의 가난을 도외시한 이 외자 도입 전략의 허점은 세계 경제 위기의 경우에 극적으로 드러나게 돼 있다. 한 마디로, '신흥시장'에서 여태까지 개발의 속도에 의해 무마됐던 불만이 연쇄적으로 터지지 않을까.

만약 그 역사적인 순간에 제1세계의 좌파가 제3세계의 반란적 민중과 호흡을 같이하여 이 혼란을 일종의 '세계혁명' 쪽으로 승화시킬 수 있다면 '위기'가 바로 '기회'로 이어지겠지만, 그렇지 않을 경우 불행히도 혼란과 전쟁의 연속이 될 것이다.

1927년, 코민테른은 중국혁명에 '올인' 했으나 그 전략이 틀렸기에 '혁명'은 모택동의 게릴라전, 즉 군사적인 권력 쟁탈전으로 변질되고 말았다. 과연 오늘날의 유럽 좌파는 그때에 비해 철이 좀 들었는가.

언어를 빼앗긴 자의 언어,
프랑스 무슬림 청년들의 봉기

2005年 11月 10日

요즘 며칠간 프랑스 빈촌 곳곳에서 벌어지고 있는 이
민자 청년들의 봉기 상황을 지켜보면서 '유럽'이라
는 곳의 실체에 대해 고민하고 있다. 생각해보면 유럽은
참 무서운 곳이다.

1960년대의 미국 흑인들의 시민권리운동을 불러일으킨 것은, 아주 가
시적인 무권리 상태(학교에서의 인종 분리, 투표권 박탈 등)이지 않았던가?
오늘날 유럽은 그러한 가시적 권리 박탈이 없을 뿐더러 인종의 우열에
대한 이야기 자체가 거의 금기시돼 있다. 똘레랑스 사회가 엥똘레랑스
적 담론을 가시화시킬 수 없는 법, 인종주의자들은 같은 의미라 하더

라도 '문화적 우열' 같은 식으로 돌리고 돌려서 메시지를 전달해야 한다. 즉, '아랍 쓰레기'와 같은 말을 쓰면 법률 위반이 되지만, '아랍 문화가 지닌 구제불능의 내재적 여성 혐오' 정도면 처벌 대상이 될 일은 없다.

그런데, 이 화려한 똘레랑스의 저변에 도사리고 있는 것은, '남'에 대한 거의 무한한 불신, 공포, 그리고 궁극적으로는 자기중심적 무관심이다. 대학에 갈 만한 가족적 분위기나 상황이 안 되는 파리 근처 무슬림 빈민 청년들보다도, 어쩌면 대학을 나와서 구직을 하는 이슬람 출신의 이민자들이 마음고생을 더할 수도 있다. 원서를 수백 장 돌려도 면접에 불러주는 데가 없다. 겨우 면접을 볼 수 있다 해도 유럽에서 태어난 사람에게 "유럽 문화를 제대로 이해하느냐"는 식의 질문이 쏟아지기 일쑤다. 직장을 잡아도 '보이지 않는 왕따'가 되기 십상이고……, 끝이 없다. 그는 유럽인에게 '같은 유럽인'으로 인정을 못 받는 동시에, 또 같은 이민자 출신들 사이에서는 안 보이는 사이 '남'이 된다.

오슬로대에서 5년 이상 있는 동안, 이민자가 총인구의 약 25%나 되는 이곳에서 이민자 2세 출신의 박사과정생 내지 교수를 본 적이 거의 없다. 언어 교수 몇 명을 빼야 하지만, 그것도 한 사람을 제외하고는 이슬람권 출신들이 아니다. 아무래도 유럽의 똘레랑스란 조선 말기의 인의예지(仁義禮智)와 같은 명분이 아닐까? 진짜 믿는 사람은 극소수고, 나머지는 그냥 믿는 척만 할 뿐 본마음은 다르게 잡는 것이다. 조선 말기의 사대부마다 '애국', '충절'을 들먹였지만 실제로 국망(國亡)이 오자 자살

하거나 두문불출에 들어간 '절개파'는 수십 명에 불과했다. 의병운동은 주로 중소 지주들이 지지했을 뿐, 대지주 사대부들이 적극적으로 의거에 나서는 경우는 거의 없었다. 그 당시의 '충효'가 지주 각자의 '진실된 신념'이기보다는 지주 계급의 '명분'이었던 탓이다. 그와 마찬가지로 오늘날 유럽의 똘레랑스도 사회적 '규율'이자 '총체적 합의점'이지 사회구성원 각자의 '신념'이라고 보기는 힘들다. 그나마 영국의 경우 '리스펙트|Respect'라는 급진좌파가 이슬람운동과 함께 손을 잡는데 성공했는데, 프랑스의 좌파정당 중에는 이민자의 분노와 좌절을 이해해주고 연대하는 곳이 제도권좌파든 급진권이든 보이지 않는다. 500년 동안 이루어져왔던 세계 정복의 비참한 결과다. 자아 중심주의를 벗어나기란 이렇게 힘든 일이다.